Power of the Commons

1970～80s Kin Bay Struggle and Its Philosophy of Survival

共同の力

1970～80年代の金武湾闘争とその生存思想

上原こずえ

Kozue Uehara

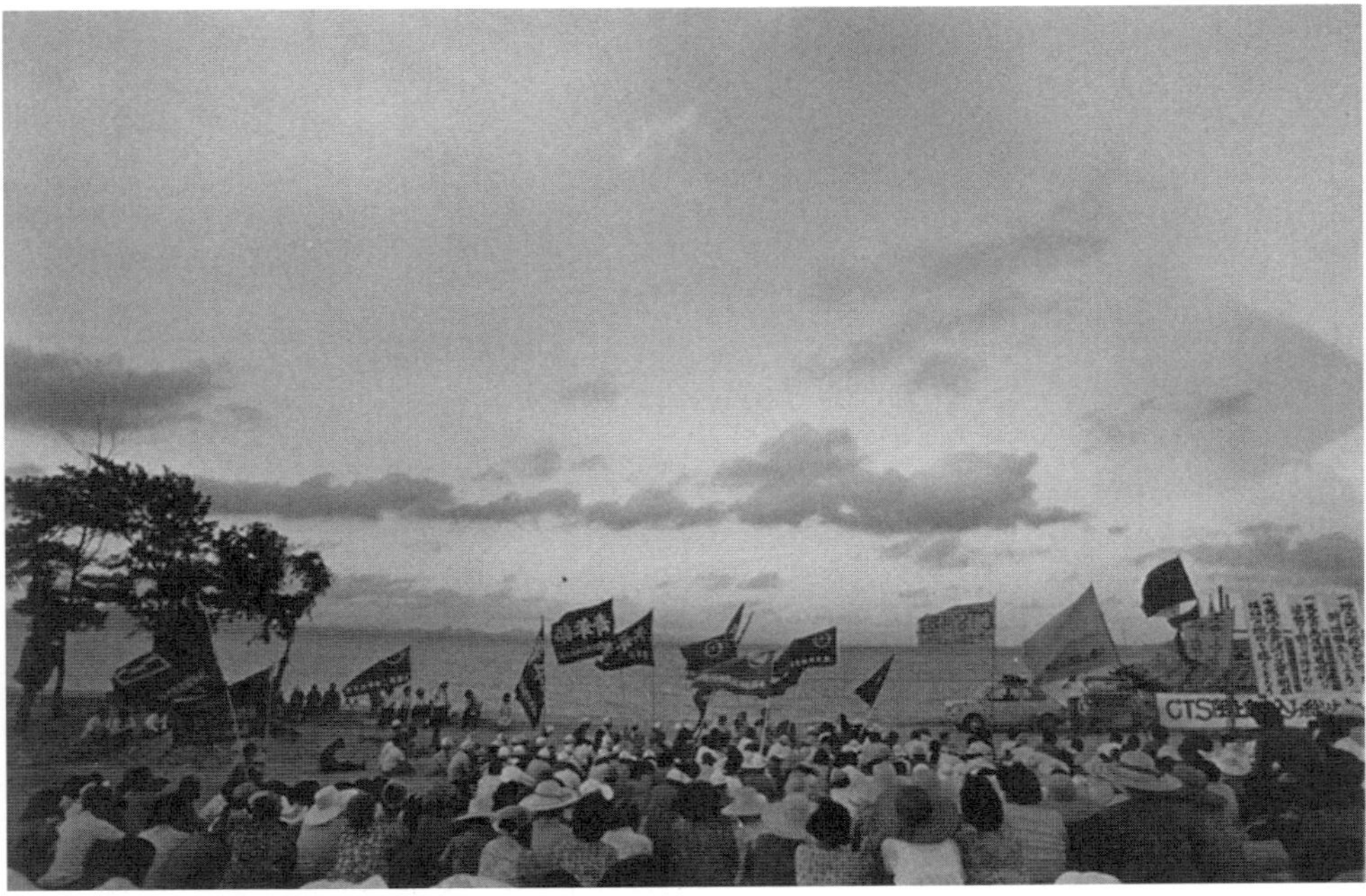

世織書房

本扉の写真は1974年5月19日、平安座島に向かう海中道路入口横広場で金武湾を守る会が主催した「CTS阻止座り込み総決起大会」の様子〈宮良信男撮影〉

共同の力・目次

（出典）1952年に発行された、沖縄群島政府総務部統計課編『最新沖縄諸島地図』（琉球文教図書）に一部加工修正している。

▲1974年7月17日

▼1971年5月

（上）平安座島では1970年より沖縄ターミナル（石油備蓄基地・CTS）が、1972年より沖縄石油精製が操業を始めていた〈山城博明撮影〉。（下）1970年4月に着工した海中道路にはパイプラインが敷設された。1971年5月に着工し、1972年4月に開通した〈宮良信男撮影〉。

▲1973年10月26日

▼1974年1月17日

（上）県知事あての「ＣＴＳ増設に関する公開質問状（22 項目）を大島知事公室長に提出後、那覇市内をデモする金武湾を守る会〈宮良信男撮影〉。（下）県庁請願行動で廊下に座り込む金武湾を守る会〈山城博明撮影〉。

▲1974年1月17日

▼1974年1月17日

（上）県庁請願行動。知事室で交渉する金武湾を守る会〈宮良信男撮影〉。（下）金武湾を守る会は県庁請願行動後、県庁横広場での座り込みを続行する〈山城博明撮影〉。

▲1974年３月頃

▼1975年１月30日

（上）CTS をめぐる対立により、海中道路での通交が阻まれた屋慶名側海中道路入口〈宮良信男撮影〉。（下）第３回公判の前日、県労協青年部協議会・沖教組青年部協議会を中心に青年労働者総決起大会が開かれた。集会後、参加者が国際通りをデモ行進する〈宮良信男撮影〉。

▲1975年10月2日

▼1975年10月6日

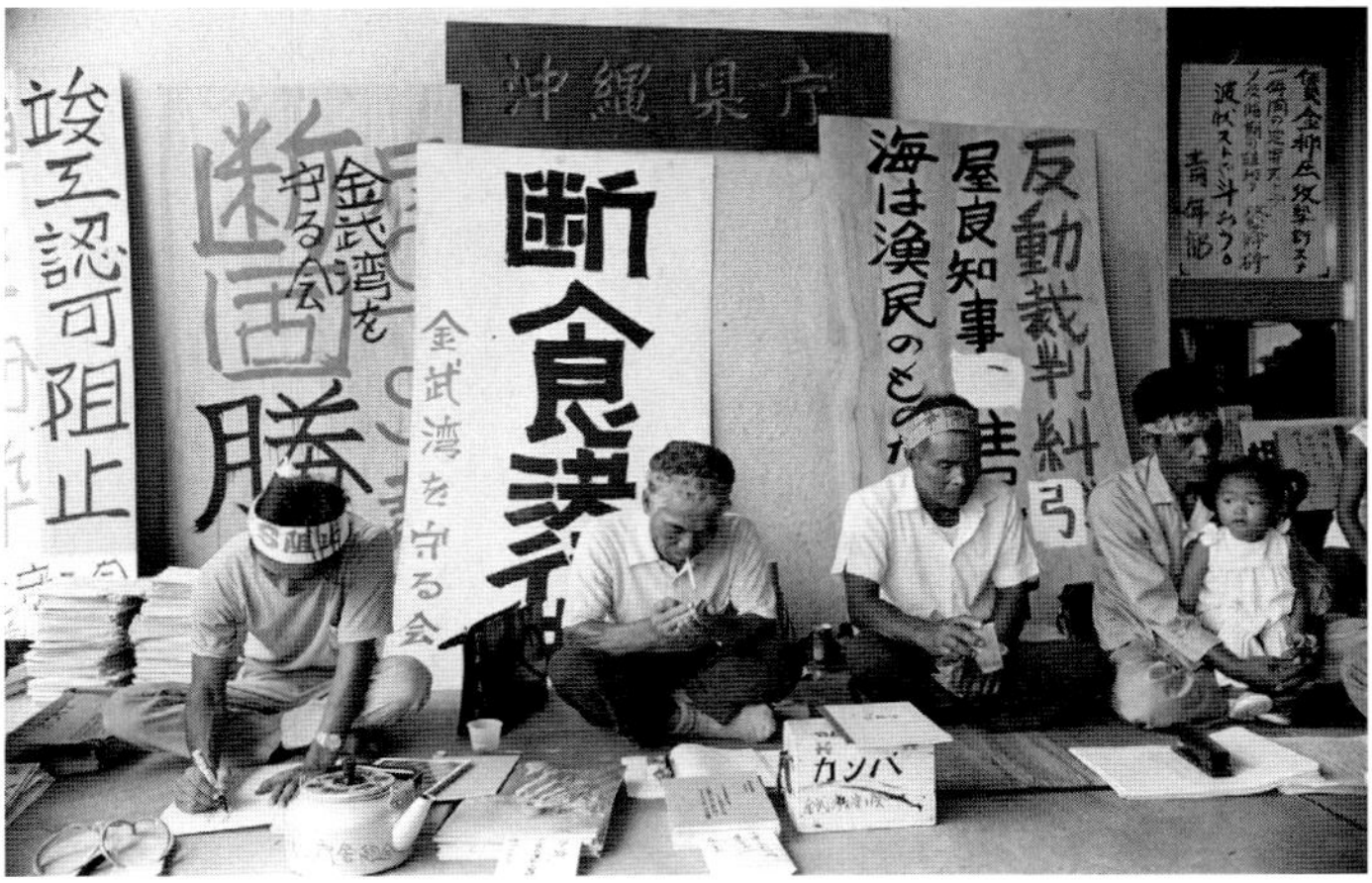

（上）那覇地裁前で開かれた裁判闘争勝利総決起大会〈宮良信男撮影〉。（下）那覇地裁の「訴えの利益なし」判決後、金武湾を守る会は控訴と同時に埋立竣工認可阻止を訴え県庁構内で断食座り込みを開始した〈山城博明撮影〉。

▲1976年5月9日

▼1979年8月24〜26日

（上）CTS タンク認可阻止住民・労働者総決起大会で訴える水俣病患者の浜元二徳さん〈宮良信男撮影〉。（下）金武湾で開催された第 1 回琉球弧住民運動交流合宿参加者に宮城島高台から建設中のタンクを眺め説明する安里清信さん〈宮良信男撮影〉。

▲1980～81年頃

▼1980～81年頃

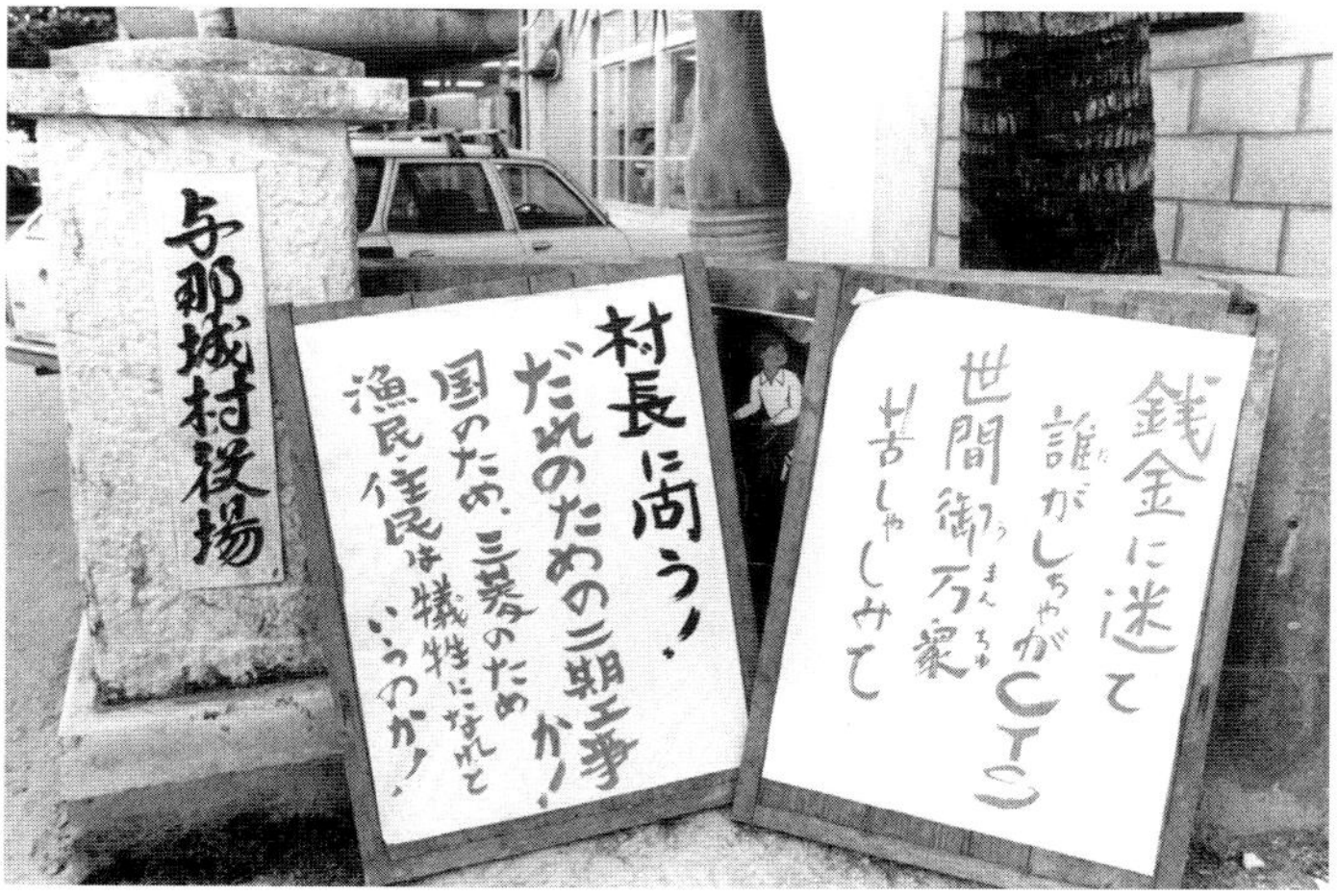

(上)屋慶名川に掛かる金武湾を守る会の垂れ幕。二期工事阻止行動が続く〈宮良信男撮影〉。(下)右は大城フミさんが詠んだ琉歌「銭金に迷て　誰《た》がしちゃがCTS　世間御《う》万衆《まんちゅ》　苦しゃしみて」〈宮良信男撮影〉。

▲1980年3月12日

▼1980年8月20日

（上）油入れ反対海上デモをする金武湾を守る会〈宮良信男撮影〉。（下）与那城村による藪地島での廃油ボール除去作業に金城湾を守る会が同伴、廃油ボールは大きいもので直径 15 ～ 20 センチもあった〈天願尚吉撮影〉。

▲1981年6月21日

▼1981年6月21日

（上）パラオ女性たちとの屋慶名自治会館での交流会の様子〈宮良信男撮影〉。（下）パラオ女性たちとの交流会の様子〈宮良信男撮影〉。

▲1981 年 8 月 9 日

▼1981 年 11 月 29 日

（上）「海殺しを許すな！金武湾の大浄化を！」を呼びかけ、第 2 回金武湾ハーリーが照間ビーチで開催された〈宮良信男撮影〉。（下）埋立に伴う潮流の変化で歩いて渡島できなくなっていた藪地島に船で渡りイモを植えた薮地島開墾での一服〈宮良信男撮影〉。

共同の力・1970～80年代の金武湾闘争とその生存思想

序――近代を問う金武湾闘争

金武湾闘争とは、一九七二年の施政権返還時の沖縄において推進されていた石油備蓄基地（Central Terminal Station：CTS）の建設とそれに伴う沖縄本島東海岸金武湾の埋立に対して組織された、反開発の抵抗運動である。

金武湾闘争とほぼ同時期の一九六〇年代から七〇年代、米国では公民権運動とヴェトナム反戦運動、太平洋諸島・諸国では旧宗主国による核実験に対する反核運動が、東アジアでは企業進出に対する反公害運動、反公害輸出運動が展開していた。軍事と資本の侵略に対する抵抗運動が越境を試み始めていたこの時期、沖縄本島東海岸ではＣＴＳやアルミ精錬工場の建設計画に対する抗議行動が始まり、与那城村宮城島では宮城島土地を守る会がガルフ石油の進出を阻み、中城村では東洋石油基地建設反対同盟が東洋石油の進出に抵抗し、石川市（現・うるま市）ではアルミ誘致反対市民協議会がアルミ企業の進出を阻んでいた。だが、一九七〇年よりガルフのＣＴＳ・石油精製工場が進出し、原油流出事故や煤煙被害が繰り返されていた金武湾では、沖縄三菱開発による第二のＣＴＳ建設が予定され海の埋立が始まっていた。石油産業の誘致が環境にもたらすであろう影響を懸念し、金武湾沿岸部に暮らす人びとが開発への抵抗として一九七三年より組織したのが金武湾闘争であった。

1　先行研究と研究課題

金武湾闘争については運動を担った個々人や支援団体の構成員によって多く語られ、記述されてきた。それらは、『金武湾を守る会ニュース』や『金武湾通信』、『東海岸』などの金武湾を守る会の機関誌や新聞・雑誌に掲載された座談会・対談の記録として、または「金武湾を守る会」世話人の安里清信や崎原盛秀、闘争を支援した個々人の記事や論文として残されてきた。当事者への聞き書きによって編まれた書籍及び研究論文もある(1)。

これらのテクストからみえてくるのは、金武湾闘争が基地経済の代替として石油産業の誘致を推進した革新県政とそれを擁立した革新政党、労組に抗し、「豊かさとは何か」を問い、価値観の転換を社会に迫ることで沖縄の抵抗運動に新たな方向性を示した「住民運動」として位置づけられてきたということである。金武湾闘争はまた、金武湾沿岸地域住民による生活に根ざした闘いを組織するなかで「生存」や「共同」をめぐる思想的課題を見出していった運動であった。さらにその運動実践や思想は七〇年代後半以降の石垣市白保の空港建設反対運動、九〇年代後半以降の名護市辺野古における米軍基地建設反対運動、二〇〇〇年代後半以降の東村高江における米軍へリパッド建設反対運動に引き継がれたとも捉えられてきた(2)。

私は安里英子や丹治三夢の著作(3)を通じて運動と研究の領域として金武湾闘争を学び始め、約一〇年に及ぶ金武湾闘争がその組織形態をどのように変化させ、また「経済開発」の言説にどのような価値観や解釈をもって抵抗したのかについて明らかにしようと試みてきた。そこからみえてきたのは、抵抗運動の組織化と、県庁・村役場への要請行動、裁判提訴と敗訴、石油備蓄タンク建設開始後の文化運動と交流を契機とする広がりという、金武湾闘争の様々な局面であった。本書の課題は、この金武湾闘争の背景にある政治経済状況を明らかにし、刻々と変化する運動の局面において交わされた言葉や実践を詳細に記述していくことである。と同時に、資本によるコモンズの収奪とエネルギー開発に抗し「生存」を希求した同時代の世界における民衆運動の具体的な経験と思想の系譜に金武湾闘争を位置づけ、彼ら／彼女らの言葉に通底する「どのように生きるか」ということをめぐる思想の水脈を見出していくことである。

(1) 戦後社会運動の系譜と一人びとりの生と運動実践の記述に向けて

金武湾闘争についての包括的な記述には、金武湾闘争の個別的経験及び周辺の動きから闘争の輪郭を浮きあがらせていくことが必要であった。金武湾闘争に先行する一九六〇年代以降の思想的・運動的潮流としては日本本土における経済開発に対する反公害運動がある。明治期の重工業化に伴う公害問題とくに足尾銅山鉱毒事件をめぐっては農民による運動が組織され(4)、「五五年体制」が確立した一九五五年以降の高度経済成長期において、その初期には重化学工業の振興に伴う生産基盤の破壊や公害病の発生が相次いだ。後期には一九六〇年代以降の全国総合開発計画や新全国総合開発計画に基づく大規模開発に対する抵抗運動が展開した。この時期には生産基盤の破壊によって直接被害に遭った農民や漁民のみならず、広い層の住民が関わった。おそらく金武湾闘争もこの運動の潮流において理解される。一九七〇年代半ば以降は高度成長が収束し、産業化社会における利便性追究による高速交通公害、大量消費に伴う生活公害があり、九〇年代以降は地球環境問題に対する市民運動、国際的な環境NGOによる運動が展開されてきた(5)。

沖縄戦後史に金武湾闘争を位置づけていくうえで参照したのは、自らを「沖縄民衆運動の伴走者」(6)とも位置づけた新崎盛暉による数々の研究であった。新崎は「沖縄戦後史は、沖縄人民の絶えまない闘いの歴史であった」と述べ、「無権利状態」から始まった戦後において、沖縄戦を生きのびた人びとは常に権利獲得を課題として闘ってきたという見方を提示している(7)。「戦後」が同時に米軍支配の始まりを意味した沖縄では、日本国憲法制定に伴い日本で成立した権利は保障されなかった。そればかりか、日本が主権を回復したサンフランシスコ講和条約第三条において米国による沖縄への行政・立法・司政権の行使が認められ、米軍による土地接収と基地建設、住民の生命を奪う軍事訓練が行われてきた。戦後のこうした状況に対し、沖縄の人びとは島ぐるみ闘争や復帰運動を通じて異議を申立て、日米政府を一時的に揺さぶったが、日米安保と在沖米軍基地を維持したままの施政権返還という結果にいたった。そして施政権返還から二〇年余を経た一九九五年以後、米軍兵士による性暴力事件を契機とする基地撤去を求める運動と、沖縄における米軍基地機能の維持と強化をはかる日米の米軍再編に対する抵抗運動が組織されている。

一九五〇年代半ばの反基地の島ぐるみ闘争、一九六〇年代以降の復帰運動、一九九五年以降に再燃した反基地運動を沖縄闘争の重要な転機として捉える新崎盛暉の見方に対し、丹治三夢は一九七〇年代から一九九〇年代半ばまでの時期の運動・蜂起が十分に語られていないと指摘した(8)。だが新崎が「転機」とは捉えなかったこの時期こそ、新崎自身が沖縄大学に赴任し、「CTS阻止闘争を拡げる会」をはじめとする琉球弧の住民運動や一坪反戦地主会の活動にもっともコミットした時期であった。いわば、大きな波の間にあるさざ波、多様な主体からの問題提起が具体的な言葉や行動を通じて積み重ねられていく、次なる運動に向けての潜伏期間として新崎は位置づけたかったのかもしれない。丹治もまたこの時期の新崎の記述の多くを参照しながら、施政権返還後の米軍による土地強制使用を拒否する一坪反戦地主による抵抗、金武湾闘争、そして石垣島の新空港建設反対運動をたどりつつ、軍隊と性暴力に対するグローバルな抵抗運動を担った個々の女性や団体という新たな主体からの声を捉え、戦後沖縄において組織されてきた数々の抵抗運動の連続性と差異を検証している(9)。

新崎や丹治の運動史に続き、二〇〇〇年代以降の辺野古・高江における座り込み現場をエスノグラフィックに記述し同時代の世界各地における反資本・反軍事の抵抗運動で培われた言葉を行き来しながら戦後沖縄の社会運動史を描いた阿部小涼や森啓輔の議論からは、現在から金武湾闘争を振り返るうえで、特に「生活者」にとっての「運動」を考える視座を学んだ(10)。阿部は、座り込みの現場という空間のなかに「生活」や「生活者の感覚」を持ち込むことの意義を提起している。市民的不服従の運動を担う人びとも「家庭や生計と運動とのあいだで種々のコンフリクトに晒され続け」ており、長期に及ぶ運動は「運動に関わる諸個人の暮らしを破壊し損ない収奪し、かつまた、その上に新しい関係を構築する」(11)。座り込みという米軍基地建設阻止の直接行動が提起するものを、阿部は「「生きる」ことと運動とを、切り分けておくのが不可能だということに他ならない」(12)と捉えた。森もまた、二〇〇七年以降の高江の座り込みにおいて「生活や運動のこと」をミニコミに書き伝えた女性たちの言葉から「生活を持続させるなかで運動を継続するということは、翻れば運動が生活そのものを構成する要素に変化する」ことを読み取っている(13)。阿部や森が現在の運動から提起した視座は、一九七〇年代から八〇年代前半まで約一〇年に及ぶ運動を展開し、生活と運動を一体であると唱えた金武湾闘争を現在の筆者自身の立ち位置から理解するうえで重要である。

さらにその視点は、「軍隊という巨大な「戦争機械」を、それに巻き込まれながら生きている一人一人の抵抗によって、基地・軍隊を支える社会関係を狂わせ、破壊していく実践」(14)を「軍隊の解体」と捉えた大野光明の言葉も思い起こさせる。大野が対象とした六〇年代半ば以降の沖縄では、経済開発政策に基づく資本流入が新たな利害関係や対立を生じさせていたが、この時、村落から輩出された若者たちは沖縄各地や本土で労働者となり疎外を経験するなかで「沖縄闘争」を組織する主体となっていた。この若者たちは後に労働や反基地・反開発闘争を通じて資本や軍事による共同体的社会関係の破壊に抗い、新たな関係性の再構築を試みていくが、一九七三年九月の金武湾を守る会の結成においても不可欠な存在となっていく。

(2)「権利」をめぐる葛藤

本書ではさらに、金武湾闘争という運動のあり方やそれを規定する政治・経済的背景、運動団体の情勢の見方や組織化の問題についてさらに検証することで、一つの運動のなかで様々に変化する局面を描き出す。そして、その運動を構成する一人びとりの多様な経験や考えが重なり、ぶつかり合うなかで運動が展開し、情況に応じた行動が選び取られていく過程を示す。

刻々と変化した金武湾闘争の一つの局面として重要なのが一九七四年九月以降の裁判闘争であった。戦後の沖縄における抵抗運動の司法権力との対峙について新崎盛暉は、一九六〇年代半ばの違憲訴訟と裁判移送撤回闘争を米軍統治期の沖縄における司法制度への抵抗や権利要求の動きとして位置づけ、米軍統治期の沖縄において「権利」は与えられず獲得されるべき対象としてあったと論じた(15)。後に新崎は金武湾反ＣＴＳ裁判や反戦地主の運動を経て、施政権返還後の裁判所の審理や判決のあり方に批判的見方を示しながらも裁判は抵抗運動の手段の一つであると主張する。このような語りを今日の辺野古の闘争にも見出した阿部小涼は、住民投票や市町村議会決議によって繰り返し基地建設への反対の意志を表明しても、政府は無視し、振興策などありとあらゆる手段をもって基地建設を迫ってくる、と指摘する(16)。運動がそのような厳しい状況にあって、「憲法が最高法規としての価値を軽んじられているここ沖縄において、抵抗権はどのように実践されてきただろうか」と問いを提起し、「見えない暴力を可視化する」手段として「座り込みという直接行動」が意義をもつのだとする(17)。同論文で阿部も参照した栗原彬は水俣病患者が提訴した国家賠償を求める裁判を契機に「水俣病者の政治」が「自己決定の政治」から弁護士や支援者が代表する「エージェントの政治」へと転化され、水俣病者たちが「水俣病問題の本質から自分たちが遠ざけられていくという感覚を持つ」にいたったと指摘した(18)。裁判は金武湾闘争にどのような契機をもたらしたのか、そして運動をどのように転化させたのかを本書では明らかにしたい。

(3)　「成長」や「復興」の物語を離散経験として捉えなおす

金武湾闘争が提起した「豊かさとは何か?」という問題は、沖縄の戦後の「成長」や「復興」を再考した沖縄近現代史家の屋嘉比収の視座に連なる。この問題提起は日本の戦後開発を社会の「周縁」や少数者の立場から見直そうとする町村敬志の議論や(19)、高度成長期における在日朝鮮人居住地区や米軍支配下の沖縄といった地域から「成長と冷戦を捉え直す」必要性を論じた大門正克及び戸邉秀明の視点(20)、さらに「経済の高度成長と大量消費社会を、その基底部と周縁性から眺めなおす」必要を説いた安丸良夫の議論(21)や地球環境問題は国家の周辺にもっとも顕著に表れ、それによって周辺地域の人びとの生活様式が急激な変化を強いられるという松井健の主張(22)にも共有されるものであった。

屋嘉比は一九五〇年代以降、沖縄経済が第三次産業中心の基地依存型輸入構造に移行し、六〇年代には沖縄の産業収入の約七割を米軍への商品やサービスの供給が占めるまでにいたった(23)——という沖縄の「高度経済成長」の物語には「両義性」があるとし、「米民政府による覇権的物語としての沖縄の高度経済成長の物語」と「カウンターナラティブとしての沖縄住民の物語」の両面があると指摘した(24)。ここで屋嘉比が注目したのが、戦後の宜野座村における基地拡張を目的とする土地接収に伴う地域社会の変容と経済成長の経験であり、もう一つが宜野湾市における軍用地拡張のための土地の強制収用と住民の移住、移民の経験であった。両地域のたどった経緯の差異について屋嘉比は、「沖縄における高度経済成長の物語（沖縄に限らない）には、多様な相互に関係する複数の物語が折り重なって」いるとし、「中心的に排除された物語を、いかに組み込んで重層的に叙述できるか」、「高度経済成長の物語のなかにある複数のこだましあった声を聞き取る」(25)必要があるとした。

屋嘉比の議論を引き継ぎながら、米軍高官の語る沖縄戦後「正史」を検討したのが若林千代であった。一九八八年に米国陸軍歴史編纂所が刊行した戦後沖縄の米軍政府に関する『琉球列島の軍政　一九四五—一九五〇』(26)に示されている認識は次のようなものであった。「戦後沖縄」において米軍は、「地上戦によって日本軍を一掃し、ダメージから沖縄を救済し、沖縄に投下される物資や資本、システム等のすべてを管理し、社会的・制度的・経済的システムの再構築をはかった」(27)。若林はこれを〈占領支配の正当化〉であると批判し、統治者の使う「復興〔rehabilitation〕」という言葉が、占領者である米軍と復興を受け入れざるをえない住民の上意下達的な関係を前提とする「統治者の合理性に貫かれた言語」であると指摘する。この言語においては「構造への民衆の働きかけと、それへの対応としてあらわれる統治者の政治的反動を含んだ実践の相互作用」は認識の外部におかれる(28)。「復興」や「開発」の名の下でみえなくされてきた「政治」に向き合い、「沖縄という固有の場がいやおうなく経験せざるを得なかった「近代」」を捉える必要がある、と若林は述べる(29)。

屋嘉比や若林が批判的に取りあげた米軍占領下の「成長」や「復興」は、いわば沖縄にとって「近代」及び「近代化」が何であったのかという問題であった。戦後の政治経済状況に焦点をあてて論じた与那国暹は沖縄における「近代化は戦前から緩慢なかたちですすんでいたが、今次大戦敗戦後の激動の時期が一つの山場をなしている」、と戦後復興から施政権返還前後の経済開発を沖縄における「近代化」の過程と位置づけつつ、一九五二年の対日講和条約発効後も米軍の「民政」の下に置かれつづけた「戦後沖縄の近代化過程は日本の近代化と一括して論じられない」と指摘(30)、地上戦の破壊に続く米軍基地の建設と軍事優先の統治政策、それに対する大衆運動の力学がせめぎ合うなかに「社会変動と近代化の核心」を捉えることを課題とした(31)。このような視点は、ジョン・W・ホールが「近代化」を理解するうえで不可欠であるとした「両極志向性《アンビヴァレンス》の感覚」、言い換えれば「近代化は、多くの可能性にたいし不確定の関係にあるという点についての感覚」(32)と同調する。おそらく屋嘉比や若林は「両極志向性の感覚」にさらに分け入り、「近代」を「経験せざるを得なかった」ものとして、そこにある権力配置や政治を読み取ろうとしたのではないか(33)。

これらの「近代」をめぐる分析枠組みの可能性を明確に提起し、「植民地〈あるいは植民地主義との直面によって近代を始めなければならなかった人々〉にとっての「生きられた近代」を捉えようとする動向」にポストコロニアル研究と歴史研究の対話の可能性を見出していたのが戸邉秀明の論考であった。近代は帝国と植民地との相互作用によって生み出され、したがって両者の間には民衆に対する「敵対的な共犯関係」が存在するとした「植民地近代性」の議論や、植民地における交渉主体の存在を認めることで「〈支配－抵抗〉の枠組みでは捉えにくい〈動員－協力〉の実体」を明らかにする必要を提起した「植民地公共性」の議論を引きながら、戸邉は法や開発が植民地あるいは旧植民地にもたらす「新しい質の暴力」の問題とそれに対峙する人びとの「主体性」の問題を提起した(34)。「収奪か開発かとの一面的な議論を超えて、植民地の社会変容がもつ特有のあり方を探る」こと、そして「植民地社会の構造的把握や主体性の捉え直し」という作業こそ、「帝国の暴力と植民地主義の抑圧によって押さえ込まれ、貶められてきたさまざまな「声」の回復に不可欠である」のだという(35)。

(4) 沖縄戦後史における〈反開発〉抵抗運動の主体をめぐる問題

「成長」や「復興」という「近代化」の問題は「主体」をめぐる問題も同時に喚起する。「開発」を「周辺」から捉えかえすという試みが容易でないのは、「周辺」という場を構成する「主体」が、帝国の介入を受けた、利害が絡み合う複合的な存在であるためだ。戦後の沖縄で要請されてきた「自立」構想も、日米政府及び米軍や資本の圧力を大きく受けながら方向づけられていったといえる。それはたとえば、徳田匡が明らかにした一九五〇年代半ばの島ぐるみ闘争期の沖縄における米軍による近代化、経済成長、生活向上の物語としての原子力発電の導入要請の経緯や(36)、畠山大が指摘した一九六〇年代半ば以降の米国際石油資本の沖縄進出構想と琉球政府の誘致政策(37)においてもみることができる。

桜澤誠は、施政権返還時の「沖縄県振興開発計画」県知事案が「自然環境」の保護や「無公害企業」を求め、長期経済開発計画が第二次産業の振興による「基地依存経済」及び「依存・消費経済」の改革、「自立」・「平和」経済への移行可能性を打ち出しながらも日本政府によってその可能性が絶たれたのだとした(38)。だが本書で問題にしたいのは、「県益－国益」論争にもみられるような、沖縄の「自立」構想が日本政府によって阻まれたと語る主体が不問にされてきた点である。水俣病について論じた栗原彬は、国や県という加害者、そして患者という被害者の間に、「システムの代行者」による「代行政治」の問題があると指摘した。その一事例として栗原が取り上げたのが在沖米軍基地問題であり、沖縄は「中央に対する辺境の位置」にあると同時に「辺境のなかの中央という部分」も存在し、振興策や補助金を求めて積極的に基地を受け入れようとする「沖縄の欲望」の部分が「システムの中央の代行」を遂行し、殺し、支配し、抑圧する代行者になってしまうのだという(39)。「沖縄」という辺境のなかにある「欲望」の中味と主体をめぐる問題を検証することを通じて、金武湾闘争という資本を問う反開発の抵抗運動の沖縄戦後史における位置づけも明確になるのではないか。

道場親信は一九六〇年代半ば以降の横浜市長・飛鳥田一雄（社会党）の市政下の「横浜新貨物線」開発に反対した住民運動に着目し(40)、革新自治体の「『よい開発』は行うべきだという考え」が、「『自立』した住民運動の論理」や「住民の側の問題提起」を排除する事態を生じさせたと指摘する(41)。施政権返還後の革新県政に抵抗し「一人びとりが代表」という運動論理を提起した金武湾を守る会という「反開発」の抵抗運動の主体をどう理解することができるか。丹波博紀は、石牟礼道子が一九八二年、金武湾を守る会の世話人である安里清信との出会いを通じて「政治の概念」では捉えられない「国家」や「国」とは何かを問い始めていたとする(42)。石牟礼が目にしたのは、タンクの増設も進み、裁判闘争も敗北し、闘争そのものが収束し始めていた時期の金武湾であったが、金武湾闘争は一九七三年からのおよそ一〇年に及ぶ抵抗運動を通じて「開発」をどのように問題化し、どのような経験と価値を培ってきたのか。そして、どのような運動と生の主体を思い描くにいたったのかを本書では問うていきたい。

(5) 移動・越境経験を背景とする抵抗運動の言葉と実践、世界史への接近

金武湾闘争が提起した問いは同時代の「近代」を再検討する動きと共鳴していた(43)。岡本恵徳は琉球処分から沖縄戦までは、沖縄を含む東アジア諸地域、旧南洋群島で日本による皇民化と戦争協力が強いられた過程であり、そのもっとも悲惨な帰結が集団自決であったと論じた(44)。また、施政権返還前に国会爆竹闘争や沖縄語裁判を闘った沖縄青年同盟の大東島正安は「甘藷生産の単一栽培構造」が、「構造化された窮乏と隷従の島、絶えざる人口減少地域、海外移民と日本への移住によって生存しうるプロレタリア的貧農の島」にいたらしめたと指摘し、新川明は「ソテツ地獄」に同時する沖縄の人びとの「流民としての歴史」を問題化する必要性を説いた(45)。これらの言葉が示すのは、近代化過程における土地の喪失や労働の搾取、国家が強制した「共死」に抗う主体が、流亡者たちが介する各地の抵

抗運動のダイナミズムとの接続によって結実化しようとしていたことではないか。

そして金武湾においてＣＴＳの操業が始まり、事故が多発しながら増設も進んでいた七〇年代後半以降は世界各地でエネルギー基地の開発が進み事故が頻発していたが、その時期の玉野井芳郎やイヴァン・イリイチの金武湾への関心と「コモンズ」の囲い込みをめぐる対話は、金武湾ＣＴＳ開発を「近代」の問題であると彼らが認識していたことを示している。近代化は、一八世紀後半の英国における産業革命を起点としながら、一九世紀以降世界に資本主義体制を広げ、「国民国家」と「帝国」を相互補完的に構成した。英米を中心に世界が帝国体制に編成される動きと重なり合いながら、国民国家体制、資本主義制度は、民衆の共有財・共同慣習であるコモンズ(46)を「資源」や「労働力」、「兵力」として管理・収奪し、さらに戦争や武力侵攻といった暴力、開発を通じて、帝国にとっての原料の供給場であり商品の市場となる植民地を形成・維持し、拡大した(47)。このような収奪を可能にしてきた近代化に対する異議申立てとして、金武湾闘争と世界各地における同時代の抵抗運動を捉えることができる(48)。

戦争によって荒廃した地で軍事占領を可能にするための社会整備――このような「近代化」を遂げた米軍占領の後、日本への施政権返還という歴史の転換点において導入された石油備蓄量の拡大を掲げる「国策」としての開発政策は、沖縄の「近代化」過程における離散の記憶を呼び起こし、沖縄戦や米軍の基地建設、資本による土地接収に伴う暴力を顕在化させた。「戦場難民」たちが戦後「基地難民」化し、米軍駐留の継続によりその難民状況が現在にいたるまで続いてきたという鳥山淳の指摘は、「離散」経験が戦時から戦後に連続し、沖縄戦後史における「難民」経験が現在に、そして世界に続く問題であると提起する(49)。さらにそれに先行する戦前の委任統治領南洋群島の開発とそれに伴う労働力としての海外移民に焦点を当ててきた森亜紀子の研究は、金武湾沿岸地域に生きる人びとにとっての近代における離散経験の意味を考察するうえで示唆的であった(50)。このような沖縄戦後史を世界史に位置づける試みは、新城郁夫が阿波根昌鴻の一九五〇年代以降の伊江島における「非暴力反戦反基地運動」に一九二〇〜三〇年代の南米移民時の「世界史的な反帝国主義運動」の「回帰」を見出し、さらに戸邉秀明が「移動を余儀なくされる近代世界の普遍的な経験によって世界規模の抵抗の連鎖に接続する」と評した議論にも看取できる(51)。また森宣雄は第二次世界大戦後の奄美‐沖縄間の非合法抵抗運動について記述するなかで「人間がそれぞれの居場所から世界につながるグローバルな世界像を、新たに想像し構成していく」ことの必要を論じ、沖縄戦後史を一国史のなかの地方史としてではなく世界史と連動するものとして、「今改めて経験すべき物事に満ちた場」として再構成することを課題とした(52)。

金武湾沿岸地域に生きる個々人もまた、近現代の特に旧南洋群島への労働、第二次世界大戦時の出征を契機に移動を繰り返してきた。離散経験としての越境をめぐる彼ら／彼女らの語りに見出される痛苦や悔恨、そして戦後の「生き直し」への思いをみていくことで、沖縄で組織された金武湾闘争を、沖縄に限ったもの、沖縄という場所において取り組まれたもの、培われたものとみるのではなく、越境経験を有する個人の言葉や実践によって構成された、世界史に接続されうるものとしてみていく視座をえられる。

金武湾闘争で培われた経験や言葉は、軍事・資本に伴う暴力が支配する空間としてあった沖縄の戦後をどのように照射しているのだろうか。そして、「復興」や「成長」といった「近代化」に対峙する生と抵抗運動の可能性をどのように示唆しているのだろうか。以上のような問題意識をもとに、本書では、(1)金武湾沿岸地域に生きた人びとの戦前から戦後の足跡、そして金武湾沿岸地域が開発への抵抗の拠点になっていくまでの経緯をたどる。そのうえで、金武湾闘争が、(2)東アジアや太平洋諸島における反軍事、反開発、反核の抵抗運動と交流し、地理的な広がりのなかで金武湾開発の問題を理解していたこと、さらに(3)戦前・戦後における収奪と離散経験が呼び起こされるなかで生存思想を見出していく過程をみていきたい。

2 史料・方法と構成

(1)から(3)の課題について、本書で参照する史料について述べておきたい。(1)については、主に第1章、第2章で金武湾沿岸地域の人びとの近現代における越境経験をたどり、移住や移民、第二次世界大戦開戦に続く徴兵や避難、疎開、引揚などの経験を記述する。そして近代から沖縄戦、米軍統治から施政権返還にかけて地域社会、住民生活が変容するなかで、人びとが経済開発にどのような期待を抱いたのかを考察する。具体的には戦時の離散から米軍統治下における「戦後復興」、「経済自立」を模索する過程で金武湾の埋立とCTS建設が顕現した過程を省庁報告書や県内外の新聞記事をはじめ、県史、市町村史、字誌からたどる。

(2)の課題に関しては、同時代の東アジア・太平洋諸島各地における軍事や開発に対する抵抗運動から金武湾闘争の経験を捉え返す必要がある。第3章では、特に施政権返還時の日本の反公害運動ネットワークが沖縄におけるCTS建設を一九七〇年代以降の東アジア、東南アジア諸国への「公害輸出」問題の一端であると位置づけ、沖縄－東京のネットワークを形成するなかで、金武湾闘争がどう組織されたのかを新聞記事や金武湾を守る会の機関誌、座談会記録、個人への聞き取りから明らかにする。第4章では革新県政による石油産業誘致をめぐる混乱と揺れ、「CTS誘致撤回声明」が破綻していく過程を革新政党・団体の抗議声明や県議会会議録、屋良朝苗知事の回想録及び日誌から記述する。さらに、第5章では「反CTS」を掲げた県政への反応や開発候補地における開発の是非をめぐる対立と暴力の発動、警察介入の実態について新聞記事や座談会記録、青年行動隊として活動した個人への聞き取りからみていく。

(3)の課題については、民衆の「生存」思想が培われる契機としてあった裁判闘争と、金武湾現地における文化実践、各地において取り組まれていた様々な運動との交流に焦点を当てる。裁判闘争の経緯については、運動当事者らによる記録や論文、裁判を支援した弁護士や技術者、研究者による技術論・法律論的な視点からの論考が残されているが(53)、第6章では屋良知事による金武湾の公有水面埋立認可の法的瑕疵をめぐってなされた裁判の経緯をたどり、金武湾反CTS裁判を沖縄戦後史における司法制度や裁判闘争の系譜において理解することを試みる。ここでは主に金武湾を守る会の人びとや原告代理人弁護士らが残した反CTS裁判の準備書面、裁判闘争に関する新聞・雑誌記事や論文を参照し、新たに聞き取り調査も行った。

さらに(2)、(3)の課題について、第7章では、裁判闘争が困難になっていく過程で始まっていた文化実践と琉球弧・ミクロネシアの島々などとの交流が、いかなる状況のなかで始まり、「国策」や「国益」の論理への「抵抗」をどのように表現したのかをみていく。そして琉球弧の島々やミクロネシアの反核・反開発の抵抗運動との交流のなかで、どのような「共同の力」が模索されたのかを考察する。ここでは金武湾を守る会の『金武湾通信』や『東海岸』、琉球弧各地の住民運動を結びつけた「CTS阻止闘争を拡げる会」(「琉球弧の住民運動を拡げる会」)の『琉球弧の住民運動』、さらに国内外の反公害運動を伝えた『自主講座』や『土の声、民の声』を分析対象とした。

第8章においては、金武湾闘争において交わされた言葉の思想的な意味を同時代の言論状況との関わりから捉えた。金武湾闘争と出会い、またはそれと伴走し、担って来た人びとは「ヤポネシア」や「琉球弧の視点」、また「地域主義」や「コモンズ」、「共同体」の概念をどのように語ったのか。そして一九八〇年前後から今日にいたるまでの運動は、金武湾闘争で培われた思想をどのように継承し、その運動実践においてはどのような共同性が模索されたのか。雑誌や同人誌、関係者からの聞き取りによって明らかにしたい。

第1章　金武湾沿岸地域の近代と失われたもの

金武湾闘争は一九七二年の施政権返還に伴う与那城村へのＣＴＳ・石油精製工場の建設に対し、金武湾沿岸地域において組織された住民運動であった。ここでいう金武湾沿岸地域は現在の宜野座村、金武町沿岸からうるま市を構成する旧石川市・旧具志川市の沿岸、そして与勝半島の北側沿岸地域を構成する旧与那城町の照間及び屋慶名が続き、平安座島、旧勝連町浜比嘉島、旧与那城町の宮城島及び伊計島までを結ぶ弧を描いている。

薩摩侵攻後の一六一一年、間切行政の再編成に伴い地頭代が配置された。一六七六年、勝連間切から与那城間切、具志川間切が分割され、西原間切からは津堅が勝連間切に編入、勝連間切からは西原・与那城・安勢理・饒辺・屋慶名・屋富慶・平安座・宮城・伊計の九村が分割され、宮城島で新設された名安呉・上原の二村を併せた一一村で与那城間切が構成された。そして一八七九年の琉球処分後、一八九七年に地頭代制が廃止され間切役場へと移行、一九〇八年には「沖縄県及島嶼町村制」が施行され間切制から村制へと移行した。具志川間切は具志川村に、勝連間切は勝連村に、与那城間切は与那城村となり(1)、与勝半島の北側と、四離島（薮地、平安座、宮城、伊計）からなる与那城村は一九九四年に与那城町へ町制施行し、それと同時に読み方も「よなぐすく」から「よなしろ」へと変わる。与勝

表1　うるま市に占める米軍基地と自衛隊基地

（単位：千㎡）

施設名	施設面積	軍別	使用主目的
キャンプ・コートニー	1,339	海兵隊	管理事務所及び訓練場
陸軍貯油施設	720	陸　軍	POL（Petroleum, oils, lubricants／燃料・樹脂・潤滑油）関連施設
キャンプ・マクトリアス	379	海兵隊	宿舎、管理事務所及び訓練場
嘉手納弾薬庫地区	1,877	空軍・海兵隊	弾薬の貯蔵、整備
天願桟橋	31	海　軍	港湾施設
ホワイト・ビーチ地区	1,568	海　軍	港湾施設、宿舎、管理事務所、貯油施設及びミサイル・サイト
津堅島訓練場	16	海兵隊	訓練場
浮原島訓練場	254	陸上自衛隊	訓練場
海上自衛隊沖縄基地隊	87	海上自衛隊	沿岸・重要湾港等の防備、訓練、海中の爆発物及び障害物の除去・処分
海上自衛隊沖縄基地隊具志川送信所	169	海上自衛隊	海上自衛隊艦隊・航空機への電波の中継送信
陸上自衛隊那覇駐屯地勝連高射訓練場	192	陸上自衛隊	訓練場
合計	6,632		

（出典）沖縄県知事公室基地対策課『沖縄の米軍及び自衛隊基地〈統計資料集〉』（2016年3月）及び「うるま市における基地の概況」〈http://www.city.uruma.lg.jp/sp/shisei/167/508〉（2017年7月15日取得）をもとに作成。

半島南側の勝連村は、一九八〇年に勝連町へ町制施行した。

石川市、具志川市、与那城町、勝連町の四市町は二〇〇五年に合併、「珊瑚の島」を意味する「うるま」市となるが、離島群のうち平安座島、浜比嘉島、宮城島、伊計島、藪地島は海中道路と橋で結ばれている。人口は一九七〇年の七万八九九七人から断続的に増加し続け、二〇一七年一二月時点では一二万二一八五人である。施設としてはCTSのほかに米軍基地と自衛隊基地が所在し、その総面積は六六三二千平方メートルで市面積八万六〇八〇千平方メートルの約七・七％である（表1）。

うるま市の農業は砂糖きび、花卉を中心に野菜（津堅島はニンジン）、果物（ミカン・スイカ）、い草（ビーグ）が栽培され、養豚や肉用牛の畜産も盛んである。漁業は与勝半島をはさんで金武・中城両湾での沿岸漁業が中心であり、勝連地域を中心にもずく養殖が盛んで全国シェアの四割を占める(2)。近年では大型商業店舗が進出し市外からの利用客が増加する一方、零細企業の活性化が模索され市街地開発事業が取り組まれている。このうち金武湾闘争の拠点であった屋慶名・照間が所在する旧与那城町は砂糖きびを栽培する兼業農家が多いといわれる。

一九三〇年の沖縄県実施による「地目別反別表」によれば、与那城村では、農作業を本業に生計を立てる農家戸数・人口が村の全戸数・全人口のほぼ九割に達するほど農業生産が盛んであった(3)。ほとんど海面であった屋慶名も「沖縄県振興一五ヵ年計画」を基にした一九三三年度からの産業、土地改良、道路橋梁、港湾事業、耕地整理事業で護岸工事が完了し、人口が急増、村役場が設置され、離島出身者や首里、那覇からの商人や寄留者が増加し市場が形成された(4)。北に位置する照間は戦前から戦後直後まで漁業が盛んで、豊富な水と肥沃で広範な農耕地を有し、備後表原料のい草の生産で知られてきた。宮城島では日照・土壌・地形が異なる耕地を島各地に分散させ栽培時期や農作物で使い分けることにより、自然災害などの外的リスクを抑え生産性を維持した「小区画分散型」の伝統的土地所有の慣行があった。これについて佐治靖は菅豊の提起した「在地リスク回避（indigenous risk avoidance）」(5)の効果を見出し、次のように論じている。一九六七年のＣＴＳ建設阻止や一九八三年の土地改良事業「宮城地区県営ほ場事業」においては、誘致派が反対派を圧倒していたにもかかわらず、在地リスク回避の効果が作用し反対運動に有利に働いた。ＣＴＳ建設候補地には小区画ながらも分散した土地の所有形態があり、建設に賛成する土地所有者の土地の総面積が反対する土地所有者のそれを上回っていても、建設のための土地面積の確保は可能ではなかった。また、土地所有は自らの居住村落ではない他字にまで所有者が分散していたことが特徴的であった(6)。宮城島の農産物は砂糖きびやイモ類を中心にサバニに載せられ、平安座、屋慶名、山原で売られた。伊計島は半農半漁の村落であり、明治期から戦前まではマーラン船が活躍し、追い込み漁や定置網漁による漁業が盛んであった昭和初期には鰹製造所も造成された。主な農作物は粟やイモ、トウモロコシ、麦であった(7)。

金武湾に沖縄三菱開発によるＣＴＳ建設計画が浮上したのは施政権返還前であったが、その是非をめぐり対立が激化してゆく金武湾沿岸地域は、どのような戦時、戦後を経験したのか。本章では、沖縄戦の災禍から戦後の米軍占領下における大規模な基地建設によって移動を強いられ続けた人びとの経験を描くことを通じて、戦後復興や経済成長の物語を離散・喪失経験として捉え直したい。

1　沖縄・金武湾沿岸地域における複数の戦争

1　与那城村における砂糖業の勃興と没落

琉球処分時、沖縄県及島嶼町村制施行時、そして戦前の与那城村間切における各字・各島の戸数・人口統計では離島群である平安座島、宮城島、伊計島の与那城間切（村）に占める戸数は全体の四九％であり、人口比率は決して小さくなかった。しかし一九世紀末の土地整理事業を機に農民による土地の私有化が始まり、政府や沖縄県の糖業振興政策を背景に商品作物となった砂糖きびを生産する農家が急増する一方、国際市場における砂糖価格の変動に農家の生活は大きく左右されるようになった。与那城間切の屋慶名番所も百姓と上納の取締りを司ることができずに砂糖きび栽培の規模は増大、食糧作物その他の有用作物を栽培する土地が次第に縮減されていった(8)。また一八七六年には明治政府が砂糖買上価格を大幅に引き上げ、与那城間切の農民はこれまでより高値で砂糖を売ることができるようになった。だが同年、日本が台湾を領有、それに伴う台湾糖の保護奨励策推進で沖縄の砂糖きびは勧業政策の対象でなくなり、増加傾向にあった沖縄の砂糖きび生産額は台湾糖輸出額の三分の一となった。

砂糖価格の下落は生産量拡大で補完され糖業への傾倒・特化が進行(9)、しかも砂糖消費税法（一九〇一年）の制定で沖縄産砂糖は課税の対象となり沖縄の人口の租税額が急増した(10)。この負担増により、砂糖をより多く生産する間切がより多く納税するという矛盾が生じ、多くの農民が苦しんだ(11)。第一次世界大戦後の世界的な大恐慌の広がりのなか、砂糖需給構造の世界的変化を起因とする砂糖価格の暴落が起こり、糖業拡大とともに砂糖きびで占められた沖縄の農村では食糧生産が追いつかずに「ソテツ地獄」が蔓延し(12)、「キビ作だけでは税も払えない」ことから出稼ぎ、海外移民が増加した(13)。

2 帝国日本の拡大と人びとの離散

一方、帝国の拡大とともに帝国日本の委任統治領として編成された旧南洋群島でも一九二〇年より開発が推進された。一九二〇年の砂糖価格の暴落に伴う南洋殖産・西村拓殖の経営難に際し、東洋拓殖は南洋庁による主導と支援のもと、一九二二年に南洋興発株式会社を創設させた。製糖業振興に伴い労働力の需要が高まり日本出身移民が増加、沖縄からも多くの人びとが渡った。その後満州事変が起こり、一九三〇年代には「南方進出」の気勢が高まるなか、沖縄からの旧南洋群島への出稼ぎ・移民数はさらに増加し、一九三〇〜三八年の間の平均年間移民数は二四四〇人となった(14)。旧南洋群島における沖縄県出身在留者数統計からみると、一九二二年七〇二人であったのが一九二三年二三九一人、一九二七年五一三二人、一九三〇年一万一七六人、一九三四年二万二七三六人、一九三六年三万一三八〇人と急増、沖縄県出身者の全国比は一九二二年二一・二%であったのが、一九二三年四六・〇%、一九二五年五二・四%に達した(15)。一九四一年末の旧南洋群島には、現地人五万一〇八九人を大きく超過する九万七一一二人の日本からの移民(朝鮮人五八二四人、台湾人三人を含む)が生活していたが、その五割から六割を沖縄出身移民が占めるまでになった(16)。米軍上陸直前までには、南洋群島に渡り生活していた県出身者は五万七千人に及んだが(17)、太平洋戦争の開戦に伴い島々が要塞化・戦場化するなか、移民の経験は戦況に大きく左右されることとなった(18)。

金武湾沿岸地域の人びとの移動状況に目を向けてみると、先述したように、与那城村においては砂糖きび栽培で増税に対応できなくなったことから出稼ぎや海外移民が活発化していた。一九〇五年から一九〇六年にかけ、与勝半島では教員らの働きかけにより多くの農民らが移民したことから「与勝のハワイ渡航全盛時代」といわれた(19)。

金武間切出身の当山久三は一八八九年に沖縄師範学校を卒業後、金武小学校校長、東京の淀橋小学校校長を務めた人物である。当山は「海外発展を沖縄発展唯一の道」と考えハワイへの農業移民を計画、ハワイが米国領となった直後の一八九九年には郷里の教員の支持のもとで農業移民団を送り、プランテーション農業が拡大する一九〇三年には第二次移民団を送った(20)。ハワイのほか、与那城村からは一九〇〇年に「沖大東島」として沖縄県島尻郡に編入され燐鉱石の採掘事業が行われていた「ラサ島」へも多くの人びとが渡った(21)。一九〇四年から一九〇五年の日露戦争には与那城間切から七七人、勝連間切から六人の兵士が出征、両間切合わせて戦病死者一二人が出たほか、八月から一二月にかけての干ばつで主食であるイモの生産が行えずにいた(22)。このような状況のなか、ハワイに移民した与那城間切出身者からの送金が支えになったことからハワイ移民が増加、一九〇六年九月までには与那城・勝連の両間切からそれぞれ約五〇人がハワイへ移民した(23)。さらに与那城村出身の県議会議長・新垣金造や代議士・桃原茂太らは、「ジャワ、マライ、フィリッピン」を目的地とした「南方進出の前進基地」として沖縄を位置づけ、糸満に「漁民道場」を、金武村に「農民道場」を開設、「南方資源確保」のための労働力を養成し移民として送り出した(24)。

一九三〇年の与那城村における戸数・人口と県外出稼ぎ者数をみると、屋慶名は五〇四戸・二八二八人のうち県内出稼ぎ二九人・県外出稼ぎ一二四人、平安座は五八二戸・三二四六人のうち県外出稼ぎ四九五人となっており、離島地域における移民比率の高さが窺える(25)。新屋敷幸繁によれば、与那城・勝連両村からの移民の多さには人口密度が関係している。一九三一年の与那城村における一平方キロメートル当りの人口密度は、平安座島一三二〇人、宮城島六三七人、伊計島五四五人、屋慶名他五字九五二人であり、与那城村全体の平均が八五二人、与勝両村の平均が八三五人であった。これは日本全国の平均一二〇人、沖縄県平均二三九人、中頭郡平均五九〇人と比較すると高く、人口調整手段として移民が積極的に実施されたことが背景にあるという(26)。海外移民の始まりについて新屋敷は「沖縄県二〇世紀初頭の幕を、この海外移民で切って落とした」と述べた(27)。移民は、帝国日本の拡大に伴い一県となった沖縄における増税や貨幣経済の浸透を背景とし、日米の植民地及び領土となった旧南洋群島や満州、朝鮮、海南島、フィリピン、ハワイなどのアジア太平洋諸地域における資本蓄積のための労働力移動にほかならなかった(28)。

3　徴兵・疎開・避難

帝国日本の拡大に伴う単一言語教育の推進と土着言語や祭祀・儀礼の統制と同時に[29]、一八九八年からは沖縄本島における初の徴兵が実施されることとなる。陸軍は歩兵のみ、海軍は水兵のみが徴兵され、一九〇四年以後は近衛騎兵が、一九〇七年以後は各兵種がそれぞれ召集された。さらに宮古・八重山諸島では一九〇五年以後、徴兵が行われていった。金武湾沿岸地域における徴兵制の施行状況をみると、一八九八年当時、徴兵逃れのため適齢者審査不合格を親族一同で祈願するなどの事例が勝連間切では多くみられる[30]。そのような徴兵忌避行為が沖縄県全体であったことから、県は一九〇〇年に「徴兵忌避に関する訓令」を発表する。具志川村においては大正中期頃から昭和前期にかけて「徴兵検査不振」が目立ち、「徴兵忌避」を意図した旧南洋群島への渡航が問題となっていた[31]。また具志川村から旧南洋群島への渡航が特に多かった一九三五年は兵士志願者が少なく、「体格が劣る」徴兵検査不合格の二〇歳前後男子が増加した。しかし戦意高揚に伴い、多くの男子が兵士として参戦するようになり、犠牲者として名を連ねていく[32]。徴兵・徴用の召集から逃れようと旧南洋群島への漁業移民が増加していた平安座島でも、一九四三年頃から総動員令、徴用令が下り人びとが動員されていった[33]。

沖縄県全体でみると戦争末期の一九四四年七月からは九州地方や台湾への学童疎開が開始された。一九四四年一〇月一〇日の空襲以後、特に一九四五年一月以降は米軍による部分的な空襲が続き、大日本帝国陸軍の輸送部隊や訓練中の大日本帝国海軍航空隊の特別攻撃隊に向けた銃爆撃が行われた。戦禍が迫り住民が島外に疎開できなくなるなか、第三二軍司令部は島内移動を主張、警察部所管の特別援護室がこれに呼応し、一九四五年二月一〇日には県が関係各市町村に対し、一七歳以下、四五歳以上の老幼婦女子を国頭地区へ避難させるよう指示した。食糧供給が困難になるのを見込んだ避難命令であったため強制力はなく、避難を躊躇した市町村もあったが、与那城村長・新垣金造は平安座住民を金武村へと山原船で海上移動、避難させた。この背景には戦前の明治から大正、一九四一年頃にかけて、平安座島住民がマーラン（山原）船を有し、海運業で発展、琉球諸島各地で運送取引業を営み、沖縄本島北部東海岸の国頭郡には船頭が利用する常宿や、無銭宿泊できる家があるなど両村間における交流の歴史や血縁関係があった(34)。新垣村長は「金武に頼って行けば、まちがいなく生命が完全に保証され得ると信じた」ことから、県の許可なしに山原船による避難を敢行した(35)。

勝連村では、一九四五年二月頃から老人、乳幼児の国頭村字奥への疎開が検討され、三月には第一次疎開が始まっていた。三月七日には村に残った在郷軍人、教員、役場職員などによる「勝連村皇土防衛義勇隊」が結成された(36)。避難民は国頭で当初歓迎されるも、戦火が迫るうちに山への避難を強いられ、避難者であることが理由で食糧をえられず、耕地から農産物を取れば罰せられた。八月頃、これらの避難民は米兵に捕らえられ、収容所に入れられ、解放後は旧久志村川田（現・東村川田）、旧金武村惣慶（現・宜野座村惣慶）を経由しながら一二月に勝連に帰還した。

4　復員と引揚げ

帝国の拡大に伴う移民や徴兵、戦災から逃れるための避難及び疎開で各地に離散した金武湾沿岸地域の人びとはどのような経緯で「戦後」を迎えたのか。旧南洋群島からの帰還者（計三九五二人）は多い順に具志川村三二一七人、越来村二三七人、石川市二〇五人、恩納村一六七人、与那城村一四九人であったことからも(37)、沖縄島東海岸を拠点に組織された金武湾闘争をみていくうえで、アジア太平洋諸地域に出征、移民した人びととの戦争体験と引揚げ、帰還の経験が戦後における個々人の生に与えた影響についてみていくことが必要であろう。ここでは、戦場からの復員兵の帰還と移住者の引揚げ、疎開・避難先からの帰郷、米軍の土地接収と収容所生活に始まる「戦後」が、金武湾沿岸地域の人びとにとってどのような経験であったのか、そして「復興」までの経緯がどのようなものであったのかをたどる。

多くの沖縄出身者が暮らした旧南洋群島においては、兵役・労役に従事させられた男性や労役を課され残留した女性を除き、「戦争の妨げになりそうな六〇歳以上一四歳未満の稼働能力を欠いた」老人や女性、子どもを中心とする引揚げ疎開が一九四三年一二月頃から開始された(38)。一九四五年三月までの日本への疎開者は総計一万六三七六人でうち県出身者が六一三六人、疎開者はほとんど横浜や神戸、築地などに到着、そして神戸の避難所等の施設に収容された後に船で鹿児島に移動、それから沖縄へと移動した(39)。沖縄では一九四四年一〇月から空襲が開始、一九四五年三月以後は米軍が上陸していたことから、旧南洋群島からの帰還後に沖縄島北部地域への避難や収容所生活を強いられた引揚者もいた(40)。

旧南洋群島の各諸島の引揚げ状況に目を向けてみると、マリアナ諸島ペリリュー島の老人、女性、子どもを中心とする引揚げは一九四四年五月末頃から開始されるが、六月以後は米軍による爆撃が激化し、老人、女性、子どもにはパラオ本島への強制移住が、四五歳までの男子には兵役が命じられることとなる(41)。パラオで米軍に収容されていた第一四師団兵士をはじめとする大日本帝国陸海空軍人軍属は一九四五年一二月より復員を始め、一九四六年二月までに完了したが、このなかにはパラオ、ペリリュー、アンガウルと複数の島々を経由して沖縄にたどりついた帰還者もいた(42)。一九四〇年以後、具志川から農業移民が多く渡ったポナペは一九四四年、米軍機による激しい空襲があり(43)、同島では一九四五年一一月より病人の引揚げが開始され、一二月には日本人と残留兵士全員の引揚げが完了した。引揚者は神奈川県の浦賀や久里浜、静岡県沼津などの収容所を経て各地へ移動、炭鉱や農作業、商売を営み、その後沖縄本島の久場崎にたどりついた。ポナペやクサイ、ヤップからの引揚者の多くも国内移動を重ねて沖縄にたどり着いた(44)。一九二〇年代初頭、南洋興発での従業を希望しサイパンに渡った与那城村屋慶名平田集落の家族には、一九四四年六月からの米軍による艦砲射撃に被弾し、日本兵からの脅迫に遭い追いこまれ、「集団自決」で一家全滅したケースも多くあった。一九四六年より開始した引揚げは一九四七年七月まで続いた(45)。

2　金武湾沿岸地域の戦後

1　米軍侵攻と収容

与那城村・勝連村は一九四五年四月三日、米軍に占領された。隣接する具志川村の高江洲、仲嶺、塩屋、川田の住民は、一九四五年三月下旬の米軍侵攻後、石川や東恩納から迫る戦渦を避けるために四月一二日頃に与那城村屋慶名へ避難、同月「高江洲収容所」が造られ、もっとも多い時で一万四九八七人の難民が収容された。約二か月後の六月一〇日、米軍による立ち退き移動命令により、照間、西原、与那城、饒辺、安勢理、屋慶名の約四五〇〇人の住民は高江洲収容所、南風原収容所に移動し、また伊計島、宮城島の約四万人の住民は平安座収容所に移動した(46)。

当時二千人ほどの屋慶名の住民は高江洲、南風原、平安座、山原にそれぞれ収容されていたというが(47)、各島・各収容所での状況をみていくと、「平安座市」と呼ばれた平安座島は四月三日以降島全体が収容所となり(48)、与那城村の離島と本島合わせ最大で八千人余の住民が収容された。そこでは与那城村長、新垣金造の主導の下で住民の生活基盤が形成された(49)。一九四四年の一〇月一〇日空襲により家屋の多くが焼失していたため、そこに移動させられた難民は、畜舎やテント、急造組み立て家屋に収容され、後に平安座収容所に収容された。収容所では就寝時以外は「登録札」と書いた札を首からぶら下げ、米兵による強姦などの暴行や虐殺の危険と隣り合わせの生活をしながら、本島での食糧探しや芋掘り作業、爆弾穴埋め作業や排水溝作業を行った(50)。収容所での食事は一日二度、一握りの米と少量のみそ、大豆のみの配給で栄養失調になる者もいたが、米軍の残飯やホンダワラ・ヨモギ・白バラセンダン草などの雑草を食べ、班ごとの農作業でイモを育ててそれも食べた(51)。戦時中、平安座島－屋慶名間は徒歩で移動し、戦後は定期船や軍用トラック、軍払い下げのトラックに乗り合い移動した(52)。戦後直後、食糧運搬のため平安座島－屋慶名間を何十回も徒歩で行き来させられ、食糧を得るため宮城島に渡った女性が米軍に連行、殺害され渡島者が減少したことなどが、当時の回想録からは明らかになっている(53)。国頭地区に避難していた平安座島出身住民のなかには、北部地区の収容所に配置されていたものも多く、トラック運搬作業などに数か月従事した後、島に戻るものもいた(54)。

浜比嘉島住民に対しては平安座島への強制移動命令は出されなかったが、米軍の指示のもと、あるいは住民自ら班を編成し共同で耕作し、イモや野菜の収穫物はもちろん、魚が獲れれば「平等に配給」した。米軍からの食糧配給は、米軍の射撃を回避しながら海を渡り本島側の平敷屋で受けとった(55)。国頭地区からクリ船（丸木舟）などで移動、潜伏していた防衛隊員は、住民と生活し食糧を分け合っていたという。

宮城島住民についていえば、米軍侵略後も「島内では、全く自由の身」であり島に残るものが多かった。だが流れ着いた防衛隊員や日本兵を家屋や収容所に匿う住民が急増したことから、彼らの捜索と監視のため、米軍は住民を平安座島収容所に強制移動させた(56)。平安座島収容所では食べ物が不足し、不自由な生活を強いられた住民たちは、食糧確保のための本島行きを許可するよう米軍に求めた。だがこの移動は制限され、逃げ隠れながら本島または宮城島に渡り食糧を探すことも多くあった(57)。

南風原収容所については、英語使用可能な者を米軍との交渉に配置したことで衣服も十分に与えられ、建築資材も十分に支給された。馬車で運ばれた食料配給は余るほど豊富で、米、豆、小麦は一日に二回ほど配給された。屋慶名では与那城村長・森根剛の協力を得ながら土地所有者と非所有者に耕地を割り当て、米軍の中国部隊が駐留していた「チャイナ陣地」からは中国製の陶器や鉄材を含むゴミを譲り受けた(58)。

収容された避難民の帰郷は一九四五年一一月頃に始まり、一九四六年三月には前原市内の収容所が閉鎖、前原市は解消され具志川村政が再開される(59)。一九四一年の太平洋戦争勃発に伴い旧日本軍の陸軍戦車部隊駐屯地として接収されていた平敷屋地区には四五年四月に米軍が上陸、平敷屋全域とその周辺が接収されて桟橋をはじめとする港湾施設が新設され、燃料補給地となっていたことから住民は帰郷できなくなっていた(60)。旧具志川村や高江洲から戻

表２　戦前戦後の沖縄群島、中頭各地における耕地面積

（単位：町歩）

	沖縄群島計	中部（旧中頭郡）	与那城村	勝連村	具志川村	美里村	越来村	中城村	西原村
1937年末	42,122.6	14,900.5	999.7	708.7	1,974.8	1,705.2	1,086.1	1,580.7	979.4
1950年3月	27,425.4	6,778.4	636.4	435.5	1,212.5	588.8	176.2	525.8	597.4
減少率	34.9%	54.5%	36.3%	38.5%	38.6%	65.5%	83.8%	66.7%	39.0%

（注）小数点第２位を四捨五入。
（出典）沖縄群島政府統計課『沖縄群島要覧　1950年版』琉球文教図書、1952年、81〜84頁、112〜116頁の統計を一部抜粋し作成。

表３　戦前戦後の人口比較

（単位：人）

	1940年10月	1950年12月	1954年9月
具志川村	16,228	32,369	32,471
美里村	15,768	16,120	16,716
勝連村	7,663	11,012	12,002
与那城村	10,737	16,197	17,995
計	50,396	75,698	79,184

（注）美里村1940年の人口は1945年９月に発足した石川市区域を含む。
（出典）沖縄市町村長会『地方自治七周年記念誌』沖縄市町村長会、1955年、46頁。以下、表４〜６の出典も同様。

って以降は、宜野座地区や南風原から帰還した住民たちと平安名などに移住し、安勢理の住民の多くは饒辺に移住した(61)。

２　荒廃からの復興

米軍駐留が継続した沖縄では戦後の収容所からの解放が戦前の暮らしに戻ることを意味せず、かつて生活基盤であった村落は爆撃によってそのほとんどが焼失し、戦前からすでに狭小であった耕地面積は大幅に減少していた。一九四〇年が総人口四八万七三〇八人・耕地面積四万二二三六八町歩であったのに対して、一九五〇年には総人口五九万三〇二五人・耕地面積二万七四二四町歩、人口は一二二%に増え、耕地面積は六五%に減るという「耕地と人口のアンバランス」が出現し、農業経営は困難に直面していた(62)。戦前と戦後の耕地面積の比較では、与那城村をはじめとする金武湾沿岸地域における耕地面積の減少を確認できる（表2、3参照）。

一九五五年に発刊された沖縄市町村長会による『地方自治七周年記念誌』によれば、「前原地区は戦前、本島における穀倉といわれた具志川、美里と、農漁村として発展した勝連、与那城の四ヵ村から成っているため階級の分化再編は他地区のように急激には進行せず」、「隣保相扶の習慣と古い道徳が今なお多分に残っているがもろもろの条件」

が「戦前の平和な農漁村を軍事基地圏内の特異型の村に変えつつある」状況にあった。これについて同誌は人口や職業、耕地面積の変化、軍労務員数についての統計資料を提示している（表4、5、6参照）。

一九五四年末時点の前原地区の軍用地は「具志川村は百三十七万余坪、美里村百七十六万余坪、勝連村五十九万余坪、与那城村二万余坪」で、さらに道路や公共施設造成が加わり耕地は、「一戸当たり耕地面積は戦前の半分乃至三分の一」にまで著しく減少した(63)。

以上のような変化について『地方自治七周年記念誌』は「農業は極度に零細化し最早農業を以てしては生活を維持できない状態にあり、他の生産業の不振と作用し合い潜在失業者の増大、金詰り、公課の加重などが因子となり大多数の住民生活をいよいよ困難ならしめている」と指摘している(64)。また、農業の零細化に伴い発生した軍労務員と民間業務員の各村における実数が表6に示されている。金武湾沿岸地域に軍労務員が誕生した背景には、勝連村南側の沿岸部にホワイト・ビーチ及びセクションベース、与那城村伊計島と具志川村上江洲に通信施設が設営され、そもそも沖縄島中部の広い範囲を米軍基地が占めているということがあった。同誌によれば、このような軍事施設との地理的な関係が「各所に繁華

表4　戦前戦後の職業別戸数　（単位：戸）

	1939年			1953年		
	農業	漁業	鉱工業	商業	農業	その他
具志川村	3,255	－	7	10	4,677	2,270
美里村	3,623	12	185	150	1,836	1,798
勝連村	1,514	77	－	19	1,899	336
与那城村	2,280	117	33	163	2,562	421
計	10,672	206	225	342	10,974	4,825

（注）原文備考：美里村1939年の戸数は現在の石川市区域を含む。

表5　戦前戦後の耕地面積　（単位：反）

	1939年		1953年	
	耕地総面積	一戸当り耕地面積	耕地総面積	一戸当り耕地面積
具志川村	19,748	6.0	8,398	1.8
美里村	17,063	4.6	9,312	2.1
勝連村	7,086	4.7	4,551	2.6
与那城村	9,996	4.4	6,690	2.6

（注1）原文備考：美里村1939年現在は石川市区域を含む。
（注2）総面積は小数点以下を四捨五入。

表6　軍労務員と民間業務員　（単位：人）

	軍労務員	民間業務員	不就業
具志川村	4,233	15,999	6,527
美里村	1,907	8,433	3,409
勝連村	660	6,114	1,687
与那城村	244	9,537	2,732

表7　地域別人口構成の推移

地域・区分／年次	本島地域		離島（平安座・宮城・伊計 計）		計	
	人口（人）	構成比（%）	人口（人）	構成比（%）	人口（人）	構成比（%）
1955年	8,387	48.5	8,911	51.5	17,298	100
1965年	10,049	59.1	6,966	40.9	17,015	100
1975年	10,490	70.7	4,345	29.3	14,835	100
1980年	10,811	72.5	4,096	27.5	14,907	100

（出典）与那城村役場企画調整課『昭和56年度版統計　よなぐすく第2号』与那城村役場、1982年、2～3頁の表2「地域別人口構成の推移」。

街を出現せしめた」のであった[65]。

戦争により失われたのは耕地面積だけではない。あらゆる農業関連施設が焼失し、耕地は長期間放置されて荒廃し、農業の再開は困難を極めた[66]。農産加工施設数について、一九四〇年は製糖場二九七〇・精米所一五四・製粉場〇・製茶工場三〇箇所であったのに対し、一九五〇年は製糖場三七八・精米所〇・製粉所二六・製茶工場一〇箇所と大幅に減少した。一九五〇年の作物生産高をみると、生産高が増加した蔬菜や馬鈴薯を除きほとんどが一九四〇年の生産高の半分以下であった[67]。

3　海上交通から陸上交通へ――「離島苦」の始まり

与那城村屋慶名の一帯は戦争により焼け野原になっていた[68]。一方で、平安座、宮城、伊計などの離島群には舟の壊滅と陸上交通の発達に伴う「離島苦」がもたらされていた。戦時中の米軍爆撃により平安座島のほとんどの船は壊滅し、戦後急増した人口は収容所の閉鎖と同時に減少し、島外で職に就く島民も多かった[69]。一九六七年の人口調査では軍作業従事者の増加により離農漁者が拡大し、労働人口も減少していた[70]。表7は、一九五五年から一九八〇年までの与那城村の本島－離島地域の人口比を示しているが、戦後特に一九五五年から一九七五年にかけて離島人口に大幅な減少がみられる。

離島群の人口と産業史から関礼子が指摘するのは、戦後、特に海中道路の建設が求められた一九六〇年代から施政権返還を前に強く意識された「離島苦」が、もともとあったものではなく、戦前の海上交通から戦後の陸上交通への移行に伴う「中心（center）から周辺（periphery）への移動」に伴い生起してきたものであるということだ[71]。この

「離島苦」が施政権返還前後の沖縄において強く意識され、開発を推進する動機となっていた。

4　米軍駐留に伴う産業構造の変化

戦前営んでいた村落での農業が困難になっていく一方、米軍は基地・部隊造成のための労働力を必要とし、また人びとが必要としていた物資を配給した。収容所時代は物資の配給がえられる手段として、一九四六年五月以後は賃金報酬をえられる手段として軍作業に従事する人びとが増加した(72)。

基地・部隊造成のための労働力は引揚げ者や基地周辺住民が供給したが、可働人口に占める軍作業員の割合は南部二〇・六%、中部二九・三%、北部四・二%と特に中南部において高く(73)、北谷村や嘉手納村、北中城村、石川市、具志川村では二五%を超え、与那城村においては九・六%（可働者八二六二人のうち軍作業者が七九四人）、勝連村においては一五・三%（可働者五五八二人のうち軍作業者が八五六人）であった(74)。

金武湾沿岸地域における産業構造の変化をみてみると、与那城村本島地域では、軍作業従事者の増加に伴う農業形態の大幅な変容と離農・漁業者の増大があった。戦後、農業に力を入れ、ビーグづくりを機械化し、砂糖きびや蔬菜の栽培、養鶏、養豚を主に行ってきた照間では、一九八〇年までに若い世代の軍作業員、会社員、従業員が増加し、兼業農家がほとんどになり、漁民は五戸にまで減少した(75)。

勝連村では、一九四五年四月三日の米軍の占領と同時に海軍の港湾施設であるホワイト・ビーチの建設、使用が始まり、施設への経路として軍用道路八号線が造成された。一九五九年には西原陸軍補助施設A・B両サイト地域(76)が接収され、米軍による土地接収により耕地は大幅に狭められた。また会社員や教員、商人とともに軍作業従事者やAサイン業者が増加し商業地域へと移行した。特産品として栄えた製筵業は衰退し、砂糖きび栽培は製糖工場への供給を目的とする小規模な農業形態へと変容した一方、養豚業が栄えた(77)。現在の饒辺をなす旧饒辺・旧安勢理両村は戦時にほぼ焼きつくされたが、戦後、避難していた住民の帰村後、壊された井戸が修復され、水源が確保された。

しかし他字と同様、若い世代の離農者が多く土地は荒廃した(78)。また戦前・戦後を通して三五〇人以上がハワイ、米国、アルゼンチンへと移民した(79)。

与那城村にみられるような産業構造の変化に関して、一九五二年四月一日に設立された琉球政府(80)が一九五五年六月に策定した「経済振興第一次五カ年計画書」(81)は、戦後の沖縄においては戦前と比べ生産業の振興がみられない反面、非生産業が顕著に目立っていると指摘した。まず、農、林、水産業及び鉱工業等の生産業と、建設・運輸・サービス自由業など非生産業の国民所得を占める割合が逆転、戦前の一九三四年から一九三六年までの平均、戦後の一九五三年の国民所得を占める割合の変化を見ると生産業は六六%から二五%へ（このうち農林水産業は五二%から二一%へ）、非生産業は二一%から軍作業を合わせ五八%へと上昇している。次に、戦前に対する各産業所得の復旧度合いは農業四八%、林業一八%、水産業六八%、製造業三五%であるのに対し、建設業は五倍、商業は二・四倍、運輸・サービス・自由業が約二倍弱と高い(82)。

同計画の指標によれば、第三次産業、なかでも商業・サービス業の発展は顕著であり、戦前、農業地域であった沖縄本島中部地区では急速に都市化とサービス業の振興がみられた。基地周辺地区の都市化に伴う物資需要の増加に対し、統治主体である米国民政府は、域内生産による物資供給ではなく輸入による物資供給政策をとった。早急な基地建設のための建築資材の安定供給と、長期にわたる安定した基地保有のためのインフレ防止を課題としていた米国民政府は、一ドル＝三六〇円に対し一ドル＝一二〇B円という為替レートを設定した(83)。為替レートを高くしておくことで本土からの物資の流入を容易にし、建築資材の調達の安定、インフレの防止をはかったのである(84)。このことが沖縄における生産業の振興を抑制し、貿易収支において輸入が輸出を大きく上回る経済構造を形成した。輸入依存度は一九六六年において六七・三%、一九六七年において七一・六%であった一方、輸入総額に対する輸出額の割合は一九六五年三七・七%、一九六六年二九・五%、一九六七年二二・七%と低く、貿易収支赤字は拡大に向かった(85)。この貿易収支赤字を補ったのが米軍基地からえられる収入であり、日米両政府の財政援助であったが、さらにいえば日本政府による保護措置が沖縄産糖の輸出をかろうじて可能にしているとの指摘もあった(86)。琉球開発金融公社の『経済報告書一九六七年度』における一九六五年から一九六七年にかけての国際収支表では、「基地従業員給料」・「軍用地使用料」・「その他支払い（米軍の物資地元調達等）」などの「米軍支出」、つまり「基地収入」が貿易赤字を補い、その割合は一九六五年七九・三％、一九六六年七一・二％、一九六七年度六九・六％であった(87)。

＊

本章では、金武湾沿岸地域における近代と離散経験の諸相をみてきた。帝国日本のアジア太平洋諸地域への軍事・経済的介入に伴い統合された琉球・沖縄では、土地整理事業や租税制度の変化に伴い土地の私有化や砂糖きび栽培の規模が拡大し、過重な税負担を課されるなかで出稼ぎ、海外移民が増加した。日清戦争後に始まった徴兵は太平洋戦争に伴い加速化し、一方で兵力とはならなかった人びとも避難や疎開により離散し、戦後は収容所で生きることを余儀なくされ、それまで生きてきた村落での生活は失われた。

次章では、第二次世界大戦後の沖縄の軍事基地化と米軍からの支給や需要に応じた産業構造への変容、戦後復興から施政権返還時の経済開発をみていく。

第2章 運動前史——施政権返還時の金武湾開発まで

沖縄三菱開発によるＣＴＳ建設計画が浮上し、その是非をめぐり対立が激化してゆく金武湾沿岸地域はどのような戦後を経て、施政権返還時の開発に対峙したのか。本章では、戦後の経済復興から施政権返還時の経済開発計画策定にいたる経緯をたどり、「基地難民」化した人びとが、大規模な工業開発により「開発難民」化する経緯を描く。そのことを通じて戦後沖縄の「復興」や「成長」の物語を離散経験として捉え直すことを試みたい。

1　施政権返還前後の沖縄における経済問題

1　不均衡な産業構造

米軍統治下の沖縄における産業構造の変化については、屋嘉比収が述べたように「相互に関係する複数の物語」があり、したがって土地接収やそれに伴う地域共同体の分断を経験した個々の地域におけるミクロな視点を含めて相対化する必要がある(1)。施政権返還前、戦後沖縄における産業構造の不均衡な発展のあり方として、一九五〇年代からの第一次産業の低生産性と第二次産業の未発達、化学・金属・機械工業に対する食料品工業の比重高、第三次産業の肥大化が問題となっていた。産業別純生産構成比をみると、一九六九年は第一次産業九・八%、第二次産業一七・七%、第三次産業七二・五%であり、一九六八年の日本本土における産業別純生産構成比（第一次産業九・八%、第二次産業三八・八%、第三次産業五一・四%）と比較すると、第一次産業は日本本土の割合とほぼ等しく、第二次産業は日本本土を大幅に下回り、第三次産業が非常に高い⑵。第一次産業についてはその生産性の低さが問題であると指摘されていた。農業は一九六〇年頃までは食糧供給産業としてあったが、一九六一年から一九六五年の間に砂糖きびが基幹作目化し、一九六六年以後は砂糖きび価格の低下と同時に離農農家・兼業農家が増加した。戦前（一九三四〜三六年平均）と施政権返還前年（一九七一年）の比較でみると、所得のうち第一次産業は五二・〇%から五・八%へ、第一次産業従事者が全就業者数に占める割合は七三・〇%から二二・四%へと減少している⑶。また労働力不足が深刻化するなか干ばつや台風などの自然災害の多発にも影響を受けて減産傾向が続いていた⑷。さらに製造業の発展はなく、六〇年代後半に開始される石油精製工場の誘致も結局は期待に見合うほどの雇用機会の増大にはいたらなかった⑸。

一方、水産業については、漁業生産費の推移にみられるように（生産額構成比が一九六六年：遠洋四九%、近海三〇%、沿岸二一%、一九六八年：遠洋五三%、近海二八%、沿岸一九%）、遠洋漁業が発展に向かう一方、漁港整備や漁場開発の遅れに加えて、漁場の荒廃による沿岸・近海漁業の不振が危惧されていた⑹。この頃、沖縄に限らず日本全体において沿岸漁場の荒廃と漁業生産額の低下が問題視されていた。特に一九六〇年以降、漁船一トン当りの生産量が減少した背景について杉田昭夫は、産卵場であり稚魚が生息する水産資源の再生産の場としての浅海漁場が、一九五〇年の国土総合開発法制定後の臨海部への工場立地や土地造成のための埋立・干拓によって狭められてきたことがあると指摘していた（表1参照）⑺。

杉田はさらに水産資源減少の原因として工場排水や船舶廃油、産業廃棄物の海洋投棄等に伴う海洋汚染をあげ、石

表1　漁場の消滅

（単位：㎢）

海区		埋立面積（㎢）			漁業権放棄面積（㎢）		
		1963～67年	1968～72年	1973～77年	1963～67年	1968～72年	1973～77年
北海道海区		1.1	2.1	3.8	21.2	4.0	8.7
太平洋	北区	3.2	1.9	4.1	3.3	65.4	27.7
	中区	54.1	49.6	38.3	122.5	185.7	27.1
	南区	14.3	2.3	2.2	13.8	10.2	2.3
日本海	北区	0.7	0.8	3.0	14.7	30.0	10.5
	西区	4.0	2.4	1.3	3.6	12.6	15.4
東シナ海区		23.5	15.3	28.4	17.5	66.7	27.0
瀬戸内海区		114.9	48.8	44.2	61.6	168.5	38.1
全国計		215.9	123.1	125.3	258.2	543.1	156.8

（注１）1963～77年の間の全国の埋立面積は464.3㎢。
（注２）1963～77年の間の全国の漁業権放棄面積は958.1㎢。
（出典）西尾建『海はだれのものか』（リサイクル文化社、1982年）で農林省農林経済局及び農林水産統計情報部の漁業センサス第５次・第６次をもとに作成された表より。

炭から石油への転換が航海中に廃油投棄を要するオイルタンカーを増加させ、重油やタールの塊が沿岸部の浜辺や海藻・魚介類養殖施設を汚染していると説明している。海上保安庁の報告によれば、一九七〇年の日本全国における沿岸汚染件数全体四四〇件のうち油濁汚染件数は三四九と約八割を占め、そのうちタンカーまたは船舶からの垂れ流しが一九一件と圧倒的であり、一九六六年の油濁汚染件数一〇七件から大幅な増加をみせていた(8)。

第一次産業の不振と第三次産業の肥大化とともに懸念されていたのは、第二次産業の不振であった。戦後の沖縄における工業の始まりは一九五〇年代、「沖縄戦の遺物の撤去を背景に起こった屑鉄景気」としての「スクラップブーム」に現れたスクラップ材ないしは鉄くずによる食器や農機具（鎌・鍬）等の製造(9)、そして米軍からの払い下げ品による製粉・麺、醤油・味噌・酒造業であり、さらに陶器や染織、製塩業、石炭・石材等の工企業、工芸品の製造であった(10)。琉球政府が一九七〇年に発行した報告書『沖縄経済の現状　一九七〇年度』によれば、新たに鉄工業やビール、セメント、石油精製が工業として加わり、家内工業の技術改善もあったが、戦後の沖縄経済における物的生産部門の割合は第一次・第二次産業合わせて三〇％と低く、工業化が遅れている。同報告書はこの要因として天然資源の欠乏と立地条件の悪さ、資本蓄積の脆弱性などを指摘していた(11)。

2　離島振興の遅れ

施政権返還前後の経済問題のなかで言及されていたことの一つは離島振興の遅れであり、離島と本島の戦後復興の格差の問題であった。沖縄県総面積の約四六％・人口一三％を占め、四〇余りの島嶼からなる離島群を有する沖縄での離島振興の遅れについて平良恵三は次のように説明していた。施政権返還後の沖縄においては、過剰な物価騰貴や本土企業による土地の買い上げ、人口流出の問題が住民の不安を増幅させていたが、日本にとって離島である沖縄の、さらに離島においてそれらの問題が顕著に現れていた。離島振興法は一九六二年に公布され、その翌年に離島振興対策審議会が発足、一九六五年から一九六八年までの四か年、さらに一九六九年から一九七一年までの三か年の離島振興計画が策定され、一九六七年と一九六八年に事業計画の策定と実施が行われた。一九五二年の琉球政府設立から離島振興法の公布自体が一〇年も、また計画実施にあたっては一八年もかかってしまった。このような遅れについて平良は「琉球政府は極めて長期にわたり離島苦に応える政策を持たなかった」との見方を示していた(12)。

平良が指摘した問題は離島振興の遅れだけではない。沖縄離島振興協議会編『離島振興事業計画の現状』における離島振興事業計画の執行状況についても、一九六八年までの達成率は八八・八％と高いが、達成率の高い空港事業などと比べて灌漑排水や土地改良事業、水道事業計画は十分に実施されていなかった(13)。さらに島ごとの事業計画費はわずかで、一九六九年から一九七一年の三年間の事業計画費として一五〇〇万ドルが計上されながらも、一島当りの平均は五〇万ドル以下であった。このような計画のまずさを背景に、離島地域の生活・産業基盤の整備は遅れ、道路舗装率や電話普及率のほか、土地改良事業の達成率は低い。また送電時間が短く、水道施設や農産物センター、出荷施設、冷凍・冷蔵施設が未整備のままで、農業用水の開発も遅れている。離島地域におけるこれらの問題が解消されないままであったことが、一九七一年の干ばつや台風といった自然災害の影響を増幅させ、また離農や島外への出稼ぎを促進させていた(14)。

2 施政権返還と工業開発——工業化という新たな夢

1 松岡政保主席在任時代の外資導入政策

一九六九年の佐藤－ニクソン共同声明における沖縄の施政権返還合意後、ヴェトナム戦争に起因したドル危機、それに伴う基地労働者の大量解雇、米軍対象の産業の衰退、ドルから円への通貨交換などにより経済不安が高まるなか、日本政府、琉球政府、与那城村、企業・民間団体、政党、労働組合など多岐にわたる主体が開発構想を提起した(15)。だが施政権返還の方針が定まっていない一九六五年より、米国際石油資本はすでに沖縄での調査を始め、軍需と民需の両方をはかりつつ日本を含むアジア市場開拓を目論んでいた(16)。田坂仁郎は一九六九年にこう述べている。「自然資源に恵まれず工業化が制約を受け」ている沖縄では、その成長のため、「貿易・資本の自由の継続、拡大」により「加工工業の拡大のための原料と資本」を海外からえることが必要であり、したがって「軍事基地であり仲継《ママ》補給基地としての条件を備えている」沖縄には「仲継《ママ》経済基地としての可能性」がある(17)。軍事基地に代わる平和産業として石油産業を導入し工業化するというより、軍事基地機能を補完するための原油供給の先に経済面での発展を期待する立場から構想された地域開発である、との見方が当時すでにあったことを看取できる。

一方、このような米国際石油資本の動きを歓迎し、その導入を「自治権獲得」の手段もしくは結果として推し進めていたのが「対米交渉」で評価された琉球政府行政主席・松岡政保であった。一九五〇年代初頭以降、松岡は沖縄の電源開発の立役者であったが、日本における「電源開発促進法」制定から二か月後の一九五二年九月に琉球政府立法院は「電気事業法」を制定、それ以後、一九五三年のガリオア資金(18)による牧港発電所の建設や一九五四年の琉球電力公社の設立、全島電化促進を主張する松岡政保らによる配電会社の設立が続いていた(19)。そして主席在任中の

表２　米国石油外資の沖縄進出状況（1967年）

会社名	カイザー	ガルフ	ガルフ	カルテックス	エッソ
事業内容	石油精製事業	原油並びに石油製品貯蔵ターミナルの運営	石油精製事業	石油精製事業	石油精製事業
琉球政府による外資導入免許の受理	1967年 5月9日	1967年 6月6日	1967年 6月24日	1967年 8月25日	1967年 9月19日
投資予定額	3,000万ドル	3,927.5万ドル	6,000万ドル	4,000万ドル	5,500万ドル
事業場所	美里村・泡瀬（埋立地）	与那城村・平安座島（借地）	与那城村・平安座島（借地）	中城村・久場（埋立地）	西原村・小那覇（埋立地）
敷地面積	30,000坪	550,000坪	500,000坪	130,000坪	240,000坪
雇用社者数（予定）	150名	110名	550名	240名	350名
精製能力	35,000 バーレル／日	10,760,000 バーレル／日 （貯蔵能力）	100,000 バーレル／日	40,000 バーレル／日	80,000 バーレル／日

（出典）宮良用英『沖縄石油産業の軌跡と課題』私家版、1988年、12頁、畠山大「沖縄経済と石油産業――その関係性と役割規定」『商学研究論集』第19号、2003年9月、305頁。

一九六四～六八年、松岡は石油外資の導入を積極的に進めた。

一九六七年、松岡は渉外広報部長であった宮良用英と北米、中南米を訪問、沖縄出身者の移住地を視察し関係機関との懇談や今後の移民受け入れ協力要請を行った。その間、松岡らはボリビアではガルフ・オイルによる地下資源（油・ガス）開発に関心を示し、プエルトリコではガルフ・オイル工場を視察、マイアミではガルフ・オイル会社幹部との懇談を行っている(20)。それから間もない一九六八年一月二〇日、琉球政府はガルフやエッソ、カルテックス、カイザーによる一九六七年五月の外資導入免許申請に対し「自由貿易地域に指定することを許可条件の一つとして」外資免許を交付(21)、石油産業誘致の姿勢を明らかにしていた。

米国際石油資本に対し外資導入免許の交付を認めた琉球政府の外資導入審議会は、米国民政府と琉球政府、両政府の職員によって構成されていたが、松岡主席就任後の一九五二年一二月に制定された民政府指令第二〇号「外資導入合同審査会の組織及び職務並びに運営手続」の廃止と一九六五年九月の「外資導入審査会」の設置に伴い琉球政府職員のみで再構成された(22)。松岡は後にこれを「沖縄側が自主的に判断できるようになった」「自治権移譲の一環として、画期的な出来事であった」と振り返り(23)、琉球政府職員の審査・決定による米国際石油資本という外資導入決定を、米軍統治下の沖縄における「自治権」行使・実践として捉えていた。

さらに松岡は、佐藤－ジョンソン会談を控えていた一九六七年七月に「沖縄復帰問題研究会」を設置、施政権返還に際して沖縄が取るべき立場を検討するため、立法院議員や経済界の関係者ら三一人で世論調査や資料収集を行った(24)。翌六八年四月には琉球政府が委託した琉球大学経済研究所(所長・久場政彦)が『沖縄経済開発の基本と展望』を発表、施政権返還を見越した日本経済との「一体化」や、工業化の「導火線」としての石油産業の開発、特に金武湾への石油関連産業導入、観光・畜産業の振興、離島各地のインフラ整備の推進が課題であると提起していた。

2 ケネディ米大統領「沖縄に対する新政策」と日本政府による対沖縄開発構想

当時の琉球政府が外資導入に「自治」を見出していた一方で、米国際石油資本の進出には軍事占領を続ける米国、そして次なる施政者である日本の思惑が大きく作用していった。琉球政府が進める外資導入は本土市場への進出を視野にいれた「かけこみ外資」であり、施政権返還後は国内経済の脅威になると日本政府はみていた。一九六七年八月三一日、衆議院は未だ施政権の及ばない沖縄に議員調査団を派遣、通産省職員は琉球政府に外資導入の経緯の説明を求め、工業化を本土資本で推し進め「国益」に協力するよう牽制した。一九六七年一一月から一九六八年一月には琉球政府及び日本石油と琉球石油と合弁のカルテックスを除く外資の在日代表に対し、施政権返還後は日本のエネルギー政策を沖縄に全面適用することから、石油業法に従い外資比率を五〇%以下におさえるよう直接要請していた(25)。

このような介入の背景には、第一に、一九五八年一〇月二二日の「産業計画会議第六次勧告」において明確に意図され、一九六〇年の三井三池闘争以降模索されてきた国内産石炭から国外産石油への主要エネルギーの転換と低コスト化、それを通じたエネルギー自給の大きな変化と石油ショックを契機とする国家石油備蓄拡大の動きがあった。原油輸入の自由化と燃料の転換のなかで日本のエネルギー自給に大きな変化がみられ、石炭を中心としていた一九五〇年に約九〇%であったエネルギー自給率は、石油が主要燃料化して以降、一九七三年度には七七・四%に低下した。

第二に、一九六〇年代半ばからの施政権返還に向けた動きと対沖縄援助の開始・増額があった。一九五一年五月に琉球列島米国民政府（United States Civil Administration of the Ryukyu Islands : USCAR）が策定した「琉球列島経済計画」により、一九五一〜五五年度の期間中に二一六億三千万円のガリオア資金が投入され、電力・水道・道路・港湾・ダムなどの社会資本整備とその建設資材、船舶や漁船、食糧、肥料、油脂、薬品が提供された。この間、日本政府からの財政援助はなかった。しかし一九六二年三月一九日、ケネディ米大統領が「沖縄に対する新政策」を発表、「沖縄が完全に日本の主権のもとに復帰することを許す日を待望している」と日本による対沖縄援助について継続的に協議していく方針を発表[26]、日本政府は一九六二年九月一三日の「日本政府の琉球政府に対する援助について」で一九六三年より沖縄への財政援助を開始することを閣議了解した。その内容は、「①琉球政府（市町村を含む）の諸施策、事業などの水準を本土並みに引き上げ、住民の所得の向上に努める、②沖縄に日米琉諮問委員会を設置し、援助については沖縄住民の意思を反映して実施する」というものであり、結果、一九七二年までの二七年に及ぶ米軍統治期の日米の援助総額は米国一六四九億円（五七%）、日本一二三二億円（四三%）となった[27]。以降、日本政府は沖縄の施政権返還に向けた専門機関の設置や会合、懇談会の開催、調査報告書や開発計画の発表を行っていく。

以下に具体的な動きをみていくと、一九六五年からは日本政府の働きかけにより、本土ｰ沖縄の民間経済人の間で「沖縄経済振興懇談会」が組織された。同懇談会は一九六六年一月に第一回会議を開催、最終回となる一九七五年一〇月第一〇回会議まで東京や大阪、沖縄で会議を行ったが、政府金融機関（後の沖縄開発庁）の設置や海洋博の実施による観光産業振興政策を推進した。また一九三三年に設立された昭和研究会を前身とする昭和同人会は一九六八年一二月、沖縄経済に関して「経済面から見た日琉一体化」と題する提言を発表した[28]。同提言について、施政権返還前、琉球政府公務員研修所[29]の所長として、商工局、経済企画局、企画統計局、計画局、通産局などで琉球政府職員として経済振興政策に携わっていた大城立裕は[30]「政治的・経済的・社会的に日琉が完全に同質化し日本の発展の中で沖縄も発展し、生活の安定と向上が保障されることが最終目的となり、この最終目的を達成する過程が一体化・同質化である」と主張した[31]。ここで提起される沖縄経済の課題は「占領経済、基地経済、ドル経済といった非正常な状態を正常化すること」であり、「それは単なる経済開発や資源開発ではなく、それ以上のもので、あくまで地域開発なのである……。復帰も地域開発の一つである。……具体的にいえば、沖縄経済が国際的にもじゅうぶん活躍できるようにし、そのことが日本経済にもプラスにす《ママ》るよう沖縄を位置づけることである」[32]と述べている。

続いて総理府特別地域連絡局長をはじめ、日本政府の各省庁参事官、課長らは「本土・沖縄一体化調査団」を編成、一九六八年五月二七日からの八日間、沖縄現地を調査し、同年七月に「本土・沖縄一体化調査報告書」を発表した。同報告書によれば、沖縄経済振興会議の設置の目的は沖縄経済の長期開発構想と施策の審議や提案であり、その方向性としては、「第三次産業の比率が高い消費経済から第一次・第二次産業を重視する生産型へ転換」することであった[33]。これに続き、総理大臣の諮問機関として設置された「沖縄問題懇談会一体化小委員会」は、東京証券取引所理事長・森永偵一郎を経済調査団長に、一九六八年六月一七日から五日間の沖縄調査を行い、七月にその中間報告「沖縄経済に関する所見」を発表した。所見では、沖縄に限って経済振興計画を策定することは難しく、日本の経済開発の一環として沖縄の経済振興計画を考えていくという姿勢が示され、行政組織としての「沖縄開発庁」を設置し沖縄が日本全体にとっての経済開発に自らの経済的メリットと合致させる形でそれに貢献していくことが必要であると述べている。なかでも工業開発については、地理的条件や良質な港湾、新たな工業用地造成を生かす産業を導入・定着させ、関連産業を育成するしかなく、そのためにも、工業用水の確保が重要であり、水資源調査が求められているとしている[34]。

これに続き、総理府総務副長官・八木徹雄を団長に経済企画庁や総理府参事官で構成された「日本政府沖縄経済視察団」は、一九六八年九月五日から九日にかけて沖縄を視察、それに基づき「沖縄経済に関する視察報告」を発表し

7月	公明党	平和で豊かな沖縄県の建設
9月	産業構造審議会産業立地部会	沖縄企業進出の考え方と対策について
	琉球政府	長期経済開発計画
	琉球工業連合会	国際工業を誘致するための臨海工業地造成について
10月	三菱総合研究所	金武湾（与勝）地区総合開発計画（案）
1971年3月	通産省沖縄工業基地開発調査団	沖縄臨海工業基地開発に関する調査報告書
	沖縄経済振興懇談会	第6回沖縄経済振興懇談会「共同声明」
11月	琉球政府	復帰措置に関する建議書
	沖縄経済開発研究所	沖縄：勝連村開発計画調査研究報告書
1972年3月	沖縄経済開発研究所・三井不動産株式会社	沖縄：金武湾地区開発基本構想
10月	国土交通省	新全総 第四部 沖縄開発の基本構想
12月	沖縄開発庁	沖縄振興開発計画
1973年3月	政策科学研究所	沖縄県土地利用基本計画

（出典）琉球銀行調査部『戦後沖縄経済史』琉球銀行、1984年、1021頁、多田治「沖縄イメージの誕生―沖縄海洋博とリゾート化のプロセス」早稲田大学大学院文学研究科提出博士論文、2003年2月、31頁に加筆し作成。

た(35)。同報告でもやはり第二次産業の発展が沖縄経済の課題としてあげられ、そのための産業基盤整備として港湾の整備や本土資本の導入の促進が必要であると説かれている。工業化については、沖縄は日本列島と東南アジア地域との中継的位置にあるという地理的特性があるが、大規模工業の導入は十分な調査を行ってからその妥当性を検討すべきであり、まずは加工業などをはじめとする中小企業の育成や振興を行うなかで大規模工業進出の可能性を探るべきだとされた(36)。

一九六九年三月には「日本工業立地センター」が『沖縄工業開発計画基礎調査報告書』を発表した。同報告書は農林水産業や観光産業の振興と合わせた工業開発の方向性の提言で、次のように述べている。「沖縄は四面海に囲まれ、埋立適地が多い等の条件をもつことから臨海性工業に必要な基本的な立地条件を有して」いる。適正業種として「工業集積あるいは大都市需要に強い関連性をもって立地する」臨海性工業のなかでも、一般消費需要を対象とする「〈石油精製〉が検討されてよい業種」と提案した(37)。「全国総合開発計画」が策定された一九六二年一月、通産省の認可のもとに組織された財団法人日本工業立地センターは、元通産相鉱山保安局長、伊藤敏夫をセンター長とする「総合的調査研究機関」であっ

表３ 施政権返還前後の開発計画・構想策定の流れ

年月	発表の主体	沖縄開発に関する会合、構想・計画・調査報告
1966年7月	沖縄経済振興懇談会	第1回会議
1967年6月	米民政府と琉球政府の合同委員会	琉球経済合同開発委員会報告書
8月	沖縄復帰問題研究会	沖縄経済の長期ビジョンについて
1968年1月	琉球政府	沖縄の住民とその制度の本土との一体化に関する資料
2月	昭和同人会	経済面からみた日琉一体化
3月	琉球政府	祖国復帰と沖縄経済：その経済的影響
4月	琉球大学経済研究所	沖縄経済開発の基本と展望
7月	本土・沖縄一体化調査団	本土・沖縄一体化調査報告
	沖縄問題懇談会一体化小委員会経済調査団	沖縄経済に関する所見
9月	昭和同人会	日・琉の一体化と沖縄の総合開発政策
10月	昭和同人会	日琉一体化の基本方向と総合開発政策
11月	日本政府沖縄経済視察団	沖縄経済に関する視察報告
1969年7月	日本工業立地センター	沖縄工業開発計画基礎調査（総理府委託）
9月	昭和同人会	沖縄の総合開発政策
	民主社会党	沖縄経済・福祉開発構想
10月	総理府特連局	沖縄経済振興の基本構想試案
	全日本労働総同盟	沖縄経済開発の課題と同盟の見解
11月	沖縄経済開発研究所	沖縄経済の自立にむかって
	沖縄経営者協会	本土復帰に伴う沖縄経済の問題と緊急対策
	沖縄平和経済開発会議	沖縄県総合開発計画第1次報告書
12月	琉球政府	長期経済開発計画の基本構想案
1970年1月	通産省企業立地局公害部	沖縄の工業立地条件と工業適地
2月	琉球工業連合会	復帰の問題点とその対策
3月	日本工業立地センター	金武湾（与那城）地区開発構想
	沖縄経済振興懇談会	第5回沖縄経済振興懇談会共同声明
	日本商工会議所	沖縄経済振興に関する要望
	通産省企業局	沖縄の工業立地条件と工業適地
4月	日本経済調査協議会	沖縄経済開発の基本方向-要約と提言
	沖縄教職員会(38)	沖縄経済の現状と対策
	沖縄工業開発調査団	沖縄工業開発調査団報告書
5月	伊藤善市・坂本二郎ら	沖縄の経済開発（潮新書）
	沖縄経済振興協議会	沖縄経済振興に関する要望
6月	全日本自治団体労働組合	沖縄祖国復帰作業の問題点と対策

た。同センターは「事業拠点の場を地方に求め」ていた「産業界」と「地域開発のための企業誘致施策」をはかっていた「地方公共団体」、それを促進するための「工業整備特別地域整備促進法」（一九六四年）などの法制度の充実をはかっていた政府の要請をつなぎ、「大規模な臨海工業基地や内陸工業団地計画等の工業開発計画」に取り組んできたシンクタンクであった。石油備蓄量の拡大が国家的課題となるなか、CTSや原発の建設計画が「地方」に求められていた。同センターは同時期に青森県の委託を受けて「むつ湾小川原湖大規模工業調査報告書」も策定、原子力産業の立地可能性を提起している。陸奥湾・小川原周辺の開発過程を記録した鎌田慧も指摘したように、一九六九年五月末には「新全国総合開発計画」も閣議決定されており、開発による国土化が各地で進んでいた時期であった(39)。また一九七二年改訂時に加わった「沖縄開発の基本構想」では、国家的課題として石油備蓄量の増大があげられていた。一九六九年の沖縄工業開発計画基礎調査報告書の背景には「本土における膨大な石油需要に対し、既述のごとく製油所適地が少ないことから、沖縄での製油所立地の可能性は考慮されてよい」という見方があり、「電力の多様な需要が起これば大型火力発電の立地を促すことになる」との期待があった(40)。つまり国策としての原油備蓄量拡大に向けてエネルギー基地化すべき「地方」があり、その対象に沖縄も含まれていたのであった(41)。

であるならば、やはり日本政府はそのための企業支援を拡充させるべきであるとの姿勢を打ち出したのが、沖縄経済振興懇談会と日本商工会議所の「企業の天国論」であった。沖縄経済振興懇談会は一九七〇年三月、「第五回沖縄経済振興懇談会共同声明」を発表、それをもとに日本商工会議所が同年同月にまとめた「沖縄経済振興に関する要望」では、政府に対し沖縄を「企業の天国」にするという「手厚い優遇措置」を「条件」に、沖縄への企業進出を促すことを提案した(42)。

通産省は一九六九年六月、沖縄の施政権返還に向け具体的な経済開発政策を検討し始め、前年五月の「沖縄・本土一体化調査団」の報告の路線で開発を進める方針を明らかにした。一九七〇年一月、同省企業立地局公害部は「沖縄の工業立地条件と工業適地」を発表、沖縄の「①工業用地（臨海部および内陸部）、②工業用水、③労働力、④道路、港湾、電力、工業集積など産業関連施設などの現状把握」を行い、「工業適地」については糸満・中城湾地・与那城地区を「臨海部の適地」として、また南部・宜野湾・北谷・具志川地区を「内陸部の工業適地」と位置づけ、「沖縄経済開発は、企業進出を優先させるべきだ」との結論を提示した(43)。さらに通産省の「産業構造審議会産業立地部会」は一九七〇年九月、「沖縄企業進出の考え方と対策について」を発表、農業や観光産業の振興と並んで「経済発展の機動力として工業開発の促進を図ることが必要」であるとし、アルミ精錬、電気炉製鋼、石油精製、CTS、石油化学、鋼材加工、造船、石油コークスなどの、「重化学工業を中心とする壮大な〝沖縄コンビナート〟の創設」を構想した(44)。

通産省はこれに続き沖縄工業基地開発調査団を組織、その調査結果に基づき一九七一年三月には「沖縄臨海工業基地開発に関する調査報告書」を発表した。同報告書では「経済発展の機動力」として「工業開発を促進する」ことが課題としてあげられ、石油精製、CTS、石油化学、電気炉製鋼、アルミ精錬及び同関連、中・小型造船、鋼材加工が集中する沖縄コンビナートの立地可能性について言及している。また中城湾や金武湾、大浦湾の三つの沿岸地域が検討の対象となっているが、そのなかでも特に、中部地域開発への波及効果や北部地域開発の端緒となることが期待される金武湾沿岸地域が、開発の拠点として「絶好の位置」にあると指摘している(45)。

3　屋良主席就任後も継承される工業化路線

日本政府からの開発をめぐる調査、報告、提言が相次いで発表される一九六八年以降の沖縄では、一一月の主席公選により屋良朝苗が琉球政府主席に就任していた。以降、日本からの介入はさらに強まり、本土資本の誘致による「国益」重視の振興開発が推進されていく(46)。

日本政府からの牽制に対し、米アルミ企業や米国際石油資本の導入を推進していた沖縄工業連合会や重化学工業の誘致を求めていた在沖米国系企業及び在沖米人商工会議所は、自らの既得権益の保持・保護を求め、佐藤首相の訪米時にはニクソン大統領宛に要請文を送っていた(47)。こうした状況のなかで米アルミ精錬企業アルコアの進出は頓挫し、代わって本土アルミ企業による工場建設計画が浮上した。このときの米国際石油資本の導入をめぐる「県益－国益」論に内在するのは、第二次産業の振興による「基地依存経済」からの脱却と自立・平和経済への移行が日本政府によって阻まれたという論調である。開発計画策定時における日本政府との関係についてのこのような見方は、当時を振り返る大城立裕の語りにも読み取ることができる。施政権返還後の一九七九年に行われた玉野井芳郎との対談のなかで玉野井が「自立」について言及した際、大城は次のように述べている。

県政全体において地域の特性を打ち出そうとしても、国益の前にどうしても地域の要求を生かせなくなってしまう。その代表的なのが、さき程ちょっと触れましたけれど石油備蓄の問題です。あれについては私も腹がたつんですが、復帰前にガルフとエッソが入ってきた時には、日本政府は嫌な顔をしていたんです。日本の石油資本に対する圧迫になりますからね。あの当時は琉球政府首脳がガルフ、エッソを受け入れた動機は何かというと、石油基地ができれば本土政府に頼ることなく沖縄経済を伸ばすことができる、という側面もあったらしいんです。ところが、復帰してしまったら、他所の土地で嫌がられている石油基地をさらに沖縄で拡大しようとするでしょう。復帰前も復帰後も、国益という名のもとでの政府政策にほんろうされているんで、そういうことに沖縄の地域からどう歯止めをかけプロテストしていくかということですね(48)。

日本政府の介入や施政権返還後のCTS建設の圧力について指摘しながらも、施政権返還前の外資導入の是非については問わない、というのがここで看取できる大城の態度である。この時期の興味深いところは、政府や企業と並び、革新政党や労組が打ち出していた開発計画がどれも「平和産業」論を意識したものでありながら、その内容のほとんどが工業化をめざすものであったということである。一九六九年九月、民主社会党は「第五次沖縄派遣使節団」を派遺、「沖縄経済・福祉開発構想」において石油精製やアルミ、天然ガス関連産業による工業化の可能性を提起したのをはじめ、同年一一月には日本社会党・日本労働組合総評議会（総評）・革新市長会などが組織した「沖縄平和経済開発会議」が「沖縄県総合開発計画第一次報告書」を作成、「基地の完全撤去」のうえに、「①石油中継基地、②アルミ精錬、③セメント、④アルミ二次加工、⑤石油化学、⑥木材加工、⑦住宅資材大量生産」による振興開発を推し進め、「ユニークな工業県」としての沖縄に改造するとしている。一九七〇年四月には沖縄教職員会も「沖縄経済の現状と対策」をまとめ、「基地依存経済」から「自主的平和経済」への転換、石油精製コンビナートやアルミ工業、製鉄、非鉄、造船などの企業誘致による工業化と政府の投資による産業施設整備、大型企業誘致が課題であると提言した(49)。

これらの工業化の動きに対し、日本本土の高度経済成長がもたらした公害を知る人びとの間では懸念が高まっていた。しかし琉球政府や政党、労組、そのほか革新系の諸団体は、本土各地域で受け入れが拒否されていたCTSやアルミ精錬工場といった「公害産業」の誘致を、基地経済からの脱却と本土との所得格差是正のためにはやむをえないものとして積極的に推し進めていった(50)。

一九七〇年九月、琉球政府は「沖縄経済開発の基本と展望」の考えを継承し「長期経済開発計画」を策定した。策定にあたっては「沖縄経済開発の基本と展望」を著した琉球大学経済研究所メンバー四人、県職員二二名に加え、経済企画庁の下河辺淳はじめ各省庁からの官僚二〇人が「助言指導者」として派遣された(51)。同計画では沖縄本島中部東海岸の金武湾・中城湾の埋立による臨海工業用地造成と、米軍基地に代わる「平和産業」としてCTS・石油精製業等の石油関連産業、アルミ精錬、アルミ二次加工等のアルミ工業、鉄鋼業関連工業など、臨海型の重化学工業の開発に加え、原子力発電の開発を立案する内容となっている(52)。

一九六八年に主席となった屋良朝苗は施政権返還後、県知事となり、六月二五日の県知事選で対立候補の大田政作を大きく上回る投票数を獲得し再選、第二次産業、特に石油産業誘致を通じた工業化は開発政策の柱として、施政権返還時の県知事案「沖縄県振興開発計画」に引き継がれていく(53)。一九七六年六月の任期満了に伴う県知事選では沖縄社会大衆党（社大党）の平良幸市が当選するものの、任期途中に病で倒れた。施政権返還から一九七八年一二月の県知事選で自由民主党（自民党）の西銘順治が当選するまでの間は「革新県政」と呼ばれた。保守革新はともに「自立経済」の手段として石油産業による振興開発を志向していくこととなる(54)。

3　「金武湾地区開発構想」の策定にいたるまでの経緯

1　ガルフの進出

金武湾におけるＣＴＳ建設は米国際石油資本の進出に始まる。一九六七年一月、ガルフの副社長らが来沖、石油産業誘致のための調査を沖縄全域で行っている(55)。そして翌二月、同社は宮城島の四区（宮城、上原、池味、桃原）の区長を通じて宮城島への「精油工場」の建設を与那城村に打診し、四月には文書により正式な申し入れを行った。一九六七年四月一五日付『沖縄タイムス』記事によれば、「米国のある企業」（当初「ガルフ」の名は公表されていなかった）による石油産業施設の建設候補地は島の中心部、島の総面積の三分の一程度（約三〇万坪）、四部落に及ぶ広範囲なものであった。工場ではカナダから取り寄せた原油を精製、主に本土や台湾、香港などに輸出し、また村や島内から従業員を二千人余雇用する計画で、工場用地として借地すれば年間一坪当り一ドル、全体で二七～三〇万ドルの収入、年一〇万ドルの固定資産税も見込まれるという。村長は「軍と関係あるものではなく、平和産業である。近海が汚染される心配もない」、したがって反対は一部の人たちにすぎず「ほとんどの地主が工場建設に賛成」していると述べ、離島を抱える与那城村の財政強化策としての開発に期待を寄せていると報じられた(56)。

この新聞報道から約一か月後の一九六七年五月八日、村長の中村盛俊は定員二〇人中全員が出席する与那城村議会で、村の三役とロイ・仲田弁護士(57)らが工場誘致について検討してきた経緯を説明した。だが未だ非公開であった企業名については「産業スパイ」の邪魔が入るとの懸念から「仮契約しなければ公表できない」とし、地主の説得についてでは「八割以上の賛成を得た」と説明、残り二割からの賛成をえられるよう働きかけ、「最終的には離島をなくし、経済的問題を解決すること、又、本工場誘致することが地元の声である」と答弁した。同議会では企業名非公開のまま工場誘致についての賛成動議が出され、「宮城島製油工場誘致早期実現について（要請）」（与那城村議会発、松岡政保主席宛）が全会一致で決議された(58)。

「平和産業」論の影響は村議会にも及んでいた。中村は誘致を進めている石油産業が「平和産業である」と位置づけ、「軍と関係のある工場なら全面から反対すると言った。むこうも軍関係ではなく、民間事業で公害や漁業の弊害、村民に与える影響もはっきりないと言うし、宮城の開発が出来ると考え、工場誘致については村長としても努力すると約束した」と答弁した(59)。だが先に述べたように、米国際石油資本は沖縄を調査し、「軍需」と「民需」の両方を見込んでいた。「基地経済からの脱却」が目的化するなか、軍需が明確に予測できる石油産業でさえ「軍関係ではない」、「平和産業」として位置づけられていたことがわかる。

その後、村長は率先して宮城島への石油企業誘致促進をはかる「宮城島研究会」を設置し、村議会と石油企業誘致特別委員会は連携して宮城島住民を説得した。だが第3章でみていくように、石油産業の進出に同意する区長らに対抗して組織された住民組織「宮城島土地を守る会」に進出を阻止されてしまう。それでもガルフは、村議会での開発計画誘致決定を背景に、一九六七年九月一日より平安座島の調査と住民への開発計画の打診を始める。そして平安座島では「企業誘致促進委員会」が設置され村内での説明会を通じて「合意」形成がはかられていった(60)。

平安座島では一九六〇年代初期から平安座島と沖縄島東海岸屋慶名を結ぶ道路の建設が試みられていたが、台風と資金不足で失敗に終わっていた。第1章の表7「地域別人口構成の推移」にあるように、特に戦後における住民の島外への移動志向は高く、平安座島と沖縄本島を結ぶ海中道路建設を条件にガルフ石油のCTS・石油精製工場進出も受け入れられたのであった。琉球政府から外資導入免許を取得したガルフは平安座島で建設工事を始め、一九六九年一一月までにすべての石油備蓄タンクを設置、これを「沖縄ターミナル株式会社（沖縄ターミナル）」と称し、一九七〇年五月三日より操業を開始した。そして条件であった道路造成については一九七一年五月に着工、海域の干潟の砂をかき集めて道路にするという突貫工事を約一か月で行い、同年六月までに海中道路を建設した(61)。さらにCTSに石油精製工場「沖縄石油精製株式会社（沖縄石油精製）」を併設し、一九七二年四月より操業を開始させた(62)。しかし既述の通り、国内企業を保護する目的から日本政府は外資による沖縄開発に介入、ガルフ石油は日本企業との共同企業体の結成を強いられ、その所有権を、石油製品の製造と販売を専門とする「出光興産株式会社（出光興産）」に受け渡すこととなる(63)。

2　第二のCTS建設に向けた動き

同時期の与那城村においては、米国際石油資本の進出と並行して日本企業が進出を視野に入れて調査を始めていた。平安座島へのガルフ石油の誘致が決定した一九六八年九月以降、村長の中村は太田機械建設社長・太田範雄らと上京し、三井不動産や三菱商事との交渉を進めていた。当時与那城村が計画していた「広域の地域開発」を遂行していく場合、「現在の役所職員」は「技術的には素人であるし権威ある技術者の調査」に基づく「マスタープラン」が必要である。このような考えから、与那城村は一九六九年度予算に一三〇〇ドルを計上し、開発の候補地にあがった地域を調査する研究機関である日本工業立地センターに開発計画の策定を委託した(64)。そして一九六九年一二月一五日から二一日までの一週間、日本工業立地センターの三人の技術員が与那城村の離島群、そして具志川市に及ぶ海域を調査、一九七〇年三月に『金武湾（与那城）地区開発構想』を発表した。同構想においては金武湾一一一七万坪の埋立とCTS、石油精製工場、石油化学工業などの立地についての見通しが提示された(65)。

村長らはその後、日本工業立地センターによるマスタープランを携え、三菱商事への進出要請を続けた。そして三菱商事は一九七〇年七月に「沖縄調査団」を派遣(66)、「三菱開発株式会社（三菱開発）」を設立し、金武湾地区開発の窓口を同社へと移行させた。三菱開発は一九七一年二月にＣＴＳ進出を決定、四月二八日には与那城村長との間で「覚書」を締結している(67)。

3　与那城村議会会議録からみえてくる誘致決定過程の問題

「国策」としての開発を推進するアクターの一端である与那城村は、どのような論理で第二のＣＴＳ誘致を推進したのか。そして与那城村というアクターの内部においてどのような考えの利害の相違や開発をめぐる齟齬があったのか。一つの手掛かりとなるのが、当時の琉球政府主席・屋良朝苗が県知事退任後、ＣＴＳをめぐる「苦難」を振り返り述べた次のような語りである。

　認可するまでには離島の人々を中心とする熱狂的な推進要請の声に悩まされたくらいであった。「外資導入ならびに埋め立てを早く認めて離島苦を解消せよ」と誘致派の

図１　金武湾埋立地利用計画図

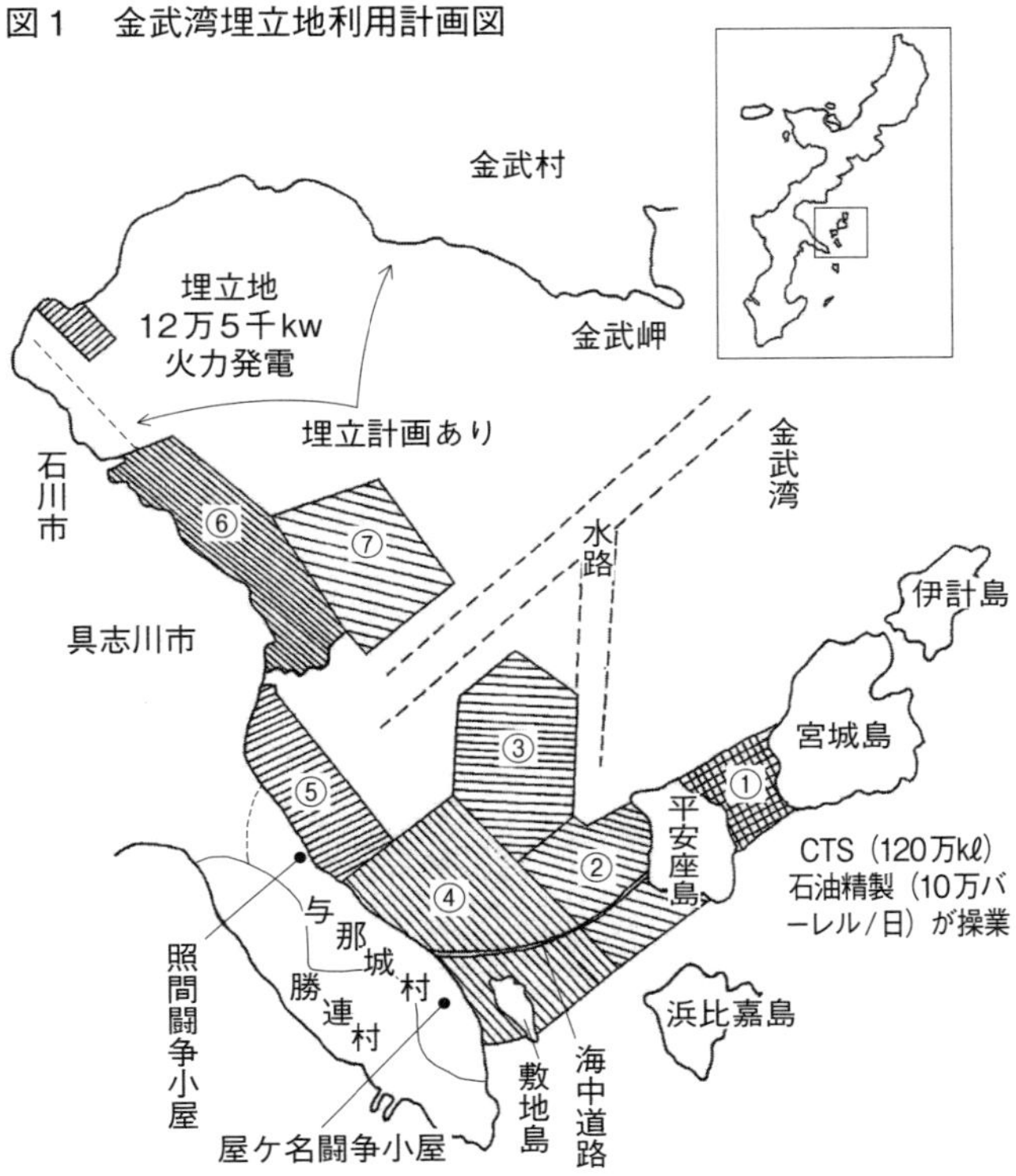

（注）与那城村が日本工業立地センターに委託し作成。①ＣＴＳ、②火力発電・原子力発電・アルミ、③石油化学、④化学・食品・レジャー、⑤輸送関係、⑥機械・雑貨、⑦造船。
（出典）『環境破壊』第6巻第1号、1975年2月、45頁。

圧力団体の動きのみが激しく活発だった。さいわい、当時の新垣総務局長（復帰後に出納長）が平安座の出身なので圧力団体との間に立って私をかばってくれたようなものだ(68)（傍点・括弧内の補足は引用者）。

ここで屋良は「誘致派の圧力団体」の存在を確かに捉えている。第4章以降でみていくように、ＣＴＳを認可した退任後の彼の語りの前面に出てくるのは「離島の人々を中心とする熱狂的な推進要請の声」であった。だが、「誘致派の圧力団体の動き」と国策としての開発を推し進める力は、反対意見を含むそれ以外の離島の人びとの声をどのようにかき消し、忘却させたのか。開発に向けた当時の手続きの経緯をたどることを通じて確認したい。

第二のＣＴＳ誘致に向けた動きのなか、村議会では埋立地の所有をめぐる問題が浮上していた。一九七一年四月二八日の三菱開発との「覚書」について、村は議会での承認をえないままに締結していた。時間的な猶予がないとの三菱側の要請に応じたというのがその理由であったが、その内容については後の村議会では様々な異論が出された。

第三条では、「乙」（＝三菱開発）は、宮城島－平安座島間の埋立にかかる一切の事業について「自ら調達する資金を以って実行する」が、乙が立て替えた事業費について「甲」（＝与那城村）は埋立「造成地の所有権を工事竣工認可と同時に乙に移転し、この移転を以って現実の支払いに代える」と明記されている。そして第四条（漁業補償）では、「埋立予定地の水面及び事業に関連する水域並び将来誘致する企業の諸施設」の造成等、事業遂行の過程で発生する漁業補償の要求については「甲の責任に於いて、すべて解決するものとする」としている。

同条文における「補償」内容についての村議からの質問に対して村長は、「申請者が村でありますので漁業補償の問題については、折衝用段階の適正、妥当な線をうちだすまでは、村と組合とやって、その適正、妥当な線がうちだされた時点で会社の方が協力する」という方針を示しながらも、「条文がながびくので、そのようなものは、契約書、あるいは協定書の中で、明確《ママ》していくと言うような考えであります」と答弁している。また第六条（企業誘致）では、埋立地への誘致企業の選択権を三菱開発に認めており、村議からは住民側の選択権の有無の如何及び企業誘致に際して住民側が意見できないのではないかが危惧されていた(69)。村長を筆頭とする村当局が三菱によるＣＴＳ開発を推し進めながらも、将来的な事故や補償に関する懸念が村議会内で提起されていたことは明らかである。

それから約半年後の一九七一年一一月二四、二五両日に行われた与那城村議会臨時会会議では、金武湾埋立免許申請者の名義変更を求めた琉球政府の行政指導について議論が展開した。同議会では議題七八「「公有水面埋立免許出願」に係る一部変更について」、議題七九「埋立認可申請の名義変更について」をめぐり討議がなされたが、これらの討議についてみていく前に、琉球政府が行った埋立免許申請人名義変更の行政指導の経緯をおさえておきたい。一九七〇年一月三一日、与那城村議会の臨時議会では金武湾六六〇万坪の埋立免許出願の議案が提起された。同議案は村議会特別委員会に付託・審議され、同年三月三〇日の第一回与那城村議会定例会で出席議員一七名、欠席議員二人のなか、原案のまま可決された(70)。同年七月、先に述べた三菱商事をはじめ三菱開発、三菱地所、日本郵便、セントラルコンサルタントが構成する「沖縄調査団」が派遣され、与那城村長も三菱グループ各社を度々訪問し金武湾進出を要請していた(71)。

三菱開発との「覚書」をめぐって村議会で討議されていた一九七一年当時、与那城村は琉球政府建設局など関係部局の局長らに対し開発計画について説明、建設局港湾課からは書類準備等の指導を受け、五月には村名義による埋立申請を行っていた。同申請が六月に受理されて以降、与那城村は琉球政府に対し早急な認可を求めていたが、建設局は外資導入免許申請を認可した後で埋立免許を認可する段取りを考え手続きを進めていた(72)。一九七一年一〇月一〇日、与那城村は建設局長の指示を受けたとみられる建設局係長から「申請人の名義変更」をしなければ埋立が進まない、との連絡を受けた。建設局は通産・企画・農林局の意見を確認、埋立後の企業誘致を考慮し申請人の名義変更を求めた。この指示に対し村長は、村議会においては村名義での埋立が決議され、さらに村が「実権を握った方が今後の企業はり付けにも有利だ」との立場から村名義のままの申請認可を求めた。だが建設局は「公害対策問題」、「財政措置の問題」、「行政上の条例」に関連し「複雑な問題」があることから名義変更を指示したという。そして琉球政府は村長に対し、与那城・勝連両漁業協同組合が既に村長宛に出している「漁業承諾書」を、三菱宛に提出させるよう指導した(73)。

与那城村議会臨時会会議二日目の一九七一年一一月二五日、申請名義人変更に関する審議がなされた。村議員の香村安慧は埋立免許申請者の三菱開発への変更で生じうる問題を指摘、さらに与那城・勝連漁業協同組合の間で交わされた「同意書」の有効性について回答を求めた(74)。これに対し、村長は「改めて取替えしなければいけない」が、すでに組合長とは五、六回にわたり面会し、同意書をもらっていると答弁した。だが香村は追及を続け、三菱開発との「覚書」に明記された漁業補償の際の村の対応について、埋立免許申請人の名義を変更した場合どうなるかを問い質した。村長は「漁業補償の斡旋については、ガルフ社との前例」があり、「村と漁業協同組合、会社」の間で対応し、「斡旋役は村」が担うとの見方を示したが、同覚書の第九条では「……覚書の内容実行が著しく困難となるか、または不可能となった場合、甲又は乙は相手方に対する書面による申出により、本覚書を解除出来るものとし、甲乙は、その善後策を協議するものとする」とある。また「(与那城村が―引用者)事業体でなくなった時点からはこれは効力を失う。その手続きを早くとる必要がある」と明記されていることから、香村は覚書の解除を提起した。だが村長は、「名前が違ってくるんで方向付けにおいては効力は失う」が、「すぐ破棄というよりも村として十分考え又議会の皆さん方ともはかって起案をし」、「例え《ママ》事業主体は変わっても相手方にも迷惑をかけないような方向で覚書を交わして行きたい」と答弁している。これに対し香村は覚書が「ホゴ同然」であると述べ、「一つの覚書なり協定書策定ということを琉菱とやって頂きたいと希望」すると述べ質問を終えた。希望に添うようにする、と村長は述べつつも、同時に「問題は四条を抜けば、後を生かせば何とか出来る」と協定書の有効性を認め、双方の間の合意は形成されないまま議論は終わっていた(75)。

この間、与那城村長、助役、議長、副議長は、一九七一年一一月九日に琉球政府を訪ね「全会一致で覚書の内容を証言」し、続く一二月二日には与那城村「離島住民代表の区長、離島出身村議一〇人が早期免許交付を強く政府に訴え」た(76)。当時の与那城村議は二〇人、うち半数にあたるのが離島出身村議で、彼らの動きこそが離島を代表しCTSを誘致する根拠となっていた。与那城村議会会議録から明らかなのは、漁業協同組合との合意を示す正式な手続きの有無は確認されず、追及に対する村側の回答も不十分であったことだ。自治体での手続きにおける馴れ合いや妥協を伴う慣行そのものが、金武湾開発のように、地域を大きく改変しうる巨大開発行為を想定しないものであった。結果、埋立免許の法的瑕疵、つまり漁業共同組合における漁業権放棄に至る過程での合意の欠如、加えて組合長による補償金の横領が問題となるのは、埋立工事完了後の裁判公判においてであった。

この翌年の一九七二年には施政権返還を前に金武湾開発を促す手続きが矢継ぎ早に行われた。沖縄経済開発研究所が『沖縄・金武湾地区開発基本構想』を発表、平安座島－宮城島間の海の埋立や、CTS、火力発電所、原子力発電所、アルミ産業、石油化学コンビナートの設置を提案したことから(77)、琉球政府は一九七二年三月四日、三菱開発に外資導入免許を与え(78)、一方の三菱開発は新会社設立を急ぎ、「指導」から一か月に満たない三月三〇日に「沖縄三菱開発株式会社（沖縄三菱開発）」を設立、翌三一日、公有水面埋立の事業主体が与那城村から沖縄三菱開発に移行した(79)。四月には琉球政府が一九六五年一〇月に「与勝海上政府立公園」として保護区に指定していた「与勝海上政府立公園」保護区（勝連半島と周辺離島・平安座、浜比嘉、宮城、伊計）を解除、四月四日には、シーバース、海底管設置を目的とする「水面占用許可」申請者名義が三菱開発から沖縄三菱開発に変更された(80)。これに続き、五月八日に開催された第四九回立法院会議では、すでに外資免許を交付済みの三菱開発による公有水面埋立申請に関連して、「議事第一四　公有水面埋め立ての早期認可に関する陳情」（陳情者：与那城村議会議長・赤嶺正男《ママ》、付託月日二月一日）とともに、議事第二一「石油企業誘致に反対する陳情」（宮城島土地を守る会長・首里牛善、付託月日二月一日）が経済公務委員長・宮城善兵の報告による一括議題のうちに取り上げられ(81)、行政主席に送付する陳情として審議を経ずに一括処理されている。それにより、五月一日にはシーバースや海底菅設置にかかる公有水面の占有が許可され、五月九日に琉球政府は「平安座島－宮城島間の公有水面埋立免許申請」について与那城村から出された「三菱への名義変更届け出」を許可、それによって平安座島－宮城島間の公有水面の埋立が許可される。九月三〇日には沖縄三菱開発から出されていた「平安座島－宮城島間の公有水面埋立実施設計認可申請」を認可(82)、翌一〇月一五日には埋立が着工された(83)。

＊

金武湾における第二のCTSの開発は、石油備蓄量の増大を国策としていた新たな施政者としての日本政府、その優遇措置を受けた企業、基地経済からの脱却と本土との経済格差の解消をめざした県、そして「離島苦解消」をめざした村の利害が一致し着手された。党派を超えて模索された「自立経済」とその手段としての石油産業は、沖縄経済の本土経済との「一体化」をめざす、沖縄経済懇談会をはじめとする日本政府及び企業によって牽制され、本土企業のCTSの導入と国策としての石油備蓄量の拡大をめざす開発へと導かれた。

この過程においては県益－国益をめぐる論争もみられたが、いずれも工業化一辺倒の路線であることには違いなかった。だが同時にいえることは、金武湾の埋立を決議し、沖縄三菱開発を誘致したアクターとしての与那城村議会においては、公害や補償をめぐる懸念が埋立工事着工前からすでに提起されていたということだ。国策としての大規模開発に伴う政府・企業の介入や資本投入のあり方を明らかにすると同時に、開発計画を誘致した地方自治体の首長、議長、議員個々の言動を再検証する作業を通して、「国策」としての開発を批判的に検証する機会が地方自治体の行政手続きのどの過程にあって、それがどこで頓挫したのかについて考察することが必要である。日本本土の経済成長に伴う公害の実態を知りながら工業化路線を推し進めた琉球政府と保革両政党が志向した、沖縄の経済自立構想の問題、革新勢力の間で芽生える工業化路線再検討の動きが頓挫していく過程を次章以降では確認していきたい。

第3章 「一人びとりが代表」——金武湾を守る会の抗議の始まり

沖縄の施政権返還が日本政府の政治課題として言及されるようになった一九六〇年代後半以降、特に一九六九年一一月の佐藤－ニクソン共同声明において、施政権返還には米軍基地の固定化、日米安保体制の強化を伴うことが明らかになった。施政権返還の実現を優先し日米間の返還交渉への積極的批判・介入を避けていた琉球政府、革新政党や労組・民主団体(1)とは対照的に、沖縄返還協定を承認した「沖縄国会」への沖縄出身議員の選出に反対した国政参加拒否闘争(2)、米軍による化学兵器の沖縄配備に抗議した毒ガス撤去闘争(3)、石油・アルミ企業進出反対闘争等の抗議が相次いでいた。

第2章でみてきたように、同時期の沖縄には、米軍基地労働者の大量解雇、ドルから円への通貨交換、主要輸出作物である砂糖とパイナップルの輸出総額の低下、貿易収支赤字の拡大等の問題があった(4)。これに対し琉球政府は「基地依存経済からの脱却」と「本土との間にある経済格差の縮小」を掲げ、「平和産業」としての開発計画を推進、沖縄島東海岸の与那城村、中城村、西原村(5)での公有水面の埋立とCTS・石油精製工場の建設を進めていた。第1章でも述べた、一九六〇年代半ば以降、米国際石油資本によって推進されていた沖縄における石油産業開発は、施政権返還の具体化に伴い、石油備蓄量の拡大を目論む国策と一体化していった(6)。日本工業立地センターの『金武湾(与那城)地区開発構想』(一九七〇年)をはじめとする開発計画では金武湾の埋立とCTS、石油精製工場、石油化学工業の立地計画が発表された。本章では、施政権返還に伴う開発に対する人びとの抵抗と金武湾闘争の組織化の過程をみていく。

1 「近代化」への抵抗——反軍事・反開発の抵抗運動

1 開発がもたらした犠牲

第2章でみてきたような施政権返還時の社会資本整備や工業開発は、公害を危惧する地域住民の反対を押し切る形で進められた。一九七一年、琉球政府公害対策審議会は土地買い占めや砕石に伴う山の荒廃、沖縄本島東海岸の海洋汚染を指摘した。だが施政権返還後の県は、「沖縄県振興開発計画」で自ら規定した「開発に先立つ自然環境調査」を実施せず、環境調査やデータ収集が立ち後れ、道路の改良や造成、土地の造成、鉱山採掘事業がもたらす地形や地盤への影響が懸念されていた。

金武湾沿岸地域では、ホワイト・ビーチに出入りする米軍用船からの排油流出や原子力潜水艦の寄港に伴う放射性物質の検出(7)、また平安座島で一九七〇年より操業を始めていた米国際石油資本ガルフCTSでの原油流出事故により、海は汚染され屋慶名や照間の漁業は大打撃を受け、漁業従事者の間では不安が高まっていった(8)。それでも、CTSと石油精製工場の建設地としては、すでに汚染が進行していた金武湾の埋立地が適切であるとの理由から、沖縄県は「沖縄県公害防止条例」(一九七二年)や「沖縄県自然環境保全条例」(一九七三年)を制定、企業誘致を促進するための社会資本整備を進めた。

2　反軍事・反開発の抵抗運動

施政権返還に伴う経済開発の動きのなか、金武湾と並びＣＴＳ・石油精製工場の建設候補地となった地域があった。ガルフを拒否した与那城村宮城島とカルテックスが進出した中城村久場、エッソが進出した西原町小那覇である。カルテックスは、日本石油精製と琉球石油が共同出資した東洋石油を通じて進出（一九七五年には日本石油精製が吸収合併を行う）、エッソはゼネラル石油と住友化学工業との合弁を行い、ガルフは出光系企業である三菱化成との合弁を行った(9)。これらの地域における石油産業の開発計画は沖縄の戦後復興の経緯にどう位置づけられ、また石油産業の進出に対する抵抗の動きは戦後復興のなか再建された集落でどのように組織されたのか。ここでは宮城島土地を守る会によるガルフ石油進出反対闘争、中城村久場における東洋石油基地建設反対闘争を通して、沖縄における石油産業開発とそれに対する抵抗運動において提起された問題を捉えたい。これらの運動が沖縄本島中部を中心に組織された要因と意義について考察するとともに、それに取り組んだ個々人の経験が後に金武湾闘争で提起された「一人びとりが（命の）代表」の思想に連っていく経緯についてもみていきたい。

米軍が上陸した一九四五年四月以降、平安座島での収容所生活を強いられていた宮城島住民は、米軍との交渉の末一九四六年二月に帰島、米軍によって焼き払われ戸や床がはぎ取られた家々の再建を始めた。帰島後に宮城島桃原区の区長となった首里牛善は、農道を造り、砂糖きび生産と製糖で生活の基盤を築いていたが、その宮城島に対し、一九六七年三月、米国際石油資本のガルフがＣＴＳ・石油精製工場の建設計画を持ちかけた。ガルフ進出に同意する宮城島四区（池味・宮城・上原・桃原）役員らは役員会合で打ち合わせ、区民大会で初めてガルフ誘致を提案したが否決された。ガルフが土地代をつり上げ交渉を迫るなか、すでに区長を退任し農業を営んでいた首里は一九六七年四月、四区から自主的に集まった若者たちと学校の親子ラジオ(10)の呼びかけに応じて集まった四区の一八〇人の区民と「宮城島土地を守る会」を結成した。集会開催や署名集めを通じて地主や沖縄本島在住の宮城島出身者を動員し、ガルフ石油進出阻止に五〇〇人の賛同を集めた。島の誘致派との約三年に及ぶ闘いの結果、宮城島土地を守る会はガルフ石油の進出を阻止した(11)。

米軍占領後、久場崎港や久場崎収容所が設置され、台湾やマリアナ諸島から引揚げた多くの人びとを迎えたのが中城村久場であるが、この集落が東洋石油基地建設反対闘争の拠点となっていく。「東洋石油基地建設反対同盟」結成当時、事務局長であった新垣博によれば、中城、北中城の両村議会議員は区民、村民への説明なしに東洋石油の誘致を決議、建設現場が隣接する久場の住民はなすすべもなく石油産業の建設の経過をみていた(12)。そのようななか、中城村久場の住民に対し、北中城村から大城昌夫・外間裕・城間徳盛らが決起を呼びかけ、住民が応答する形でCTS建設反対運動が始まった(13)。

本土刊行の雑誌によって、コンビナートの建設・稼働に伴う四日市喘息や、チッソによる水俣病の問題を知った北中城村在住の城間は、沖縄島東海岸へのコンビナート立地計画について新聞に投書、これを機に、かつて日本教育労働者組合八重山支部を組織した大城昌夫と知り合う(14)。後の一九七六年、県知事に就任する際、工業化一辺倒の経済開発を批判する姿勢を示しながらもCTSの建設について態度表明できなかった平良幸市は、一九六八年の立法院議員選挙時においても、支持基盤である西原村の議員らから「行政府・与党との協力が先決である」と説得され、工業化に代わる開発政策を打ち出せなかった(15)。一方で北中城在住の大城昌夫は「石油工場反対」を政策に掲げ立法院議員選挙に立候補、結局選出にはいたらずに終わるが、この立候補を契機に、石油産業の補給機能の軍事的側面を指摘する演説を中城村・久場で始め、これに集まるようになった住民を中心に闘争委員会が組織された(16)。

東洋石油基地建設反対闘争初期は誘致決議をした議会や議長への撤回要請・陳情を行った。しかし施政権返還に伴う基地労働者の解雇・失業問題に対し、琉球政府をはじめ革新政党、民主団体は工業化を掲げ、石油産業を「平和産業」と位置づけたことから、CTS建設反対の声は孤立した。東洋石油基地反対闘争が残した、沖縄における報道及び復帰運動を支援した本土からの活動家の態度に関する記述からもそれを推し量ることができる。

県名の入った組合の腕章をつけ、「即時無条件全面返還」と書かれた赤いタスキがけの一団がおずおずと彼等に近づき、プラカードや鉢巻を見つめ、いぶかしげに目をしばだ《ママ》たいて立ち止まった。復帰協の支援に来た本土のこの労組員たちは、クビをかしげ、復帰運動とちがうことを認めると、あからさまに無視をよそおい、踵を返して戻っていった。……この時、農民を主体とした中城、北中城の石油闘争は、復帰運動の陰にかくれてまだ沖縄のメディアの一隅にも登場していなかった。本土オルグと称する組合派遣団の官製の行程には、勿論記載されているはずもない。……復帰運動の背面に浮上した東石のこの闘争は、沖縄の既成左翼の綱領からは展望出来ないというだけでなく、すでに繰り広げられている村民の運動を積極的に俎上に乗せないことによってその存在すらも知られずに投げ出されてあったのだから(17)。

首里牛善や大城昌夫といった個人が代表者として描かれる住民運動の歴史には、多くの無名の人たちの取り組みがあった。中城村久場からは幅広い年齢層の住民が参加、女性たちは埋立地に通ずる木橋を切り落とし、少年たちは現場に動員された機動隊からの制圧に抵抗した。農民たちはスコップを武器に、阻止行動を抑制する機動隊に人糞をかけ抵抗した。四日市の農民による抵抗など、日本各地の公害問題と住民運動に関するドキュメンタリーや雑誌記事からの学びが農民にとっての道具である肥料と農具を「抵抗の武器」に変え、機動隊導入で緊迫した現場の空気を一転させた(18)。

住民運動にはまた、住民以外の様々な個人や労組などの組織・団体が関わった(19)。中城村や隣接する北中城村以外から参加した「外人部隊」の一人であった川上辰雄は当時那覇に在住、沖縄市に宿を借り現場に向かった(20)。一九五〇年代後半に西原村からコザに引っ越した金武湾を守る会世話人の崎原盛秀も当時「中部に行きたい、という気持ち」があったと述べているように、戦後の社会問題の多くは沖縄本島中部に集中する米軍基地から派生し、同時にそれは、実践的で民主的な動きを中部に醸成し、沖縄の現実を知りたい、中部に行けば学べると考える青年たちを引きつける磁場となっていた(21)。他にも、コザを拠点に反戦運動や黒人解放運動に関わってきた日本のノンセクト活動家、沖縄の離島出身者らが「反戦、反差別、日本資本による開発と公害への反対運動など」を組織した中部地区反戦青年委員会(22)、全共闘の一党派として武装闘争を展開したML派などが関わった。

このような「外人部隊」との関わりが問題視されるようになったのは、一九七〇年一月二二日深夜、東洋石油基地建設現場で起こった「焼き討ち事件」で、地元の高校生が逮捕されたことがきっかけであった(23)。焼き討ち事件が「外人部隊」の存在を介して生じ、行動に参加した高校生が「巻き込まれた」と捉えられたのである。しかし、これは「過激な外人部隊」の存在によってのみ引き起こされた事件ではなかった。CTS建設反対の訴えが琉球政府や中城村のみならず、琉球政府を支える労組やその他革新系の諸団体に無視され、大規模なCTS開発が目前で進んでいくことへの住民の焦りと危機感、また住民らの抗議行動を抑制する機動隊や警察からの過度な警戒がその背景にあった(24)。

首里牛善の語りや新垣博の記録、また聞き取り調査のなかで浮かび上がってきたのは、開発に抵抗する住民運動の間で交流が生まれ、互いに学び合う姿勢が培われていたことである。東洋石油基地建設反対闘争や宮城島の土地を守る闘いを組織した人びとは、どのような契機において相互の経験を共有したのか。東洋石油基地建設反対闘争のルポルタージュには、首里牛善との接触を記録した次のような文章がある。

> この日（一九六九年一一月一七日―引用者）の隠れたもう一人の主役、首理《ママ》牛全《ママ》さんが演説に起つと一瞬会場は静まり、それから激しく拍手が続いた。ガルフ社を敵にまわして二年余り、宮城の反対同盟を引いて用地買収を断念させた功績は村民たちの熟知するところであった。ガルフ社の交渉の経過報告と阻止している条件の解析は、土地に生きる農民に、石油資本のからくりや、資本家の巧妙なかけ引きの実体を平易に理解させ、本土で社会化している石油コンビナート災害の見聞をリアルに伝えていた。賛否両派へ六対四に分かれ、行き来がとだえたと

いう一〇人兄弟の首理《ママ》さんは、東洋石油に反対する村民たちを以後兄弟と心得ると励まし老いてもなお矍鑠とした闘魂で孤立感にみまわれていた村民たちの心をうった(25)。

東洋石油基地反対闘争の新垣博もまた、後にアルミ産業誘致反対闘争の拠点となった石川市を訪れ、高校生たちに中城の闘いについて伝え、金武湾を守る会の行動にも参加した(26)。このように、一九六〇年代後半の抵抗運動の経験は沖縄各地で共有され、また継承されていた。さらにいえば、抵抗運動の連なりは日本本土においても広がっており、施政権返還以前からすでに、沖縄島東海岸の工業化への注目が集まっていた。たとえば、東京大学や京都大学、大阪大学、神戸大学などでは、大学闘争が収拾していくなか「助手会」と称する労働組合に「自主講座」が組織されたが、この「自主講座」では助手による、大学の正規のものではない講義が一般公開された。そのなかでも、公害研究・調査結果を伝える場として東大工学部助手の宇井純や中西準子(27)らを中心に一九七〇年より開講され、反公害・環境ネットワークの組織化の契機となった自主講座「公害原論」(28)は、東洋石油基地建設反対同盟による抵抗運動についての大城昌夫からの聞き書きを雑誌『自主講座』に掲載していた(29)。

後で述べていくように、東大自主講座のサブグループである「富山化学の公害輸出をやめさせる実行委員会」は『月報公害を逃すな』を一九七四年に創刊、日本企業の東アジア諸地域への進出を帝国としての侵略行為を再び繰り返すものとして批判していた。同じく自主講座のサブグループで金武湾闘争に参加した「沖縄ＣＴＳ問題を考える会」が刊行していた『木麻黄』第三号では宇井純も次のように述べ、沖縄への日本企業によるＣＴＳ進出を「公害輸出」と捉え、これに対し日本の反公害運動が行動していくことを呼びかけている。

私たちは、とりあえず東京を中心として、これまで沖縄にかかわることの多かった人々と共にＣＴＳを考える会を発足させた。この会では沖縄にＣＴＳ（原油中継基地）を押し付けることが、我々の生活にどのような意味をもつのかを考えることを通して、沖縄の運動を側面から応援してゆこうと考えている。これはもう一方では、しばしば体制側からも流され、第三世界の中でもささやかれている疑問である、日本の公害反対運動の激化は公害輸出を促進することにはならないかという意見に対する我々の答えは現実の行動で出すほかはない(30)。

自主講座との結びつき、そして自主講座を通じた情報発信による支援者の拡大は後の金武湾闘争において大きな意味をもつことになった。このほか施政権返還前の動きのなかでも金武湾闘争につながる重要な契機となったのが毒ガス撤去闘争と毒ガス移送反対闘争であった(31)。一九六九年七月八日、沖縄市の米軍弾薬庫施設で致死性毒ガスが漏れ、米兵二三人と軍属一人が病院に運ばれた。この事故を契機に毒ガス撤去を求める抗議が組織され、米軍による生物化学兵器の製造・実験の実態が改めて追及されることとなった(32)。これに対し米国連邦政府陸軍省は、在沖米軍基地の自由使用が危うくなると考え、沖縄からアメリカ西海岸ワシントン州へ船で移送し、オレゴン州の陸軍兵器庫へ移送、貯蔵する計画を発表する。だが西海岸では抗議の声が高まり移送計画は頓挫、その後いくつかの移送候補地が浮上するも、結局一九七〇年一二月に米軍が発表した「レッドハット」作戦のもと実施されたのは、事故のあった沖縄市の弾薬庫から毒ガスをトラックに載せ東海岸の天願桟橋から船に積み上げ、ハワイ諸島西に位置するジョンストン島に輸送、貯蔵するという計画であった。この移送計画に対し、弾薬庫から桟橋までの経路にあたる沿道やその付近に暮らす住民らは不安を訴え、琉球政府に対し移送経路の変更や安全対策の強化を求める抗議行動を組織するようになる(33)。

このとき移送計画に抗議した崎原盛秀は、当時中学校教諭として中頭教職員会美里連合分会長を務め、後に金武湾を守る会の世話人を担っていくことになる。崎原によれば、毒ガス撤去/移送反対闘争を通じて、「革新対保守」の対立軸からはみえてこない「生命の問題」がみえてきたという。さらに生命の危機から自らをどう守るかという切迫した状況のなか、毒ガス配備・移送の実態を学び合い、「政党」や「労組」の動員によらない「住民」「市民」として行政府や企業を問い質す動きも始まっていた。「保革」を問わない抵抗運動の組織のあり方、命の代表としての一人びとりの声が組織のなかで生かされるような関係性が模索された(34)。

毒ガス移送期に表面化していたのは住民と屋良主席ないしは琉球政府との対立であった。毒ガスの輸送計画「レッドハット作戦」には、移送時の沿道住民の安全対策が盛り込まれていなかったが、このことを追及する住民に対し、琉球政府は米軍の「安全に管理されているから危険性はない」との回答を繰り返した。毒ガスという危険物について、具体的にどのような調査をするのか。どのような方法で撤去させるのか。地域住民をどのように避難させ安全を守るのか。美里村役場で行われた対話集会では市民に向かって前方に座る琉球政府主席に対し、崎原は強く抗議した(35)。この時、組織の名を借りない「住民」らが生存をかけて闘うという対立軸が形成された。自らがその運動に関与していった時の状況を、崎原は次のように振り返っている。

だんだん組織というのがヤマト化されていくでしょう。そして沖縄問題全てが何かしら復帰運動に集中されて、すべてがヤマトになびいていく。組織もそうでしょう。政党もヤマトの系列化ということが出てくるし、組織もすべて日教組とかいう形のなかで組織化されていく(36)。で、沖縄の独自性とは一体何なのということが出てくる。沖縄には、ヤマトから攻撃を受ける差別的な取り扱い、というのはたくさんのものがある。それらのものというのは一体自分たちの闘いのなかでどういう風に位置づけるの、ということが非常に影が薄くなっていく感じがするんだよね。個々人の意志というのは、沖縄の意志というのはまったく無視されてしまう、というのはあるんだよね。系列化というのはそういうもの。しかも当時は組合、労働組合というのはものすごく強い。で、市民運動に対して何かこう……お前ら俺たちについて来いというような感じのものが、ものすごく強いんだよね。その当時常に思ったことは、何故一般市民に学ぶということを上の人たちはしきれないのか。まず運動はそこから始まるものじゃないの、と。自分たちの思想的な、あるいはその、運動の目的みたいなものを、逆に上から下におろしていくようなものなんだけれども、市民はもっと別のことを考えているんじゃないの。そういう市民感覚で物事をみていくということの弱さみたいなものがあって、それで組織にいたら結局は沖縄そのものもみえなくなるんじゃないの、と。そういう風な思いがあって。そういう運動の中にいるよりは、自分の生き方をこれからやる必要があるんじゃないの、と(37)。

ここで気づくべきことは、施政権返還に伴う組合運動の「系列化」の問題が、「個々人の意志」が「無視される」という具体的な経験において感知され、組織内の人びとの関係性を揺るがす問題として意識されていたということだ。そして、県職労や県労協などその他の組合関係者のなかでも、たとえば当時革マル、日本社会主義青年同盟、社会党の影響下にあった県職労の青年部など「労働運動の中でもだんだん復帰そのものに対する疑問を持ってきた人たち」が、本土政党と組合運動が系列化していくなかで、「県職労が闘い切れない運動」である党派を超えた闘いを展開しようとしてきた。崎原は、そのような「もっと市民派として生きようとしている運動」を展開する人びと、「そういうところの結びつき」が金武湾闘争に結集し、闘争を支えたとしている。

……いろんなところで運動している連中が結局は金武湾という大きな闘争に参加してくれて、しっかり運動を支えてくれた部分があるんだよね。だからある意味では雑多な人間たち、いろんな思想的なものを持っている連中が、各々の……。夢は全然違う、お互いね。違うけれども、反ヤマト、あるいはヤマトの沖縄差別、沖縄抑圧に対する抵抗の面において共通のものを持っていたんだよね。そういった皆さんが集まってきている(38)。

このように集まった個々人が金武湾闘争を支え、運動を組織していく。後に詳しくふれるが、「一人びとりが代表」という言葉を共有した金武湾闘争は(39)、このような「雑多な人間たち」のそれぞれの思想や「夢」を許容し、各人が金武湾闘争を通じて、生き方としての思想や「夢」を模索する契機でもあった。

一九七〇年前後の動きのなかでもう一つ重要なのが、沖縄本島中部にある石川市へのアルミ企業進出に対する抵抗運動である(40)。一九七〇年六月、琉球政府が米アルミ企業アルコアの沖縄進出を決めたことを警戒する本土企業五社が合併し「沖縄アルミ」を設立、外資企業として沖縄への進出を計画していた。これを知った高校教員らが「誘致反対・公害対策委員会」を結成、アルミ産業の公害に関する情報を収集し資料集などを作成、住民への周知を行い、施政権返還直前に「沖縄アルミ誘致反対市民協議会」を組織した。沖縄アルミ誘致反対市民協議会は、市議会の傍聴、市職員労組や市長、県知事との団交、話し合いの場を求め、また伊波義安をはじめ市議会議員らや婦人会会員らを中心に、市民カンパで日本各地のアルミ工場を調査し、学習会を重ね、結果的には沖縄アルミに進出を断念させた。

当時この闘争に関わっていた伊波義安は、一九六〇年代前半の琉球大学在学中に水俣病について知り、本土で立て続けに起こる公害事件から工業化の問題に関心を寄せていた。石川高校で担当した化学の授業のなかでも公害問題について積極的に話すようにしていたところ、市議会議員を父に持つ生徒から同計画について知らされ、危機感を共有する同僚らと「石川市民協議会」を結成した。伊波は調査団メンバーとして日本各地のアルミ精錬工場を見学するが、そこで目にしたのは防毒マスクをつけながら作業をする工場労働者たちであった。施政権返還後の渡航自由化という構造的な変化のなかで調査団が目にした日本各地の「高度成長」の実態は、成長に伴う生存の危機であった。また伊波は、約一〇日間にわたって静岡県や愛媛県を訪れ、匿名で反公害運動に取り組む教員との出会いなどを通じて、「いずれ沖縄もそうなるのか」と考え、「管理強化が進み、個人がものを言えない」日本の教育現場にも危機感を抱いたという(41)。このような交流の始まりを背景に、各地の抵抗運動が互いに学び合い、自らの訴えに確信をえていくなかで、公害を不問にしながら経済開発を志向する国、県、市町村への抗議行動を組織するようになった(42)。

伊波は、石川アルミの闘いの後、金武湾闘争そしてそれ以後の沖縄における運動において積極的に「市民科学」の考えを実践してきた存在といえる。彼は、数値で公害の有無を判断することを批判し、「国」や「県」、「学者」、「弁護士」、「科学者」等に対し常に「疑問をもつ」ことの意義を強調してきた(43)。数値よりも生活者の感覚、民衆の視点を重視し、「自前の調査」を行い、「科学」を問うようになった。一九七三年一二月二一日、沖縄県職労活動者会議で「CTS公害の恐ろしさについて」という題で講演した伊波は、金武湾に点在する島々でスズメやメジロが見られなくなったことについて言及した。そしてタコやサザエが捕れなくなったと嘆く平安座島の漁民の次のような発言を引用した。「私は、公害がないというけど、漁業していて、大変なことが起こりつつあるんじゃないかとひしひしと感ずる。……平安座からどんなして逃げるかと、いつも考えている」。平安座島の漁民の「大変なことが起こりつつある」という訴えに応答しながら、伊波は、「公害に関しては、PPM（百万分率）の討議はよくないと私は思います。におうかにおわないか、生き物が生きられるかどうかが大事だと思います」と述べ、数値で公害の有無を判断しようとする科学に対し、金武湾に生きる人びとが察知していた危機を読み取ろうとしていた(44)。

2　金武湾闘争の組織化

1　生活の場に迫る公害

以上のような施政権返還時の沖縄における住民運動の重なりが一九七三年九月の金武湾を守る会の結成へとつながっていくが、それ以前の公害発生状況は次の通りである。平安座島に進出していたガルフCTSでは一九七一年一〇月一日に原油タンカーからの原油の陸揚げに伴いバルブが故障し一九〇トンの原油が流出、一九七二年一月一一日にシーバース内で原油流出事故が発生、同年九月一八日にバルブ操作ミスで重油約四トンが流出した。ガルフ石油精製工場からは煤煙が排出され、宮城島桃原区では一九七二年六月二一日、同年七月二一日〜八月三〇日の両期間において悪臭問題が発生した。直後の九月二日には屋良知事が沖縄石油精製に対し悪臭除去のための施設改善勧告を出すも、桃原区ではその五日以内に、一〇月から一二月にかけては浜比嘉島比嘉区で悪臭が発生した(45)。

また、オイルタンカーからの原油混じりのバラスト水の排出に伴う海の汚染と、これらの原油流出事故やバラスト水の排出によって放出された原油が塊となった廃油ボールの沿岸への漂着もあった。一九七一年より日本で施行された「海洋汚染等及び災害の防止に関する法律施行令」第一条においては、タンクに原油を積載した後、空になったオイルタンカーに積まれ原油と混じった海水をそのまま排出することを禁じながらも、「すべての国の領海の基線からその外側五〇海里の線を越える海域」の排出を許しているなど、法律の抜け道があった(46)。さらに米国施政権下では日本本土の港則法や水質基準法でさえ適用されない(47)。これらの理由から、日本の原油輸入量の増加した高度成長期より、琉球諸島沿岸は廃油ボールによる汚染の問題を抱えてきた(48)。後に裁判に原告として参加した漁民の一人は、金武湾における原油流出事故による海の汚染について次のように振り返った。

三菱が埋め立てた海域は延縄漁のところで、埋め立てによりミミズはもう獲れなくなった。油流出事故の後は浜いっぱいを覆った廃油ボールを取るので必死だった。海から船へ上がり、家に帰ると足の裏についた油は洗ってもおちない。家も全部まっ黒になった。体中油だらけだったよ(49)。

廃油ボールは、「ボール」とはいえ海上の海藻やゴミにも染み入るやわらかなタール状のもので、日差しが強い時には砂浜のうえで溶け、海岸汚染の原因になっていた(50)。金武湾開発においては、延縄漁の海域だけでなく干潟も埋立てられたため、餌になる海ミミズ（ユムシ）が獲れなくなり、延縄漁を行うことも困難になっていた。浅瀬であり漁業に影響しないとされていた干潟の埋立の、沿岸漁業に与える影響が明らかになっていた。

生活の場に迫る公害という危機に対し、「石川市民協議会」の伊波義安や照屋唯夫といった石川高校公害研の教諭、そしてすでに組織されていた「東洋石油基地建設反対同盟」の大城昌夫や「宮城島土地を守る会」の首里牛善、後に結成される「与勝自然を守る会」の世話人となる安里清信や「具志川市民協議会」の世話人となる崎原盛秀らは、屋慶名出身の与那城村議会議員、古謝源栄の叔母宅に集まり、金武湾を守る会結成に向けた話し合いを始めた。さらに、各地域の公民館での学習会を運営、「自主講座」に携わっていた学生の川本健ら関係者も照間や屋慶名に滞在し、水俣や四日市における公害問題と反公害運動、沖縄のCTS建設計画に伴う懸念について地域の女性たちと問題意識を共有した(51)。また石川高校教員らは一九七三年五月八日、東大「自主講座・公害原論」で講演、石川市民協議会によるアルミ企業進出反対闘争など沖縄における反開発の市民・住民運動について伝えるとともに、東大自主講座との関わりを通じて日本各地の公害問題、反公害運動について学ぶ機会をえた。後に「沖縄CTS問題を考える会」(一九七四年八月結成)を組織する関係者らが東京から来訪し、住民との交流を続けた。

そして一九七三年九月二二日、各地の団体や金武湾周辺地区の住民約一五〇人が与那城村字屋慶名の農協に集合、金武湾に面する六市村の住民団体を連ね新たに支部を結成し(「宮城島土地を守る会」、「宜野座の生活と環境を守る会」、「石川市民協議会」、「与勝の自然と生命を守る会」、「具志川市民協議会」、「東洋石油基地反対同盟」)、「金武湾を守る会」が結成される(52)。県への要求として、①金武湾における埋立計画を中止する、②石油基地の増設を認めない、③新設も認めない、④石油関連企業を誘致しない、の四項目を決議した。この時までには、海中道路造成に伴う潮流の停滞や埋立工事の進行、ガルフ石油による原油流出事故の頻発、煤煙による雨水の汚染と農作物への被害など、金武湾の汚染への懸念が住民の間で高まっていたが、三菱による平安座島ｰ宮城島間の公有水面六四万坪の埋立工事が八割方進んでいた(53)。

2 「住民運動」としての金武湾闘争と「一人びとりが代表」

このような生活の場に迫る公害に対して組織された金武湾闘争の組織化は、沖縄の戦後史における「住民運動」の出現として位置づけられてきた(54)。では金武湾闘争のどのような側面が、「住民運動」としての特徴を表しているのだろうか。

第一に、金武湾沿岸地域の住民らが金武湾の埋立とＣＴＳ・石油精製工場の開発による金武湾の汚染の被害を直接的に受け、それに対する抗議行動の構成員の多くを占めていた点である。漁業協同組合の組合員ではないため漁業権放棄に同意する、あるいは異議をとなえる法的な権利をもたない住民らも、金武湾で貝や海草を採って自給自足、あるいは生計の足しにし、そして金武湾を遊び場としていた(55)。当時、金武湾一帯は与勝海上公園として県に指定され、多くの船の出入りが屋慶名港にはあったが、海は住民にとっては生活の場でもあった。たとえば、海辺で獲れたエビを釣り客に餌として売り生計の足しにしている人は少なくなかった。また、旧暦四月二九日前後の二日間、大量のスクガラス（アイゴの稚魚）が珊瑚草を食べに屋慶名の海岸に集まり海の色が変わる、その瞬間の呼び声で皆が同時に網でスクガラスをすくって捕る「四月スーク」の習俗や、海辺の砂をかかとで踏みつけ出てきたエビを捕る、干潮時に逃げ遅れてくぼみに残る魚を網ですくって捕るなどの遊びがあった(56)。松井健が「マイナー・サブシステンス」と表現するこれらの習俗ないし遊びは、「家計への経済的貢献の小さい、季節限定的な、しかし、すこしは経済的意味のある生業的活動」である(57)。しかし金武湾の汚染により、住民らはこれらの活動を維持することができなくなった。のみならず、これらのマイナー・サブシステンスは副次的な生業でしかないため補償の対象外であった。金武湾の汚染による直接的な受苦者である住民らが、金武湾闘争を担う存在として自らを位置づけていった。

第二に、金武湾闘争の組織形態である。金武湾を守る会は、誰も他者の命を代表することはできないという理由から、住民「一人びとりが代表」であるとして、代表者を置かなかった。与那城村屋慶名で暮らし、周囲の住民らと密接に関わり、彼ら／彼女らの戦中・戦後の経験や金武湾闘争への思いを広く伝え残してきた金武湾を守る会の世話人・安里清信は、「住民運動」について次のように述べる。

住民運動というのはやっぱり、そこに住んでいる人たちが国策の強制にさらされて、いかに自己をとらえ、みずからの内部にあるものを表面に押しだしていくかというところに成立する……だから住民運動に代表はいらない。……したがって、「金武湾を守る会」には代表はいません。それが役人にはわからない。……代表者がいたって第二次世界大戦は起こったじゃないか、知事という代表者がいたって沖縄をつぶしていくじゃないかということで抵抗している。だから、かれらは（役人は—引用者）「守る会」は手に負えない、といっていますね。……大幹部たちの右向け右、左向け左になってしまう、そういう組織は住民運動にはふさわしくないのです(58)。

この言葉から読み取れるように、安里にとっての住民運動の意義は、運動を通じて住民一人びとりが自らを豊かに表現することにあった。安里は一九三五年に学校長の推薦で朝鮮半島の大邱の学校に教師として渡り、教員生活を送るなか、敗戦を迎えるまで三度徴兵された。二度目の徴兵では中国北部で激しい戦闘に遭い、三度目の徴兵では仁川にいたときに敗戦を迎えた。屋良朝苗が知事退任と同時にタンク建設を許可した半年後の一九七七年、裁判や抗議行動が続くなか、安里清信は『新沖縄文学』に次の言葉を寄せている。

除隊を待つ二一日、妻と子どもの自決と、残った二人の子を校長が預かっている報があった。どん底に突き落とされた。小さい亀つぼに変わり果てた妻子が除隊を待っていた。……背に妻、胸に子、左右に戦友や中国の戦死者の十字架を背負って、生霊の如く生きて苦悩する私である(59)。

除隊前に妻子が列車に飛び込み自決したということを知らされた安里は、帰還命令後に二人の生き残った子どもを連れ、親戚を頼って大分県や鹿児島県を経由し、しばらくそこで暮らした後、一九四七年に屋慶名に戻った(60)。悩んだ末に再び教員の職に就いた安里は中頭教職員会の前原地区政経部長となったが、主席選挙、立法院選挙、那覇市長選挙と続いた一九六八年の「三大選挙」の際、同区からの立法院議員選挙に候補者として立たざるをえなくなった。それはちょうどガルフＣＴＳ誘致計画が浮上していた時期で、反対運動を行う宮城島住民たちと選挙運動をしたが落選した。その後、中頭教職員会にいた屋良の意向で観光開発事業団理事となり、名護の海中展望台の開発などに携わるが、多忙から体調を損ね、三年の任期終了と同時に事業団を離れた。その後、屋慶名で療養しながら養蚕をしていたが、金武湾の汚染や公害を危惧する住民たちの声が聞かれるようになった。

安里が六〇歳となった一九七三年五月、平安座島‐宮城島の埋立現場を初めて目にした。金武湾を守る会の世話人となった彼の言葉に表れているのは、一部の代表者による決定で戦争が起こり、今度は住民生活を破壊する開発が進められていることへの悔いであり、一人びとりが自らの生存をかけて自らの土地を守ることで二度と同じことを繰り返してはならないという思いであった。つまり金武湾闘争は、近代を生きてきた安里にとっての「生き直し」の過程にほかならなかった(61)。安里は、金武湾闘争に取り組む老人たちの経験を一つの歴史として言葉で残していくことが重要であると考え、運動が一人の「英雄」をもってはならないと主張していた(62)。

ＣＴＳ建設誘致の問題を第二次世界大戦に引きつけて捉えた安里の語りは、戦争や開発に対する怒りや責任追及にとどまらず、「生霊の如く生きて苦悩する」なかで自らの責任と加害性を問い、それを再び繰り返さぬよう、自らの意志を行動で示していくことの必要を説いていたといえる。

安里の語りが示したように、施政権返還時の沖縄では、川満信一や岡本恵徳をはじめとする論者たちによって、沖縄戦における集団自決という経験、それに抗えなかった共同体のあり方が問われ、「共死」に向かうのではなく、ともに生きるための共同体とは何かを見出そうとする議論が展開されていた(63)。岡本恵徳は、明治期以降の「近代化」政策が、沖縄の「『共同体的生理』の機能を、巧妙に捉えて支配しようと試みた」と指摘しながら、「『共同体的生理』に沿って機能する権力の支配とそれをそのまま受容しようとする「秩序感覚」をどのように否定し、「ともに生きよう」とする意志を、どのような具体性において生かしうるのか」、そして、「その中で「自立」とは何であるか、ということがあらためて問われなければならない」と述べた。住民「一人びとりが代表」であるとした金武湾闘争の組織論を、岡本は、「ともに生きるための共同体」を模索する動きとして捉え共感を示していた。岡本が後のＣＴＳ阻止闘争を拡げる会の活動などを通じて共闘しようとしたことの背景には、このような施政権返還以前からの岡本自身の関心・課題があったといえる(64)。

「沖縄」の戦争責任の追求は沖縄戦を経験していない「戦後世代」によってもなされた。戦後米軍の前線基地として位置づけられてきた沖縄でヴェトナム反戦運動の機運が高まると、米軍基地の前線としての沖縄の加害性、戦争責任を追求する態度が「戦後世代」の間にみられるようになった(65)。比屋根照夫は「……戦後沖縄で強固な戦争責任の追及がなされなかったのに対し、ヴェトナム戦争の激化を契機にして戦後世代が戦争責任の問題に言及しているのは注目すべきこと」、「とりわけ、沖縄の戦後世代が戦争責任を追及する場合、戦後二〇余年、過酷な米軍支配の中で実感的に受けとめた戦後体験というものが核になっている」と指摘した(66)。「戦後世代」という「戦争体験の直接ない世代」が、米軍統治という「過酷な」戦後体験を通じて戦争や軍隊に抗う思想的根拠をもった。

比屋根が捉えたような戦争責任を追及する主体としての「戦後世代」の存在は、金武湾闘争においても見出せる。施政権返還前、中城村への東洋石油基地建設反対闘争などにも加わっていた中部反戦の青年らが金武湾闘争に関わり(67)、また第5章、第7章で述べていくように、施政権返還前、進学や就職を理由に本土に渡り、べ平連の活動や三里塚闘争に参加した個人も帰沖後に金武湾闘争に取り組んだ。「戦後世代」のそれまでの運動経験は、金武湾闘争という新たな闘争の現場において生かされ、彼ら／彼女らは青年行動隊の組織や機関紙の発行、住民運動間の連帯や交流の場で、自らの立ち位置・役割を見出していく(68)。

運動を担う主体に多様な存在がありえる可能性を示した金武湾闘争では一部の住民による代議制ではなく、多数の住民の参加による討議がなされていたし(69)、数人の代表者との交渉を求める県庁や村役場の職員に対して住民全員と交渉するよう求める姿勢は揺るがなかった(70)。また、金武湾の汚染調査も住民や漁民が行い、彼ら／彼女らの視点から汚染の実態やそれに伴う被害が記録された(71)。このように、金武湾闘争においては「住民」の視点や声が重要であると意識されていた。

このようにみてくると、金武湾闘争における「住民」は、「そこに住んでいる人」という集合体としての「住民」という意味を持ちながらも、より複合的な要素を持ちあわせた存在であったといえる。原田正純は「環境汚染の最大の被害者は自然の中に自然と共に生活している人々、自然に対する依存度が高い人々」であり、「社会的弱者」であると説明する(72)。施政権返還後の沖縄におけるエネルギー開発に伴う汚染のもと、住民のなかでも特に海に依存しながら生きてきた人びとが被害を受け、また漁場の喪失を経験してきた。このような人びとを眼前に、政府そして県や村は「国策」の名の下でさらに開発を推し進め、革新政党・団体はそれを批判、阻止できないでいる。国家や政党など、近代において生み出されてきた様々な制度や構造すべてをはがしとった時に残る、人間の生を体現するのが金武湾闘争でいう「住民」であり、その存在こそが闘争の主体として構想されていった。

3　逡巡する県の団体交渉拒否

施政権返還後に組織された金武湾を守る会がまず取り組んだのは、県庁や与那城村役場でのCTS誘致の撤回要請行動であった。結成から三日後の一九七三年九月二五日には守る会メンバー五〇人が県庁を訪れ「①金武湾における埋め立て計画を中止する、②石油基地の増設を認めない、③新設も認めない、④石油関連産業を誘致しない」の四項目を要請するとともに、抗議文を屋良知事との面会の場で手交した。これに対し屋良知事は「検討中である。ここで確約はできない」と返答、県の労働商工部次長・金城作一(73)は、CTS誘致の背景には地元の要請があり、規模は未定だが今後増設はさせていく、五〇〇〇万キロロリットルまで容認するがそれ以上は認めないとの県の姿勢を明らかにした(74)。

九月二九日、金武湾を守る会は再び県庁を訪れ金城次長と面会、そこでは沖縄県のCTS許容基準を五〇〇〇万キロリットルとすることの説明資料が手渡された(75)。一〇月に入ってからも金武湾を守る会は県庁行動を続けるが、面会する労働商工部は、公害防止を徹底するとの方針のもと建設を進める姿勢を変えず、むしろ通産省の「沖縄臨海工業基地開発構想」（一九七一年三月）や復帰前に策定された「小長レポート」(76)に基づくコンビナート造成開発計画を明らかにしたのみであった(77)。

一〇月一二日、県庁で住民説明会を執り行う予定であった屋良知事は現れず、午後二時に集まった住民約三〇〇人のうち、約二〇〇人が庁議室、約一〇〇人が廊下で待機、出席した労働商工部次長・金城作一をはじめとする県側代表の約一〇人に対し「知事との直接協議」を求め深夜一時半まで交渉を続けたが、面会を果たせなかった(78)。翌一三日には、「沖縄の自然と文化を守る一〇人委員会」（会長・豊平良顕）がCTS新設反対を表明した。これに対し、金城次長は、CTS建設に関する県の方針に変更はないと説明、CTS誘致は離島苦解消を目的に地元与那城村が行ったものであり、県は地元要請を受け企業に付与した琉球政府時代の外資導入免許に道義的責任を持つと述べた(79)。

与那城村と沖縄県のCTS推進の姿勢を確認した金武湾を守る会は、与那城村役場で抗議集会を開催、約一一〇〇人が集い深夜まで中村盛俊村長との集団交渉を行った(80)。CTSに伴う海の埋立について住民を説得すると県に約束していた中村村長は、住民に迫られた末にCTSの公害を認め、「住民をなに一つ説得できなかった」との確約書に署名するも、埋立の中止・CTS増設の白紙撤回は拒否した(81)。その後も住民の村や県に対する抗議行動は続き、一〇月二四日には与那城村役場前で第一回与那城村民大会が開かれ、金武湾沿岸地域ないし与那城村の住民二千人が集まるなか中村村長は大衆団交の途中で卒倒、埋立の中止とCTS増設の白紙撤回を要求する決議が採択された(82)。

当時の記録からみえてくるのは、金武湾を守る会が知事や村長に求めていたのは、大衆団交であり対話であったということである。一〇月二六日には、金武湾を守る会の住民を含む四〇〇人が屋良知事との大衆団交を求め再び県庁を訪れた。しかし知事をはじめとする県職員らは面会を避け続けたため、金武湾を守る会は屋良知事と沖縄県に対し「CTS増設に関する公開質問状」（一二項目）を作成、大島知事公室長に手渡し、「CTSは無公害企業」とする県の主張に対し「科学的根拠」に基づく説明を求めた(83)。住民たちの訴えにもかかわらず、知事をはじめとする県職員らは代表数人との面会を提案したが、金武湾を守る会はそれを拒否し「住民一人びとりが代表」を訴え、大衆団交を求め続けた(84)。

金武湾を守る会が県行動を展開していくなか、一〇月一六日、沖縄三菱開発はオイルタンカー停泊用のシーバース(海上桟橋)建設工事を着工、これについて沖縄県土木部部長・安里一郎は一一月三日、宮城島沖への沖縄石油基地株式会社(沖縄石油基地)のシーバース建設については五月に関係者と合議、正式に許可済であると説明した(85)。一〇月三〇日には沖縄ターミナルがCTS増設(オイルタンク四基、各直径九〇メートル・容量一〇万キロリットル)の着工届けを県に提出する。一一月六日、与那城村役場内で開催された県議会経済労働委員会との対話集会では、工事続行を黙認する経済労働委員に対し集まった約一千人の住民が不満を表し、抗議声明を手渡そうとしたが、委員長・親川仁助はそれをはねつけた(86)。翌七日には県議会で企画部長・喜久川宏が「油流出事故を公害としてとらえるのはどうか、航空機にも事故はあるが飛行をやめるわけにはいかない」と発言し、革新与党議員らに五〇〇万キロリットル認可の方針を維持する態度を示したことについて経済労働委員会の親川仁助、宮良長義、瑞慶覧長方、久高将憲ら四人は屋良知事と面会、県の態度決定まで沖縄三菱開発による埋立工事を中止するよう求めた。しかし屋良知事は中止要請が法的に困難であり、会社への申し入れを検討するとのみ返答する(87)。

一九七三年一一月九日、金武湾を守る会の公開質問状に対し、知事公室長・大島修と労働商工部長・前田朝福、土木部長・安里一郎は記者会見を行い、公開質問状への回答として「埋立撤回は法的に困難、油流出はあくまで事故」との見解を表明する。金武湾を守る会は公開質問状への直接の返答を求めて知事公室や県庁舎内の廊下を占拠するが、機動隊約八〇人によって排除される(88)。金武湾を守る会は、県庁前で抗議集会を開き、「機動隊導入についての抗議」「喜久川部長退陣要求」を採択し赤嶺武治総務部長に手渡す。一一月一二日、安里清信や大城昌夫ら七人が県庁を訪れ公開質問状への県の回答を突き返し、機動隊導入に抗議、後日郵送にて公開質問状への返答を受け取った金武湾を守る会の四〇人は一一月一七日に県庁を訪れ、「大衆団交」の場での説明を求めるが、知事公室長の大島修は金武湾を守る会の「代表者」のみとの交渉を提案、結局話し合いはもたれずに終わった。金武湾を守る会と中部地区労働組合協議会（中部地区労）は一一月二二日、コザ市諸見小学校グラウンドで「ＣＴＳ阻止中部総決起大会」を開催、金武湾沿岸地域の住民と金武湾を守る会、中部地区労合わせて約三千人が参加、①ＣＴＳ新・増設阻止、埋立反対決議、②機動隊導入に対する抗議決議、③ガルフ、エッソ、三菱、東洋石油に対する抗議決議、④喜久川部長に対する退陣要求決議を採択した(89)。

金武湾を守る会と中部地区労の代表五〇人は一九七三年一一月二六日、県庁で屋良知事と面会し、白紙撤回要求の抗議文を手交した。知事は金武湾を守る会の訴えが「切実な要望」であると認めながらも、沖縄三菱開発による埋立とＣＴＳ建設が行政行為に基づく決定であり、知事として変更する権限がないこと、即座に白紙撤回することは困難であり検討を要する課題であると回答した(90)。一一月二七日・二八日は与那城村役場に集い村民大会決議内容を認めるよう迫るが、村長不在で回答はえられず、二九日夜は与那城村屋慶名で約一千人の住民による「屋慶名区民総決起大会」が開催され、公有水面の六四万坪の埋立の白紙撤回、与那城村長中村盛俊の退陣要求を決議した(91)。

金武湾を守る会による抗議行動が繰り返される一方で、一〇月二九日、南西石油のバルブミス事故で中城湾四〇〇〜五〇〇メートル沖合に原油が流出し、一〇月三一日にも同施設で再びバルブミス事故が起こり一二〇〇キロリットルの原油が流出した。平安座島の沖縄ターミナル、沖縄石油精製では操業が続いており、平安座島、宮城島、薮地島では野鳥数が減少し、沖縄ターミナルからの悪臭を伴う煤煙がその原因ではないかと予想した「与勝の自然と生命を守る会」は一一月二五日、野鳥研究会メンバーらと平安座、宮城の両島を調査した(92)。これらの環境汚染をめぐる問題は、「金武湾を守る会」結成時に名を連ねる形で仮組織された各地の住民組織結成大会や集会時に報告された。一〇月一五日には住民三〇〇人が「与勝自然と命を守る会」、一〇月三一日には住民約三〇〇人が「具志川市民協議会」を、一一月三〇日には金武村の住民約一〇〇人が「金武村自然と生命を守る会」を結成、結成集会では埋立に伴う漁業の不振や海水の汚染が漁民から訴えられた(93)。

一二月三日、安里清信らは与那城村役場を訪れ中村盛俊村長に金武湾を守る会との話合いを要求するが、退陣要求とCTS反対の決議文を受け取らずに中村は退席した。彼が公用車に乗り込んだところを取り囲んだ際、機動隊三〇人が動員され排除されたことに対し、金武湾を守る会は抗議集会を開いた。一二月八日、金武湾を守る会は与那城村で「CTS反対署名」六二二四名分を獲得（総人口の六割以上の獲得率であった）、同日夜には緊急代表者会議を開き、CTS反対、埋立白紙撤回を県に求めることを確認した。一〇日、金武湾を守る会の安里清信ら一五〇人は大島知事公室長に「CTS反対署名」を手交、CTS強行の姿勢を示す県に抗議した。続く一二日、金武湾を守る会は再び代表者会議を開催、埋立とCTSに反対し、公開質問状への県回答及び与那城村や三菱開発に抗議していくことを確認する。

一九七四年一月四日の金武湾を守る会の県行動では、一千人が参加、再度の公開質問状への回答とCTS白紙撤回を屋良知事に求めるが、知事は話し合いを拒否し外出、労働商工部次長・金城作一、知事公室長・大島修との面会に終わった(94)。

＊

施政権返還前後の沖縄において組織されていた東洋石油基地建設反対闘争、宮城島土地を守る会によるガルフ石油進出反対闘争、毒ガス撤去闘争と毒ガス移送反対闘争、石川市へのアルミ企業進出に対する反対運動は、運動を構成する個々人を媒介としながら交差し、施政権返還を契機として自主講座などの反公害・環境団体とのネットワークも形成された。そのなかで組織された金武湾を守る会は海や土地の汚染につながる開発を伴う施政権返還を問い直し、公害という犠牲を伴う「国策」に追随する県の開発政策に対峙していった。だが屋良朝苗知事は直接交渉を避け続け、また県の関係部課の職員らは五〇〇万キロリットル許容基準という県の方針は変えないと表明していた。

当時、県当局内部、そして知事周辺ではどのような動きがあり、どのような議論が交わされていたのか。次章では、屋良知事をはじめとする県当局関係者の回想録や県議会会議録、革新与党や労組によるCTS誘致に対する抗議の動きを分析する。工業開発を推進する根拠として県が自ら掲げてきた「平和産業」論が瓦解しながら、それでもCTS

誘致の撤回が困難な状況に直面していく過程をたどる。

第4章

「平和産業」資本による沖縄政治の揺らぎ

施政権返還前の沖縄で操業が始まっていたCTS・石油精製工場での原油流出事故や廃油ボール被害は、県や革新与党がこれまで支持してきたCTS誘致の背景にあった「平和産業」論を問い直す契機となっていた。一九七三年九月以降、金武湾を守る会がCTS建設計画に抗議し誘致撤回を求めてきた一方で、県知事・屋良朝苗と県当局、革新与党、労組その他団体の間ではどのような議論が展開していたのか。本章では、県知事と県当局、その支持基盤である県内の革新与党、労組その他の団体が露呈させた石油産業誘致をめぐる混乱、一九七三年半ば以降芽生えていたCTS開発批判と誘致撤回の動きが、石油備蓄という国策を背景に頓挫していく過程をたどる。

1　県内革新与党・労組からの抗議声明

1　「平和産業」論の揺らぎ

当時のCTS建設をめぐる県議会、県当局周辺の状況について、屋良朝苗は回想録『激動八年――屋良朝苗回想録』に詳細な記録を残している[1]。この回想録からみえてくるのは、施政権返還前、ＣＴＳ・石油精製工場の誘致に対する懸念や反対の動きはありながらも、「社会的すう勢としては地域経済開発への期待感が先行していた」、との屋良の見方である。琉球政府のＣＴＳ誘致の背景には、第2章でみてきたような施政権返還前からの開発計画に共通する、「人民党以外の沖縄の革新政党の研究機関、団体等」の「沖縄の工業開発」を志向し、そのなかでも石油産業を重視する勢力の動きがあった[2]。

受け入れ自治体の一つである与那城村の、特に「離島の人々を中心とする熱狂的な推進要請の声」に応える形で、屋良は開発に向けた手続きを進めていった。認可にあたって屋良は、琉球政府の関係当局にも意見を聞き「申請内容は石油精製やコンビナートの計画ではなく、原油貯蔵の中継基地にするのだから直接的に公害の心配はない」との返答をえて、また外資導入審議会にも諮問し、「全体で五〇〇万キロリットルを目途にする」ことで意見を集約した。屋良によれば、「ＣＴＳの立地を認めた時点では、宮城島の一部を除いて、口頭でも文書でも反対の意思表示」はなく、「地元住民の意思を無視して埋め立てを認可するということは有り得なかった」。「外資導入にしても埋立てにしても、村議会は全会一致で承認する決議をした。その意思表明こそ無視できないのではないか」というのが、県の沖縄三菱開発のＣＴＳ進出認可についての根拠であった[3]。

以上のような理由から石油産業の進出を認可した県であったが、施政権返還後、「(知事の——引用者)支持母体である革新諸団体の間で次第にＣＴＳに批判的な空気が出てきて、その年の後半から急速に住民運動となって燃え上がった」と屋良は当時の情勢の変化を振り返る。第3章でみたように、与那城村では、既設のＣＴＳからの原油流出事故や隣接する石油精製工場からの煤煙公害に対し、金武湾を守る会を中心に反対する住民らが村長や知事を激しく非難し、大衆団交を求めていた。大衆団交の要求について屋良は「最初は団交にも応じていたが、その席では代表者もおらず、だれが組織的に発言に責任をもつのか不明であり、おだやかに話し合えるふん囲気でもなかった。同様な体験をもつ与党の関係者からも「そんな団交に実りは期待できぬ」と忠告をうけていた」との理由からこれを拒否していた(4)。だが金武湾を守る会の抗議行動の展開と同時に、革新与党議員の間でも誘致反対の動きが強まっていった。たとえば沖縄県議会経済労働委員会では一九七三年一一月一二日、金武湾を守る会からの「CTS基地建設反対」陳情が与党多数で採択されたが、これについて屋良は「革新県政を支え、しかも執行部のCTSについての立場を理解しているはずの与党まで反対に回ったのは一大ショックだった」と振り返る(5)。

保守野党のうち、一九五二年に結成された琉球民主党を母体とする自由民主党沖縄県連合会（自民党県連）は、一九六八年の主席選挙時の公約では「経済政策」として「長期経済計画を策定」し、「資本の導入を促進」、「工業を育成し輸出産業の振興をはかる」と提言、一九七二年五月の沖縄県知事選挙時の公約では「経済開発」として「県民本意の自主的な沖縄振興開発計画を策定し、経済開発即工業誘致の考え方をあらため、環境、社会福祉、住宅、人間性など調和のとれた開発を行なう」ことを掲げ、また「公害対策」に関しては「公害企業の規制を強化する」としていた(6)。

屋良が述べている「革新県政を支え、しかも執行部のCTSについての立場を理解しているはずの与党」は、施政権返還前後において、CTSその他石油産業による工業開発に対しどのような態度を見せていたのか。革新与党のうち、一九五〇年に結成された社大党は、一九六〇年代半ばまで「復帰優先論」の立場を取っていたが、一九六七年末頃の「本土政府の対米折衝」に関して「反基地、反安保の立場」を取り、「日米両政府の軍事優先政策に真向から対決する」「反戦復帰」の姿勢へと変化していった(7)。そして一九六八年の主席公選に際して「革新共闘会議」を結成、大会スローガンと「主席・立法員議員総選挙統一綱領」のどちらにおいても「安保反対、基地反対」の立場を取り、同時に、「基地経済」から「平和経済」への「建て直し」を課題として掲げたが(8)、経済開発についての具体的な方針は提示していない。また社大党内で復帰後に浮上したのは本土政党との系列化についての懸念や解党に関する内容がほとんどであり、工業開発やCTSについての明確な意思表示はなされてこなかったといえる(9)。

革新与党のうちでも沖縄人民党（人民党）は石油産業の導入に対し批判的な立場を明確に示してきた。一九七〇年四月、同党委員長であった瀬長亀次郎は沖縄経済と日米の経済政策の問題を論じるなかで、ガルフやエッソなどの石油企業、「アルコア」や「ジレット」、「ナショナル・セミコンダクター」、「ナショナル・マシナリー」などの企業進出とそれに介入する日本政府、企業の動きを批判した。ここで瀬長が引用したのは、在沖米人商工会議所会頭のA・D・シップリーの日本政府介入に対する次の反論であった。「沖縄進出は、日本市場だけを目的としたものではない。東南アジア諸国への拠点として沖縄は地理的条件がよいからだ」、「那覇軍港などの解放など沖縄は将来、軍事的なキー・ストーンから経済的キー・ストーンになるだろう」。瀬長はこれに対し、「沖縄を東南アジア経済侵略の中継基地にするという米日独占資本の野望」がみえてきた、米日独占資本が「占領軍によって、いますすめられつつある計画＝牧港兵站部隊に直結する新軍港建設を予見して、那覇軍港の解放と経済的キー・ストーン」としての発展可能性を喧伝していると指摘し、「日米独占が「七二年返還」を口ずさみながらすすめている、沖縄をアジア経済侵略の中継基地にする策謀を粉砕しなければならない」と訴えていた(10)。

2 自治労沖縄県職員労働組合による『沖縄開発と地方自治』

以上みてきたように、CTSの誘致をめぐっては、保守野党－革新与党の間ではもちろんのこと、革新与党内でも意見が大きく分かれていた。だが一九七三年九月以後、金武湾を守る会による県への抗議行動が展開されるなか、革新与党や労組はそれぞれ自らのCTS反対声明を打ち出していくようになる。沖縄県職員労働組合（県職労、委員長・仲吉良新）は一九七三年九月二五日、CTS・海洋博に対する「内部告発」を目的とする『沖縄開発と地方自治──海洋博・埋立・CTSの問題点』を刊行、県当局のCTS政策を自ら批判していく(11)。同資料で指摘されているのは、(1)県当局が一九七二年度に財団法人政策科学研究所に自ら依頼し策定させた「沖縄県土地利用基本計画」は埋立や石油産業等の推進に警鐘を鳴らしていたが、これを「沖縄県振興開発計画」はほとんど取り入れず、むしろ(2)経済企画庁総合開発局で「全国総合開発計画」の策定に長年携わり、鹿島コンビナートの造成などに取り組んできた下河辺淳のもとで策定した「長期経済開発計画」（一九七〇年）に依拠したこと、(3)沖縄県知事案である「沖縄県振興開発計画」で掲げた自然環境保護や無公害企業を誘致するという県の考えが、政府案である沖縄開発庁「沖縄振興開発計画」においては削除されていたことである(12)。

また『沖縄開発と地方自治――海洋博・埋立・CTSの問題点』では、その副題が示すように、施政権返還後に県が掲げていたCTS開発と海洋博事業を「大計をあやまる沖縄開発」としながら、「とりわけ現状の独占資本とその意を体して動いている中央政府のペースに無批判に迎合している県当局首脳の誤った姿勢をきびしく追及しなければならない」としており(13)、ここにCTS開発に対する県職労の姿勢が表れている。CTS開発をめぐって県職労が批判したことの一つは、施政権返還に伴う「沖縄県振興開発計画」の策定にあたり、県当局が一九七二年度政策科学研究所に依頼し策定した「沖縄県土地利用基本計画」を取り入れなかったことである。

県職労によれば、同計画は「従来のGNP主義の新全総を否定し、生物主体による地域評価を指標にして計画を作成することを提言」し、公有水面が「県民所得の一面的、短期的、増加とひきかえに、現代が浪費してはならない世代間の共有資源であ」り、また埋立については環境への悪影響や原状回復が困難であることから、その是非を問う必要性があると主張していた(14)。また、同計画では「金武湾・中城湾について」の項目が設けられ、両湾が「生産性も生態的多様性も沖縄本島沿岸で一番高い地域で」あり、しかし「内湾度が高く、海水の循環が遅いだけに、何らかの事故が発生すれば湾全域にわたっての被害が考えられ」るため、「石油備蓄から、油精製、重化学工業化の路線を歩むとすれば、湾内の破壊は十分な確率をもつものと覚悟すべきであろう」との指摘がなされていた(15)。このように、「沖縄県土地利用基本計画」は「従来の企業ペースの沖縄開発の進行に警告を発し、県や民間計画の修正を急ぐことを提唱」したが、県は現行の開発を否定しかねない「同計画を行政の指針とすることに拒否反応」があり、同計画を考慮しなかったという(16)。

『沖縄開発と地方自治――海洋博・埋立・CTSの問題点』が依拠する「沖縄県土地利用基本計画」及びその付属

資料「沖縄の自然環境」は政策科学研究所によるものである。同研究所が「沖縄県土地利用基本計画」策定の委託を受けた背景には、沖縄経済開発研究所の研究部長で施政権返還後に沖縄県企画部長となった喜久川宏を通じて、屋良が土地利用計画プロジェクトの作成を要請した経緯がある(17)。政策科学研究所は一九七一年に科学技術庁所管で設立され、「特に科学技術や研究開発に関連した課題の調査研究を主題」としてきた(18)。設立から現在にいたるまで、「中央官庁」主導の土地利用／開発に関わる調査委託を受けてきた同研究所の「沖縄県土地利用基本計画」に対する県職労の評価の妥当性をめぐっては検討が必要であるが(19)、ここでは、当時の工業開発が依拠していたのが「長期経済開発計画」であったことに注目したい。

県職労は、一九六九年、「鹿島開発の立役者」である下河辺淳を琉球政府企画局に「およそ一〇回、延べ四〇日にわたって招へい」し、琉球経済開発審議会を設置して同計画を策定(20)、琉球政府企画局が「鹿島方式(21)を沖縄の東海岸に導入することを夢想し、コンビナートの規模、内容ともに鹿島に匹敵するスケールで沖縄長計(22)に戦略産業として沖縄東海岸コンビナートを描写してしまった」ものであるとしている(23)。さらに県職労は施政権返還後の「沖縄振興開発計画」の問題を指摘した。同計画は一九七二年一〇月、沖縄県知事案「沖縄振興開発計画の案」として当初作成されたが、そこに盛り込まれていた「従来の計画にみられない特徴」の二つは政府発表案では削除されていた。そのうちの一つは「五　自治の尊重」の項であり、「人間尊重を基調として基地および公害のない豊かな県民生活を目指す新生沖縄県の建設の方向は、県民自らの意思によって選択されるもの」であり、「県民の総意を反映して作成された」当計画については、「その具体的実施計画の策定及び実施にあたっては、県及び市町村と調整する」こととしている(24)。もう一つが、「六　振興開発の基本方向」にある「この計画における振興開発の基本方向は、自然環境の保全を優先する」の文言であり、また「一四　自然環境と国土保全及び公害防止」の「あらゆる開発に優先してこれら自然を積極的に保存する」の文言、さらに「一六　産業の振興開発」にある「環境要領などの観点から産業公害の総合的事前調査等により、公害のない業種を選択し、監視体制を強化して公害の未然防止に努め、適正な規模の企業立地を図る」という「自然環境優先の原則」である(25)。県案を受けて沖縄開発庁が策定した「沖縄振興開発計画」（一九七二年一二月一八日発表）においては、「自治の尊重」の章は丸ごと削除され、残された「自然環境優先の原則」については「公害のない業種を選択する」の文言が削除されていた(26)。これらの問題点から、県職労は同計画を「県民本意に進められるべき沖縄の振興開発が県民の意志をふみにじり、国家目的に沿って沖縄を開発しようとする国の悪どい意図が、作用していることをみのがしてはならない」と批判した(27)。

さらに県職労は、国際的な資源問題が国内で議論されるようになるなかで、日本で需要がもっとも高い「石油の確保」が国家課題として取り上げられるようになったと指摘する(28)。これまで日本の石油備蓄量は約四五日分と設定されていたが、一九七二年より、年間五日分ずつ増加、「一九七四年までに六〇日分にまで増やすことが決定されて」おり、「さらに極く近い将来には七五日備蓄、九〇日分備蓄の政策決定がある」と予測されていた(29)。その根拠には、「日本列島改造論」で青森県陸奥、徳島県橘、高知県宿毛、鹿児島県志布志の「四大港湾」に加え、「その他中型基地として、沖縄金武湾を含む一四ケ所計一八地点」がCTSの建設候補地になっていた。だが各地で反対運動が組織され、「陸奥、宿毛、志布志の三ケ所が早くもあきらめざるをえない状態に追い込まれ」るなか、「これまでその他の中型港湾として、位置づけられていたのを急遽、大型港湾として格上げされ」たのが、沖縄の東海岸であった(30)。県職労は以上のように状況を分析し、「他県が拒絶したCTSはわれわれも拒絶すべきだ」と訴えた(31)。

3　その他団体・政党からの抗議

県職労の「内部告発」的パンフレットの発行に続き、県内の革新与党やその他民主団体からも県当局に対する誘致撤回を求める動きが始まる。一〇月一二日には沖教組婦人部（部長・上江洲トシ）代表らが県庁知事公室秘書課長・儀間常盛を訪ね、CTS石油関連企業の新増設計画中止を要請している(32)。同月二九日には嵩原久男（社大党）、仲松庸全（人民党）、崎浜盛永（社会党）三党の県議団代表が知事に「CTS新増設は認めない方針で処理すべき」と申入れ、一一月一〇日には沖縄県労働組合協議会（県労協）が「県のCTS埋立強行と（一一月九日、公開質問状の説明を求め県に集まった金武湾を守る会に対する）機動隊導入に対する抗議声明」を発表、同月一三日には社大党副委員長・嵩原久男、書記長・知花英夫らが屋良知事を尋ね、県の姿勢に抗議しCTS増設の即時中止を求めた(33)。翌一四日には県労協副議長・友寄信助、事務局長・峰原恵三が県の宮里松正副知事と面会、一〇日の物価メーデーで採択した「物価値上げ反対」、「海洋博反対、CTS建設阻止」の大会決議文を手交した(34)。同月一六日には県議会与党各派が与党連絡会を開催、企画部環境保全室長・久手堅憲信が出席するなか県当局を批判した(35)。

2　CTSをめぐるいくつかの争点

1　「五〇〇万キロリットル」許容基準をめぐって

金武湾を守る会からの要求、そして団体・政党からのCTS建設計画への抗議が高まるなか、執行機関である沖縄県当局そして議事機関である県議会ではどのような動きや議論があったのか。県議会会議録から明らかなのは、相次ぐCTSからの原油流出事故、石油精製工場からの煤煙被害を背景に、金武湾を守る会による抗議以前から、沖縄県議会では革新与党議員からのCTS誘致に対する問題提起がなされていたということである(36)。

一九七三年七月三日開催の沖縄県議会では、社大党議員・宮良長義により、同年六月六日の中城湾におけるオイルタンカー座礁事故に伴うガソリン大量流出事故が取り上げられ、「この事件発生を機会にCTSの実態を明らかにし、CTSに対する徹底的検討を加えるべき時点に立って」いるとの問題提起がなされた。宮良議員は、当時すでに進行中であった平安座島－宮城島間への沖縄三菱開発によるCTS開発により沖縄での石油備蓄量が増大、沖縄県の原油備蓄量が合計二〇〇〇万キロリットルを超えてしまうとの懸念を示し、県の許容基準を明示するよう求めた(37)。同年七月六日開催の沖縄県議会では、人民党議員(38)・仲松庸全より、「県の許容量の五〇〇万キロリットルの四倍以上」の備蓄が可能となる現行のCTS開発計画が「世界一巨大なCTS群を形成しようとするもの」であり、これを認可すれば「洋上の小島沖縄の運命を閉ざすも同然のきわめて重大な悲劇を招く結果になることになる」ことから、「強く警鐘を鳴らす」とCTS増設への明確な反対意見が述べられている(39)。これらの問題提起に対し屋良知事は、一五〇〇万キロロリットルまで増設される可能性については、「県と相談しなければできないような規約」があり、「五〇〇万キロロリットルをめどとする方針」を「変更する考え」はないと答弁している(40)。

このような「五〇〇万キロロリットル方針」を屋良知事が提示する一方、施政権返還直前の一九七二年五月九日に外資免許を取得した沖縄三菱開発による平安座島－宮城島の公有水面埋立は進行中であり、既設の沖縄ターミナルでも原油タンク増設計画があり、またアラビア石油も金武湾への進出を企図していた。CTS建設計画に対する真の意図をみせない沖縄県当局に対し、革新与党議員からはいかに五〇〇万キロリットルに押さえるかをめぐっての質問が相次いだ。

同年七月六日開催の沖縄県議会では社会党議員・崎浜盛永より「どのような方法をもって国の動き、これらの企業の動きを押さえようとするのか」が問われた。屋良知事は金武湾に既設ないしは進行中、あるいは予定されている企業の「外資免許申請の段階では約一四〇〇万キロリットルの申請がなされて」いたが、「当時の琉球政府は、外資審議会での討議内容を参考に金武湾水域の面積並びに立地業種の予定工業出荷額あるいは出入船舶数等総合的見地から既存の企業を含め、五〇〇万キロリットルをめど」とし、「CTSの規模の設定に当たっては琉球政府、沖縄県の指示に従うよう明記して」外資導入免許を交付した、したがって免許された企業であっても県の「指示に従うことになって」おり、「かってにはできないようになって」いる、と説明した(41)。県の企画部長・喜久川宏も同様の説明を繰り返した。だがここで言及しておかなければならない点は、後に金武湾を守る会機関誌『東海岸』が「金武湾にとっても沖縄にとっても更に五〇〇万キロリットル巨大CTSがなぜに必要なのか、その「科学的根拠」について」「納得のいける話をうかがった試しはなかった」と振り返ったように(42)、なぜ沖縄で五〇〇万キロリットルを備蓄しなければならないのか、その根拠を問う金武湾を守る会に対し、県の革新与党間では五〇〇万キロリットル方針を前提に、そのラインでどう増設を押さえるかが問われていたということである。「五〇〇万キロリットル」をめぐる議論でありながらも両者の立場の間には埋めがたい溝があり、そこに一定程度の備蓄は認めるという革新与党の姿勢を確認できる。

進行中の埋立を容認しながら、CTS増設は抑制するという県当局に対して、革新与党議員からは、許容基準の有無やその設定権についての追求が続いた。外資免許、埋立申請を許可した企業あるいは既設の企業によるタンク新設・増設に関して、県当局及び知事が中止を求めることが可能なのか否か。この問いに対して「不可」であるということが、一九七三年一〇月一日開催の沖縄県議会で人民党議員・伊波広定より提示された。伊波によれば、「これら石油基地の施設の増設は国が許認可の権限を持って」おり、「知事が規制できるのは消防法、県土保全条例、自然環境保全条例によるものだけであり」、そこに海は含まれない(43)。「無差別な水面埋め立てを規制する必要」から同条例に「海面を含めること」を人民党は要求してきたが、県当局は検討すると言いながら条例改正に向けた提案をせず、「県の姿勢に不安を抱く」としている。そして、「政府自由民主党、財界の要求する膨大な埋め立てと石油基地建設は、国の許認可のもとで必然的に巨大なコンビナートに発展していくことは明らか」であると指摘した(44)。

県のCTS新設・増設、許容基準における許認可権が問題になるなか、一〇月四日開催の沖縄県議会では社会党議員・中根章の「知事はこれらの埋め立て計画を完全に放棄をし、自然を守ることをこの場で確認をしていただきたい」との要請に対し、屋良は「五〇〇万キロリットル以下ということに大体方向はある」、「新たに金武湾及び東海岸には立地させせない方針」であるとの意思を表明している(45)。

以上みてきたように、革新与党議員は県に対し、CTS誘致の撤回を求め、これに対し屋良知事も東海岸金武湾には新設・増設させないと述べているが、同時に県の石油備蓄量の上限が法的な強制力を持ちえないことも認識されていった。

2　問われる「行政手続き」の「執行責任」

革新与党議員らによる、貯油能力許容基準をめぐる質問が繰り返されるなか、CTS誘致を推進する自民党議員らは、県議会での陳情第三〇六号「金武湾埋立計画の中止及び石油基地の新、増設の不認可等に関する陳情」(46)の採決以降、屋良知事に対し、県が踏まえてきた行政手続の執行責任への追及を始めていた。自民党議員・平良一男は一二月一日開催の沖縄県議会で陳情三〇六号の採択に反対、その理由として、次のような点をあげている。

第一に、沖縄三菱開発は施政権返還前、「与那城村当局が同議会の全会一致の決議を見て、離島苫の解消と地域経済の開発振興のために合法的に、県の行政指導のもとに強力な誘致要請を受けて進出した企業」であり、この誘致にあたって琉球政府は「あらゆる角度から慎重な検討を加え、振興開発計画に基づいて誘致」したものである。第二に、認可にあたって県はこれまでに「外資導入」、「公有水面埋め立て」、「事業計画」、「採砂権」、「シーバース占用権」の五つを認可し、「埋立工事はもう現在では九割」終わっている。さらに沖縄三菱開発はこれまで多額の資金を投入し、インフラ整備や税収の増加に伴う「離島苦」地域の受益がこれまでにあり今後も見込まれ、与那城村長、屋慶名区長、屋慶名区審議員長の間でも平安座島‐宮城島間の埋立を認める確約書が交わされた(47)。これらの理由をもとに、県当局による「行政的措置」の執行責任が追及された。

これに対し社大党議員・宮良長義は、「石油公害に対する科学的認識を深める中からCTS立地反対は住民の命を守り、自然を守る住民運動へと発展した客観的情勢と世論を踏まえ、いかなる困難性があるにせよ要請にこたえる措置を講ずべきであると考える」と主張していた(48)。

平良一男に続き、一二月一一日開催の沖縄県議会で自民党議員・小底貫一はCTS誘致の立場から県の姿勢を批判、沖縄三菱開発のこれまでの投資額について言及しながら、企業利益の損失に伴う「損害請求」の懸念を示した(49)。この問題に対し屋良は「一、許認可にかかわる法律上の問題。二、議会制民主主義のもとにおける行政手続上の問題。

三、公害防止及び保安対策の問題。四、離島苦解消と地域開発の問題等からCTSの新増設計画並びに同用地の埋め立ての白紙撤回」については「総合的にこれを判断する必要」があるとし、特に「一、許認可にかかわる法律上の問題」に関しては「行政官庁がすでに行なった行政行為を取り消すことができるのは許認可にかかわる行政行為に瑕疵があるか、あるいは被免権者が関係法令の規定に違反した場合」であるのに対して、今回については「そのどちらも取り消す事由がないのに、県がみずから適法に行なった行政行為を取り消し得るかどうか」が問題であるとしている(50)。また「二、議会制民主主義のもとにおける行政手続上の問題」に関しても、「与那城村議会は、村当局が締結、計画し、提案した覚え書き及び公有水面埋め立て等を全会一致で承認し、村当局から村の自主的な開発計画の一環として要請され、適正なる行政上の諸手続を経て免許を得たもの」であるとした。屋良は、「県住民の間に石油企業の公害に対する不安があるとの現状を勘案し、石油精製をはじめとする石油関連企業いわゆる石油コンビナート新増設については一切認めない方針」を示しながらも「CTSについての最終的判断は地域住民の不安を真剣に受けとめ、県議会、村当局、村議会、その他関係者との話し合いを継続して重ね、その上で判断をしていきたい」としている(51)。

地方自治体が一度受け入れを決定した大規模施設の造成過程において、その環境への影響や危険性に対する懸念から反対意見が出てきた場合、自治体の行政措置として大規模施設の中止や変更を求めることは可能なのか。大規模施設の誘致を決定した自治体が、一度認可した企業の開発行為に介入することへのためらいを県議会記録にはみることができる。

3 「公害」か「事故」か

「行政手続き」の執行責任を前提とする議論とともに、CTSは「公害」か、また操作ミスによる原油流出は「事故」か「公害」か、といった「公害」の解釈をめぐる議論が自民党議員から提起されるようになる。一九七三年一二月一二日開催の沖縄県議会において、自民党議員・平良哲は屋良知事に対し、「CTSそのものは公害の元凶」か、

「またバルブ操作等のミスによる原油流出は単なる事故であるか、それとも公害」かを問い、続けて「CTSそのものが公害の元凶」であればその根拠を、「公害の元凶ではない」ならその理由を説明するよう迫った。これに対し屋良は「備蓄そのものは単なる公害とはいえないかもしれ」ないが、「それに伴うところの諸活動」である、たとえばオイルタンカーがバラスト水など「油がまざった水を海に流出するといったようなものから公害が起こる」としている。一方で、バラスト水などの公害が技術的に防止可能であるとし、「完全な安全対策というようなものを講じてこれを防御」し、「物理的、科学的にどう処理するか」が課題であるとしている(52)。これらの答弁について平良議員は、屋良の見解を「CTS企業そのものは公害ではない、バルブ操作等のミスによる原油流出事故は事故である」と総括し、「事故」であるなら防止可能なはずであるとし、手続き通りの行政執行を求めた。自民党議員の上江洲安健もまた、CTSを「公害の元凶」とみなすことを否定し、CTSが「石油を製造するのはなく、ただタンクに貯めておくということでの話であり、石油産業の間接的な産業がどうということの約束ごとは何にもない」としている(53)。

自民党議員からの批判が相次ぐなか、「陳情第三〇六号金武湾埋立計画の中止及び石油基地の新、増設の不認可等に関する陳情」は一九七三年一二月一日、県議会で集約され賛成多数で採決された(54)。また同月二一日の沖縄県議会では、経済労働委員長の親川仁助より、経済労働委員に付託された「請願第七号 CTS、埋め立てに反対する請願」(55)、「陳情第三二八号 CTS、石油関連企業の新、増設計画の中止に関する陳情」(56)、「陳情第三八〇号 沖縄三菱開発株式会社の埋め立て推進に関する陳情」(57)の三件について、すでに可決した陳情第三〇六号「金武湾埋め立て計画の中止及び石油基地の新、増設の不認可等に関する陳情」と「同一事件」であることから、協議の結果、「一事不再議の原則」に従い処理したと報告された(58)。

3　一・一九声明の波紋

1　一・一九声明に至るまでの経緯

自らの支持基盤であり、CTS誘致の立場であった革新与党のCTSをめぐる態度変更で孤立した屋良は一九七四年一月、「県議会の与党議員団との話し合い」や「県と与党の合同連絡会」を行い、また「政党別」の会合をもつなど、CTS誘致の是非をめぐって意見交換を始めていた(59)。人事異動後の県職員を集めた一九七四年一月四日の与党合同会議で副知事・宮里松正は各党に対し、第一案「CTSを最低限に抑えて割り当て、今後増設はしない。公害についてはきびしい協約を結び、公害の一切の責任を三菱に負わせる。石油精製、コンビナート設置も一切認めない。そして住民に不安を与えないこと」、そして第二案「CTSに反対。外資導入認可のさいのCTS規模は琉球政府（復帰後は県）の行政指導に従うという約束を県側が放棄し、積極的に割り当てはしない。そのかわりCTS以外の公害がなく住民のコンセンサスが得られるような企業にはりかえてもらうよう要請すること」を提示、検討するよう求めていた(60)。これに対し、一月一四日の県の合同会議運営委員会、続く一月一六日開催会合では多くが第二案を支持したことから県はCTS以外の企業立地を申し入れるも、沖縄三菱開発社長の小西是夫、副社長の仁村弘、常務の信国正史はCTS以外の企業立地は不可能であると返答する。

「合法的になされた行政行為を撤回できるのかどうか。そうなると内外からいかなる評価をうけるか。今後の沖縄の経済振興との関係はどうなるのか」、「企業側が損害賠償を要求したらどうするのか」(61)――屋良に数々の懸念がよぎるなか、一月一七日に与党合同会議が開催された。開催前、屋良は県職労より二案を選択するよう要請され、「社大、社会、共産、公明の各党がいずれも第二案を支持――ただし公明党の発言には、行政当局としては第一案を選ぶべきではないかとのニュアンス」もあったという。そして「民社（民主社会党―引用者）は第一案支持」であった。いずれにも踏み切れずに「悩みと迷いは極度に達した」屋良は、自ら退陣し、「県民の審判」に委ねたいとの意向を副知事の宮里に申し出るが、革新県政の崩壊につながるとの理由から結論の延期を求められる(62)。

さらに一月一八日には県議会議長・平良幸市に相談するが、やはり進退表明については反対され、CTSについては第二案以外「道はない。その道を選んで、後で生じる問題については県執行部と与党の話し合いで解決すべきだ」との返答をえる。屋良によれば、第二案を支持する「社会、共産両党からはニュアンスの違い」があり、「埋め立て権や漁業権の問題等について瑕疵」を指摘、「それを武器にして企業と闘う」という提案を受けていた。だがこれについて屋良知事は「それでは許認可した県の落ち度を暴露するようなものだ。私には受け入れ難かった」とし、それでも「考えに考え抜いて到達したのが、日本の高度経済成長政策が行き詰まり、福祉優先への価値観転換期に当面している背景をより所とするということ」であった(63)。

そして迎えた一月一九日正午、知事公舎での部課長会議にて、屋良知事は第二案を選ぶ決意を部長会議で表明、記者団に対し、「①CTS反対世論の高まり、②全国的な反公害の住民運動、③高度成長政策への批判、④福祉優先への価値観の転換」などの「社会情勢の変化」を理由に「①CTS企業の立地に反対する、②三菱、沖縄ターミナル（ガルフ、共同石油）にCTSの割り当てをしない、③三菱に対しCTS及び石油関連企業以外の無公害企業の立地を重ねて要請する、④県に申請されているCTSタンクの設置申請にも以上の立場から対処（不許可に）する、⑤三菱の埋立工事を中止させることは考えていない」と発表する(64)。その骨子をもとに、屋良知事は記者団に次のように答えた。

私の決意の背景には四囲の情勢の変化があげられる。それには県内におけるCTS反対運動の盛り上がり、公害問題への意識の変化、全国的公害反対運動の高まり、全国の公害裁判の動向、経済政策や福祉問題に関する価値観転換である。公害の定義はむずかしくて一定していないともいう。だから住民運動がCTSは公害の元凶だと警戒する一方で、企業は無公害だと説く。それは相対的に考えていかねばならないようだ。ともあれ、地域住民が具体的体験や事実に即して公害があると主張するのであるから、理念的側面だけで割り切って強行はできない。とくに前述したように、何よりも国全体が福祉優先の観点から公害問題を非常に重大視しなければならぬ曲がり角にきている。それだけにCTS立地を一たん認めたとしても、地域住民の意思に叛くことはできず、従来とってきた行政行為に反する方向へあえて踏み切らざるを得なかった(65)。

住民運動の勢いに圧された革新与党勢力が反対を固持し始めたことも背景に、屋良はCTS以外の企業設置を求め反対表明を行うにいたった。だがCTS誘致の撤回及び問題解決が見込まれていたわけではなかった。屋良の当時の日誌には、沖縄三菱開発及びCTS誘致に賛成する政党、個人の県に対する損害賠償請求や裁判提訴の恐れと同時に、反対の立場を取り始めた革新与党議員からは対処策の提起すらなされず孤立させられていく様子が看取できる。

一月一九日土曜日の誘致撤回声明後の日誌には「決算は出したがますます迷路に迷い込んだ様だ。事後に難しい問題は起ころう。不安は更につのるばかりである」とあり(66)、その翌二〇日には「日曜にして心日曜ならず。……重苦しい日曜日だった」とある(67)。孤立する屋良をさらに追い込むかのように、CTS誘致撤回声明は沖縄三菱開発によって拒絶され、また石油備蓄量増大を掲げる政府通産省によっても退けられた。同日夜、沖縄三菱開発の小西社長、仁村副社長らは那覇市内の同社社長室にて記者会見、CTS以外の業種の立地が不可能であり、CTS立地の方針に変更はないと発言、県は決定事項を変更せず規定方針に基づき実施すべきであるとの姿勢を示した(68)。これに対し金武湾を守る会は、県をCTS誘致撤回に導いたとしてこれまでの住民運動の取り組みを評価すると同時に、沖縄三菱開発のCTS立地断念に向けた、「三菱との闘い」を焦点に運動を継続するとの声明を発表していた(69)。

県の撤回声明を受けた通産省事務当局は「地元の意向を無視してまで推進する訳にもいかない」とした一方、通産相の中曽根康弘は一月二五日の参院本会議で「屋良知事はCTS反対を表明したが、私どもは石油の備蓄量を増強する方針を持っており、環境保全を図りつつ住民の協力を得て推進していきたい」と表明、県の決定に拘らずCTS建設を強引に推し進める方針を示した(70)。その後通産省は沖縄総合事務局を通じ沖縄三菱開発側にも事情聴取、企業側の対応のあり方を把握しながら進出に向けた打開策の検討を始める(71)。さらに沖縄振興開発計画管轄のため復帰時に設置された沖縄開発庁も、第二次産業の振興計画を見直すのであれば、目標とする「県民所得の引き上げ」は不可能であるとの懸念を示し、「振興計画を変更すべきではない」との見方を表明することとなる(72)。

第2章でみてきたように、労働争議への対応や低コスト化を模索するなかで始まっていた一九六〇年代以降の石炭から石油への主要エネルギーの大きな転換の動きを背景に、金武湾を守る会が組織された一九七三年には日本のエネルギー消費は外国産輸入石油に八割近く依存するようになっていた。日本における石油備蓄制度は一九七一年度からは行政指導のもと、そして一九七三年の第四次中東戦争を契機とする第一次石油ショック直後の一九七五年度からは「石油備蓄法」(73)のもと石油精製業者、特定石油販売業者、石油輸入業者による「民間備蓄」が実施された。一九七八年からは国家備蓄が開始され(74)、また同時期には核エネルギー政策も推し進められていった。石油ショックから石油備蓄法制定に至る一九七四年から一九七五年にかけて、国策としての石油備蓄が優位にあるなかそれに代わる経済政策を打ち出せずにいる屋良県政はCTS問題への対応を迫られていた。

2 「不作為」の「作為」を貫く県

後に屋良知事は、一一・一九声明について次のように振り返っている。

既存の一二〇〇万キロリットルを含めて五〇〇万キロリットルを沖縄ターミナル(旧ガルフ)、三菱、アラビア石油の三社に配当することにしていたが、それをやらないというのが先の声明である……ところが三社は、当方が割り当てなくても法的に貯蔵タンクの設置申請はできる。それが消防法の安全基準に合致さえすれば確認せざるを得ない仕組みになっている。行政責任者はこの仕組みに追い込まれていく……前述した第一案、第二案のいずれをとっても、最終的には同様な結果になるのではないかと私は思っていた(75)。

また、県が一・一九後も三菱による工事を黙認し続けていたことについて屋良は、県には工事を中止させる権限がなく、総額五〇〇億円も投資した三菱が損害賠償を請求する懸念もあり、「年間二〇〇億円の自己財源しか持たぬ県財政では、とても対応はムリ」であったからとしている(76)。この時期には、CTS建設への反対の声を一時強めていた「革新政党、労働組合ともCTS建設には反対であるが、知事を追及することもできず、静観」する態度であったと県職労は当時を振り返っている。

内部告発的パンフを発行し、定期大会で「CTS拡張反対」の方針を決定したものの、組織をあげて決然と反対行動に起つところまでは行かなかった。守る会のおばさん達が組合事務所へ支援要請に来た時、仲吉委員長は真摯に対応したが腹を固めるところまでは行かなかった。法令の執行者である県知事が、その執行によって住民を苦しめる時、どうすればよいか。思考ストップ――三菱からの莫大な損害賠償請求――どうするのか等々、地域住民、革新行政、革新政党、労働組合が一緒になって知恵をしぼっていく。――そのようにならなかった。屋良知事は、頑に守る会の安里清信さん等との話合いを拒んだ(77)。

県と企業を提訴する動きが金武湾を守る会、革新弁護団にあるなか、沖縄県当局はCTSに反対しながらも中止を求めないという立場を取った。一九七四年四月一八日、県は沖縄三菱開発と懇談、できるだけ問題を裁判に持ち込まず、「話し合いで収拾」、「時間をかけて情勢の変化を待つ。その間に公害問題等を十分に練り」、「了解をとりつけるためあらゆる根回しをしたい」との三菱に対し、「埋立竣工認可をかなり延ばすことになるが」と返答、双方間の一応の「合意」があったことが記録されている。焦点となる埋立竣工認可についての「「守る会」と革新弁護団の猛攻撃にいかに備え、耐えていけるか」。そしてタンク設置許可申請をどう処理するか。屋良は、「時期を長引かせて許可を出し得ないとする、あるいは却下する方法」があるとしながら、「前者は行政の範囲で可能だが「不作為」として訴えられ、後者は行政範囲を逸脱した不法だと訴えられる。どちらかを選んでも、同じ結果に到達せしめられ、反対者の要望をかなえることはできまい――というのが専門家の意見だ」と当時を振り返る(78)。県は「不作為」という「作為」を続ける一方で、三菱の進出に向けた協議を行わざるをえない状況に追い込まれていった。

その後、一九七四年七月初旬に東京、大阪を訪問した屋良は沖縄振興開発審議会出席後、沖縄開発庁事務次官・加藤泰守と面会、CTS問題をめぐって「専門的懇切なる指導助言をうけ」、埼玉県知事・畑和、横浜市長・飛鳥田一雄を訪問、専修大教授・大島太郎、青山学院大学教授・北見俊郎、大阪府知事・黒田了一らと面会、「革新行政当局者や専門家のご意見、体験を総括して沖縄のCTS問題にもいえるのは、「行政当局者は行政本来の立場から対処すべきである。過去の行政上の諸手続きや事業が適法になされている以上、もはや行政的判断、適法の執行しかのこされていない」」と総括している(79)。

帰沖後の七月二三日には社大党議員・知花英夫より、革新与党を代表する意見として、金武湾を守る会による提訴の可能性もあることから、埋立竣工認可をめぐっての判断を保留とするよう要請があった。企業と調整を続ける県当局そして革新与党は認可の結論については保留とのことで意見が一致、県が結論を出さないまま、金武湾を守る会により知事を被告とする「公有水面埋立免許無効確認訴訟」の提訴がなされた(80)。

「こんな混乱状態では、裁判で決着をつけるのがいいのかもしれないとも思った」と屋良は当時を振り返る。一九七四年九月二七日開催の県議会で、屋良は「裁判の判決まで保留」する意志を伝えた。進退については、県議会議長・平良幸市に辞表を提出しようとするも受理されず、また各党代表との会談で裁判、選挙での審判を申し出るも、混乱を来すという理由から慰留を余儀なくされた(81)。そして裁判所は一九七五年一〇月四日、岡山県の三菱石油水島製油所で一九七四年一二月に起きた事故によりCTS反対の機運が高まるなか、被告である県の「埋め立てがすでに完了して、元の状態に服するのは不可能であるし、訴えには利益がない」との反論を認め、「訴えの利益なし」判決を下すに至った。判決日、屋良は日誌に次のような言葉を残している。

二、四日裁判所からデモ隊は県庁へ押し寄せてきた。私に団交を求めてきたらしいが会わなかった。夕方までには一応県庁から引きあげた。議会も空転して終わったので私は議会玄関から公舎へ引きあげた。しかし問題はこのままではおさまらぬだろうと心配していた。私はこの裁判の結果はこう出ても非常に後の事が不安になって深刻に受け止め胸苦しさを感じていた。心はますます不安動揺した。

三、問題は悪化の一途を辿る様になる。与那城村出大会が五日にもたれて県庁でハンストに突入する大会決議がなされた。いよいよ一〇月六日、議会ひかえ室で待機していると午前に学者グループ（と）弁護士と共に数名私に抗議文をもって会見の申し出があった。これはことわる。次に昨日の大会決議文を私に手交したい（と）知事室に来たそうだが私は会わなかった。

七、……私の責任追及の声もだんだん高くなり広がりつつあるやに聞く。私の人生最大のピンチに立たされている虞れの状態にある（括弧内補足は引用者）(82)。

そして屋良が「運命の日」とした一〇月一一日、午前九時二〇分頃より部長会議が開始された。「副知事は胃けいれんで休み、赤嶺部長宮古へ、大島部長八重山へ出張」するなかで会議は行われ、屋良より「各部長へこの問題始まって以来の経緯」が伝えられた。この時までに屋良は「人の意見も聞くだけ聞いた。組織関係の抗議も要請も受けるだけ受けた。議会でも方々質問を受けた。与党会議も方々開催された。裁判の結論も出た。かつて私は議会で判決は尊重し政治的配慮は加えないと云った。又やはり企業との義理もある。今後の沖縄づくりの展望も考えねばならぬ」(83)との考えから、埋立竣工認可の意向を部長会議で伝え全部長より賛成を確認した後、マスコミ関係者に対し認可を発表する(84)。

発表後も苦悩は続いたと述べる屋良は、抗議する人びとを目にし「ここに至っては心情的にはどうであれ無情、無慈悲な道に私は踏み切らざるを得なかった。一切の責任を知事の一身に背負って。人々よ許してくれ、一切の泥を私はかぶって行かう。後は機動隊による群衆の排除しかなかった」とし、それでも「ますます後味悪い罪悪をおかした感じで苦悩する。その日はスペインのナショナルデイの前夜夕食会であったが一切欠席、忘れられぬＳ五〇年一〇月一一日のこの日は私に対して最低の日だった」と一日を振り返った(85)。

その翌一一月一一日、与那城村では三菱の所有権のもと埋立地の土地確認がなされ、これを踏まえ、沖縄三菱開発は一九七六年一月の消防法改正に基づきタンク設計をし直したうえでタンク設置許可を再申請した。屋良はこれに対し、一九七六年六月二四日に迫る知事の任期満了までに判断することを表明、県知事選での元県議会議長・平良幸市当選後の六月一六日に庁議を開催、沖縄三菱開発のタンク設置申請について「関係法規に適合するので許可相当」との了承を三役、全部長より取りつける(86)。任期中に決断を下そうとする屋良に対し、「沖教組や高教組の幹部、一部政党、大学の先生方の間では……次期県政へ引きつぐべきだという意見が強かった」という。「しかし、それを可能ならしめるには、次期県政を支える与党、諸団体の意思が、そのように完全に統一しなければならぬ」が、「かように意思がばらばらでは、私としては選択できる道ではない」。そのような理由から、次期県政へ引き継ぐべきだという意見を押し切り許可に踏み切ったという(87)。

このときの「判断」基準について屋良は次のようにまとめている。

①関係諸法規に適合するかどうか②地元与那城村民の意思を大切にする。それは昭和四九年三月の村長選挙、同年九月の村議選挙、五一年の県議選挙の結果で示された。これら三つの選挙で村民意思は誘致派が大勢を占めていると掌握した③与党の所見――それは次の通りだった▽社大党＝私の在任中の処理、許可の方向を了承（平良新知事は党一任）▽公明党＝同上、しかし新聞発表には多少ニュアンスが異なる▽無所属の吉田議員＝同上、しかし後ではっきりせず▽共産党＝保留した後、却下▽社会党＝次期知事にバトンタッチ、時間をかけ共同の責任で検討、結論を出す（上原委員長）④私の決断後の処理対応――県民に不利益、不安を与えないよう最善の行政的対策を平良新知事に要請する(88)。

ここからみえてくるのは、革新与党のうち社大・公明の両党が屋良知事「在任中の処理」、「許可の方向を了承」していたということだ。元県副知事の宮里は当時を振り返り、屋良知事在任中に処理するか、平良幸一新知事に引き継いで検討していくかをめぐって議論したことについてふれている。宮里によれば、「平良次期知事があれほど反対していたこと」から「事務方で用意した処理案をそのまま引き継いで、その最終的な処理を彼に任せ」るのもよい、しかし「行政執行責任者としては、ただ反対論を唱えるだけでは問題を解決することができない」ことから、「それに適切に対応することができずに、それだけで行き詰ま」りかねない、「われわれの任期中に起こった問題」であることからも、「われわれの任期中に処理すべきものである」と提案していたという(89)。だが「屋良知事の側近の人たち」はこれに同意せず、平良次期知事の支持母体である社大党側に確認したところ、「これが引き継がれると、平良次期県政は、出発点から難問を抱えて難航することになる」ことから屋良による処理を「強く希望」していたのだという(90)。

ここで宮里は社大党の「希望」を屋良が在任中に判断した最大の理由としている。しかし、一九七四年一月の一・一九声明前に退陣し県民に信を問うことを希望した屋良に結論の延期を求めたのも、一九七六年の知事交代の時点にいたっては任期中に処理しようと提案したのもまた宮里であった。施政権返還前は副主席として沖縄の振興開発計画を推進し、これを振り返るなかで施政権返還に伴う沖縄開発庁や沖縄振興開発金融公庫の創設を「沖縄側の強い要請によって講ぜられ」、また「沖縄県のために多大の業績を挙げてくれた」と評価した宮里自身もまた、CTS建設にむけたタンク竣工認可を肯定する立場であったことは推測できる。

＊

本章では、県内の革新与党、労組その他民主団体の間で浮上したCTS開発に対する懸念論、誘致撤回の動きをみてきた。施政権返還以前、石油産業の誘致を特に問題視せずに県当局のCTS誘致決定を支持してきた革新与党（人民党を除く）は、施政権返還後、既設のCTSからの原油流出事故や石油精製工場からの煤煙被害が多発するなかで、CTS誘致撤回を求める立場へと移行していった。自らの支持基盤である革新与党の立場変更に対し、当初「五〇〇万キロリットル」を貫いていた屋良朝苗は、CTS撤回の立場からの一・一九声明を発表するにいたった。だが通産省や沖縄三菱開発、沖縄開発庁、自民党県連のCTS推進を堅持する姿勢を背景に、金武湾の公有水面埋立やシーバース建設工事に対し、県として積極的に中止要求をすることはなく、沖縄三菱開発との協議を続けていた。

屋良が発表した一・一九声明はCTS阻止を目的としていたのか。そうでありながらも、屋良の決定の県内における支持基盤が弱く、通産省や沖縄開発庁、三菱の圧力に屈したのか。それとも、屋良はもともと建設阻止ができない県の立場を認識したうえで金武湾を守る会の抵抗を鎮静化する目的で一・一九声明を行ったのか。本章からみえてきたのは、革新与党、県知事、県当局間で見られる「平和産業」論の揺らぎが、結果的にCTS誘致の撤回にいたらず、すでになされた県当局と企業との間での「行政手続き」などによって拘束された形で開発を中止できなかった当時の状況である。そして、屋良在任中という時間的制約のなかで、安全性について十分検討することのないままに認可されてしまったことである。だが、いうまでもなく、それが可能になった背景には一・一九後の通産相発言にも示されている、一九七〇年代前半の石油ショックや石炭から石油へのエネルギー革命、石油備蓄の拡大という国策があった。

「開発」を推し進める日本政府や企業そして「開発」を求めてきた沖縄に、金武湾闘争は対峙していた。

第5章 開発に伴う暴力に対峙した金武湾闘争

既設のＣＴＳや石油精製工場で生じる公害、そして金武湾を守る会の抗議を目の当たりにした県当局・革新与党関係者の間では、「平和産業」に対する確信が徐々に失われ、屋良知事のＣＴＳ誘致撤回一・一九声明が導き出されるにいたった。だがそれは石油備蓄量拡大を求める沖縄三菱開発や通産省によって退けられ、工業化を推進する自民党県連からは阻まれた。

本章では、県当局・革新与党のＣＴＳ撤回の意志が瓦解していくなかで金武湾を守る会に対して行われた沖縄県警察や機動隊の大量動員と、党員や暴力団員も含むＣＴＳ誘致派の動きに焦点を当てる。金武湾を守る会をはじめとする反ＣＴＳの動きは、いかなる性質の暴力に対峙したのか。そして暴力によって激化した対立はどのような危険をはらんでいたのか。開発計画の策定に伴い地域にもたらされた利害関係や対立、それに対して金武湾を守る会が組織した行動についてみていく。

1　警備の対象としての住民運動

1　国家権力の発動

金武湾を守る会に対する警察や機動隊の動員は、金武湾を守る会が組織されて間もない一九七三年九月からすでに始まっていた。与那城村と県は機動隊を動員してCTS誘致撤回要請行動を続けていた人びとを排除した。金武湾を守る会が与那城村長・中村盛俊を訪ね話し合いの場を求めた一九七三年一二月三日、退陣要求・CTS反対決議文の受け取りを拒否し立ち去った中村村長の公用車を取り囲む約一〇〇人に対し、具志川署から約三〇人の機動隊が動員された(1)。同年一二月の与那城村議会では、金武湾を守る会が提出した「CTS反対、埋立即時中止」請願書が審議されるも与党側一〇対野党側七で不採択となっていたが、二三日の再審議では金武湾を守る会の住民の一部が傍聴席を占拠したことから与那城村議会は開会前に解散(2)、議場に残って公有水面の埋立とCTS建設への反対を訴えた人びとと革新系議員らがともに機動隊約六〇人によって排除された(3)。

新聞報道によれば、機動隊は村議会議長代理からの要請を理由に議場に立ち入り、一度は議長に制止されて引き返すも再び立ち入り、赤嶺正雄議長及び与党議員を場外に誘導した一方で、場内に残る革新系議員や反対する住民らと衝突した。このうち一人が逮捕され二〇数人が負傷する。金武湾を守る会は「機動隊乱入」に対する抗議集会を開催し「国家権力」による「住民運動の弾圧」として、機動隊による乱入と机や椅子の破壊、住民への暴力の行使など、警察による地方議会への直接介入、住民運動に対する過剰な警備・監視体制を批判した。機動隊に排除された革新系野党議員らも沖縄県公安委員会、沖縄県警察本部、具志川警察署あてに抗議声明を発表した(4)。

この時の警察及び機動隊からの介入は、施政権返還後の沖縄に及ぶ国家権力を人びとに強く意識させた。機動隊乱入事件は、数日にわたって新聞報道で大きく取り上げられた。沖縄県警と具志川署は一二月二五日、混乱を放置したままの与那城村議会を現場検証、議会事務局員や与党議員から事情聴取した(5)。県警は二六日午後、与那城村議会への機動隊導入にいたった経緯を発表したが、これによれば、与那城村長・中村盛俊、村議会議長・赤嶺正雄との協議の結果、第四回与那城村議会が予定されていた一二月二一日から二四日まで具志川署に警備本部を設置することが決定されており、約二〇〇人の機動隊が待機していたという(6)。二三日午前、金武湾を守る会住民が村役場広場に集合、議場に入り議員を取り囲んで抗議をするなか、村長及び議長より具志川署に対し一〇数回にわたる電話や文書での出動要請があった。

一方の県警は議長や警部補一人の負傷をあげ、守る会住民による公務執行妨害、暴行、傷害、不法監禁、不退去容疑を追及する可能性を示唆した(7)。金武湾を守る会は革新共闘弁護団（当時の団長は宮良寛才）に刑事弾圧から住民運動を弁護するよう要請、それを引き受けた弁護団は不当弾圧に対する声明を発表、警察権力による議会制民主主義、住民運動に対する過剰な警備・監視体勢を批判した(8)。三一日には金武湾を守る会、中部地区労が「与那城村議会への機動隊乱入に対する抗議住民大会」を具志川区公民館前広場で開催、参加した約五〇〇人は抗議決議を採択し具志川署までデモ行進した(9)。機動隊乱入事件をめぐって、県警は職務遂行上正当であったと答えて話し合いを拒否(10)、その後も沖縄県教職員組合（沖教組）中頭支部代表や与那城村革新系議員からの抗議は続き、新聞紙上では沖縄県各地の読者から抗議の声があがっていた(11)。

機動隊導入に批判的な世論の高まりを背景に、金武湾を守る会は弁護団と協議を進め、機動隊導入が原因で負傷した金武湾を守る会の住民を含む約一〇人と議員らの供述調書を作成し、一九七四年一月一二日に具志川署を告訴した。二月定例会議前のタンク設置許可に対する屋良知事の決断が注目されるなか、金武湾を守る会の二〇〇人は一月一八日、県庁で知事公室長・大島修と面会、埋立の即時中止とＣＴＳの白紙撤回を訴えた(12)。これには中部地区労や沖教組与勝連合分会も参加し、続いて約三〇人による座り込み闘争が県庁前広場で始まった(13)。

2　機動隊動員の背景にあるもの

このような機動隊導入の背景には、施政権返還を契機とする沖縄県警察の誕生とそれに伴う条例の制定、警衛警備体制の変化があった。それまで「行政機関及び立法院事務局の職員の定員に関する立法」（一九七一年立法第一三四号）第二条の規定のもと、「公安委員会が行政主席と協議して定めること」となっていた警察職員の定員数は、施政権返還に伴い改正された「警察法」（昭和二九年法律第一六二号）第五七号第二項規定により、「警察法施行令」（昭和二九年政令第一五一号）第七条による基準のもと「条例で定めること」となり、結果、「警察官一四〇人、一般職員一三八人が増員」された(14)。また施政権返還後は米軍基地、自衛隊基地への抵抗及び反開発の住民運動が組織され始めたことから「警衛警備を始めとする大規模警備が増加」し、「県外部隊の応援も得て」警衛警備が実施されるようになった(15)。同時に、本土からの即時の「受援が困難」であるという地理的事情から、県警は「警備部機動隊を増強」、さらに「警備実施の中核となる第二機動隊についても増強し集団警備力の強化」がはかられた。このような沖縄県警における警衛警備体制の変化を背景としながら、沖縄県警による反ＣＴＳ闘争に対する動員は「警察官延べ約六千人を動員し」て実施された(16)。

2　工業化を希求する人びとによる暴力

1　自民党沖縄県連合会によるＣＴＳ推進の動き

金武湾開発をめぐる対立が激化していったその発端は、一九七四年一月一九日になされた屋良朝苗のＣＴＳ誘致撤回声明に対して自民党沖縄県連合会（自民党県連）が組織した屋良知事即時退陣要求県民総決起大会と知事室乱入暴行事件であった。

屋良知事の声明に対し通産相や沖縄開発庁がＣＴＳ開発を継続する立場を表明するなか、自民党県連は二月八日、那覇市与儀公園で誘致派による総決起大会を開催、この総決起大会には平安座島－宮城島間の公有水面埋立の工事現場作業員の多数が参加した。現場作業員は責任者から参加を求められ、不参加の場合は賃金カットがあると宣告されていた。また沖縄三菱開発はキビ収穫を休み大会に参加した住民らのうち伊計島住民に対して、シーバース建設工事の補償金として一人一万円を支払っていたことも明らかになった[17]。大会後、自民党県連は県庁に向けてデモ、CTS撤回に反対する抗議団二〇〇人は知事室に屋良知事、副知事・宮里松正、総務部長・赤嶺武治、労働商工部長・前田朝福を閉じ込め、県連会長・大田政作が屋良知事の退陣要求決議書を読み上げた。抗議団は屋良知事を囲んでいた赤嶺総務部長らを踏みつけて蹴るなどの暴行を加え、知事室の机や応接用テーブル、ソファ、窓ガラス、植木鉢などを壊したが[18]、知事公室からの那覇署への身辺警護依頼にもかかわらず対応にあたったのは制服警官わずか数人であった。警官らは抗議団に署長命令として解散指示を出したが、抗議団は引き続き廊下でも暴行に及んだ[19]。

この知事室乱入暴行事件については一九七四年六月五日、暴力行為等処罰に対する法律違反として被疑者二人が検挙、那覇地方検察庁に送致されることで事件が処理された[20]。ここで思い起こしたいのは、暴力を行使した側の一端もまた、自立／自律を夢見た主体であり、それゆえに開発を求めていたことだ。大会で掲げられていたプラカードには「開発なくして福祉なし」「ことばだけでは豊かな県づくりはできない」などの文字が並んだ。そして大会では「知事のCTS断念は沖縄の沈没構想」であり、「具体的にどう開発していくのか、計画もないまま企業をつぎつぎとつぶしては県民の生活は破壊される」などの糾弾が続いた[21]。これらの人びとは、CTS誘致による島の開発を暴力という手段によって訴えたのだった。

2　革新政党との連帯の困難

CTS開発を求める誘致派の動きが高まる一方、金武湾を守る会は一九七四年二月八日に代表者会議を開催、県労協や沖教組、沖縄県高等学校教職員組合（高教組）、全沖縄労働組合連合会（全沖労連）、沖縄県青年団協議会（沖青協)、中部区労と、CTS阻止の県民総決起大会の組織に向けて協議を始めた。二月一二日には県議会革新与党や沖教組、全沖労連、沖縄地方同盟、県婦人団体協議会(婦団協)、沖青協、復帰協(22)、県労協、革新市町村長会などとCTS反対合同会議を開催、自民党県連の暴力行為に対する抗議声明を発表し、CTS反対、インフレ・物価高粉砕などを掲げた県民総決起大会を二三日に開催することを決めた(23)。しかし革新与党の共催団体への参加の是非をめぐって「政党と住民運動とでは一定の役割、立場の違いがある」と考える金武湾を守る会は政党・民主団体と対立、与党を主催団体とはせず、あくまで支援団体とすべきであると主張した。このことが理由で住民運動と政党とによる「県民共闘組織」を主張した全沖労連委員長・宮城正雄や高教組書記長・濱元朝雄らと決裂、二三日に予定していた「CTS阻止、物価・インフレ反対県民総決起大会」は中止となる。

共催を認めない理由について、金武湾を守る会は「①政党と住民運動とでは、もともと役割が違い、一線を画すべきだ②われわれは保守、革新の対決ではなく、そのワクを取りはずし、自民党支持層をも含めた全住民の運動を目標にしている③そこへ政党が入ると住民運動に亀裂が生ずるおそれは、東洋石油反対闘争、石川アルミ協の経験から十分予想される④政党色が入って選挙に利用されては、逆効果⑤金武湾開発計画、具志川市造船所計画に対する与党の態度が不明確」などと説明した(24)。この県民大会中止をめぐる両者の立場の決裂について『沖縄タイムス』は、金武湾を守る会がセクト争いを警戒し「革新与党との批判関係」、「一定の距離」の必要性を主張する一方、沖教組副委員長・田場盛徳、全沖労連委員長・宮城正雄らが「本土と異なり保革を超えた全県的な「沖縄闘争」が展開してきた」と反論しているとし、「革新側の内部分裂」により金武湾を守る会が「孤立化」し「厳しい局面」にあると伝えた(25)。

自民党県連による県庁での暴行事件が発生した直後であることを考えれば、このときに革新与党との関係を結び、開発に抵抗する側の対抗権力を強化する必要もあったはずだ。しかし金武湾を守る会は共催を拒んだ。それは、施政権返還前後の東洋石油基地建設反対闘争や石川アルミ誘致反対市民協議会の経験を踏まえた判断であり、政党や労組、セクトの間の既存の対立とそれに伴う抗争がこれ以上住民運動に持ち込まれないようにするためであった。これはまた、一九七三年九月以後の半年に及ぶ闘争のなかで、革新与党議員らとの交渉に難航してきた金武湾を守る会自らの経験を踏まえたうえでの態度でもあった。しかし政党間の対立の持ち込みを回避しようとした金武湾を守る会の動きは、暴力の発動を止められず、与那城村現地にまでその余波は広がっていった。

3　開発に伴う暴力に対峙する金武湾闘争

1　暴力事件の多発

自民党県連が県庁知事室で暴行事件を起こし、金武湾を守る会が革新与党や労組との連携に難航するなか、与那城村では誘致派からの反対派への暴力とそれに対する応酬が繰り返され問題が深刻化していた。与那城村字屋慶名では金武湾を守る会運動に関わる親子が土建業者による暴行や不法監禁などの被害に遭い、那覇地検コザ支部に告訴していた(26)。一九七四年二月二四日、那覇市で開催された「母親と女教師の中央大会」の「公害問題分科会」では、反対派の親をもつ小学生が数人の青年から暴行を受け、誘致派が大半を占める船主らが反対派住民からの船賃を一〇〇円から三〇〇円に引き上げるなどの嫌がらせの実態が報告された(27)。三月九日、那覇市教育会館で開催された沖縄県教職員組合春闘第一回中央闘争委員会では、村議、女性教師、母親らによる「教育やCTS問題等を話し合う会」が平安座島のCTS誘致派によって妨害され、反対派の子が誘致派の子に殴られるなど、与那城村現地で多発する暴力事件が教育にもたらす影響について議論された(28)。

暴力事件に関する新聞報道の増加と並行するように、村民間の対立も激しくなった。一九七四年三月一五日、CTS誘致派青年一〇数人が平安座小中学校に押し掛け、CTS抗議集会に運動場の使用を許可した校長に対して抗議し、さらに校門付近に車を駐車し待機した。不安を抱いた教職員らは帰宅できず、沖教組中頭支部が各分会から約一〇〇人を緊急動員し事態を収拾、教職員らは与那城村教育長・具志川署に対する安全対策の申入れを決めた(29)。与那城村現地では金武湾を守る会や屋慶名の「与勝の自然と生命を守る会」会員らの車が数日間で二〇台以上パンクさせられ、火炎瓶を家に投げつけられたり、ポスターや立て看板が塗りつぶされたりするなど、不法監禁や暴行事件が相次いでいた(30)。

一九六〇年代後半以降、「離島苦の解消」をかなえる手段として希求されてきた「平和産業」としてのCTS。CTS以外の「無公害企業」を求めた屋良知事の一・一九声明は通産省や沖縄開発庁に黙殺され、CTSこそが沖縄振興の唯一の道であると喧伝されるなかで、開発を希求する暴力も発動されていった。

2　公害の発生

住民間の対立が激化するなか、金武湾を守る会は一九七四年三月二四日に海上調査を行う。ここで沖縄三菱開発が海上の桟橋シーバースの建設を進め、またタンクの基礎工事を開始していたことが明らかになる(31)。沖縄三菱開発社長・小西是夫は、三月二九日、沖縄経営者協会の懇談会の席上でCTSを将来的に生産部門に拡大することを示唆、金武湾を守る会は、石油コンビナート開発の可能性があると指摘する(32)。沖縄三菱開発は、通産省や沖縄開発庁による国策としてのCTS必要論を背景に、行政主体でありながらも法的強制力をもたない県の撤回声明を無視し、埋立地利用に必要な土地確認や竣工認可の手続を踏まえることなく開発を進めていた。そして既設のCTS・石油精製工場では原油流出事故が発生していた。

一九七四年四月一一日未明、平安座島の沖縄石油精製のシーバースで重油が船積みされる間、バルブ操作ミスによりタンクの重油があふれ海上流出する事故が発生、一一日に沖縄石油精製はタグボートと作業船を出し中和剤ガムレンをまく事故処理を行った(33)。原油流出量は明らかにされなかったものの、一一日から一三日にかけ金武湾を守る会が独自に行った調査では、重油流出現場から約四～六キロの海域または沿岸で、漁民が体中真っ黒になったことや、照間部落沖の漁網が重油まみれになったこと、中和剤・吸着剤が漂着したことなどが確認された(34)。金武湾を守る会、与勝の自然と生命を守る会の代表一七人は、四月一五日に沖縄石油精製に抗議、事故処理にガムレンを使用したことを批判した。沖縄石油精製はその使用量について明らかにしなかったが、金武湾を守る会が求めた合同調査の実施には合意し(35)、四月一六日、金武湾を守る会とともに事故の被害実態を調査した。沖縄石油精製側を代表した環境保安室長・斎藤浩二ら三人に加え、金武湾を守る会の世話人・安里清信、与那城村議・香村安慧、被害漁民が参加した調査では、事故から五日後においてもなお、重油まみれの漁具や吸着剤が海上にあることを確認した(36)。

事故の実態解明を続けた金武湾を守る会は、四月二〇日にガルフ社に対する抗議行動を組織し、原油流出量やガムレン使用量を追求するも返答はえられなかった(37)。四月二九日に与那城村照間ビーチで開催された会社側と金武湾を守る会との対話集会において重油流出量が五四〇リットル、ガムレン使用量が一三〇〇リットルであったことが説明された(38)。金武湾を守る会の三〇人は四月二五日に県庁を訪ね、農林水産部長や環境保健部次長、農林水産部・環境保健部・労働商工部関係課長らと面会、①沖縄石油精製の重油流出事故、②具志川市地先の造船所誘致計画、③金武湾を守る会が一九七三年一二月一四日に新たに提出した公開質問状への回答、④県が日本工業立地センターに委託した金武湾・中城湾開発構想についての県の見解を質した。ここで金武湾を守る会は、石油会社に対する県の監視体制なしには公害防止も行政措置も不可能であると訴えた。だが農林水産部は、県による行政措置については決定できないとの理由から回答せず、また金武湾では資源培養型漁業を推進するとだけ回答し公害への具体策については明示しなかった(39)。

その頃、政府による一九七三年度版『環境白書』が発表され、廃油ボールや微細な油塊の沿岸部への漂流漂着が日本国内全体では減少傾向にあるものの、沖縄諸島から南九州、伊豆諸島にかけた太平洋岸では多く、南西海域における「油」を原因とする海洋汚染が、一九七二年度の五六件から一九七三年度の一六四件へと三倍近く増加していることが明らかになった(40)。そしてこの海洋汚染は、同時期の与那城村における漁獲高の減少にも大きく影響していた。

表1　年度別漁獲高の推移

年度	数量（kg）	金額（円）
1971	104,710	33,090,975
1972	415,980	106,042,455
1973	300,982	119,114,490
1974	186,680	101,733,200
1975	271,894	175,583,990
1976	186,951	114,974,000
1977	247,013	141,799,000
1978	268,193	162,976,000

（出典）与那城村役場企画調整課『昭和56年度版　統計よなぐすく第二号』与那城村役場、1982年、80〜81頁の表60「年度別業種別漁獲高の推移」をもとに作成。

一九七四年四月一一日の重油流出事故で悪化する海洋汚染に対し与那城漁業（組合長・波川光春）と勝連漁協（組合長・東弘）は、五月二日、漁船とクリ舟約二五〇隻で海上デモを組織、その後三〇〇人の組合員が沖縄石油精製ゲート前を封鎖、漁業被害への補償五億六千万を要求した。しかし漁協側は漁業補償に対する回答をえられなかった(41)。

既設の沖縄ターミナル、沖縄石油精製で繰り返される事故などの公害への不安が高まる一方、シーバースやタンク基礎の工事を進めていた沖縄三菱開発に対し、金武湾を守る会は直接行動に出た。五月一九日午後六時過ぎから海中道路入口横広場で「ＣＴＳ阻止座り込み総決起大会」を開催、住民約三〇〇人に加え、沖教組、全軍労、県労協青年部、具志川市民協など合わせて五〇〇人以上が参加、その後市民や支援団体を含む約五〇人が集まり二二日までの四日間にわたって沖縄三菱開発事務所横で座り込み闘争を開始した(42)。沖縄三菱開発は金武湾を守る会の座り込み実施期間を休日とすることでこれを回避したが、金武湾を守る会は抗議の対象を建設工事受注会社である大成建設に変え、二一日早朝には海中道路入り口でピケを張り、三菱関係者の車や大成建設関係者の車の通過を阻止した(43)。

金武湾を守る会はさらに私鉄沖縄県労働組合連合会を通じて、従業員運搬業務を請け負う沖縄バスに運搬拒否でもって金武湾を守る会を支援するよう要請した(44)。五月二二日も沖教組、全日本駐留軍労働組合沖縄地区本部など支援団体を含む約一五〇人とともに海中道路入口でピケを張り、平安座へ向かう車を調べた。そこでは大成建設の車両は現れず、具志川署が交通規制として動員した機動隊と衝突した。金武湾を守る会は午前中にはピケを解除し、午後には四日間の座り込み・阻止行動の総括集会を海中道路入口で行った(45)。誘致派三〇人が押しかけるなか、総括集会には金武湾を守る会住民と沖教組、全軍労、県労協青年部ら約四〇〇人が参加、ここで五月二四日の県行動が決定された(46)。

一九七四年五月二四日の『沖縄タイムス』によれば、この時までに屋良知事の一・一九CTS誘致撤回声明から四か月以上が経ち、沖縄三菱開発は平安座島‐宮城島間の公有水面六四万坪の埋立をほぼ完了させ、CTSのシーバースを約七割完成させていることが明らかになっていた。第4章でみたように、県のCTS反対表明は県政の基本姿勢を提示したにすぎず、法人に対する具体的な法的規制力があるわけではなく、許認可権を県知事が持っているわけでもなかった(47)。したがって、CTS建設を阻止する唯一の手段は消防法に依拠した許可申請の却下と県土保全条例による開発申請の保留であったが、これはシーバース建設がほぼ完成し、またCTS誘致派の奥田良正光が与那城村長に当選したことから困難であると考えられていた(48)。CTS建設のための金武湾の埋立が進み、既設のCTS・石油精製工場からの公害が繰り返し発生する。そのようななか、沖縄三菱開発は自らの開発に伴う手続きの正当性を主張し、また石油備蓄量増大という国策を後ろ盾にしながら県の意向に拘らず工事を進めた。

3　国策を求める「沖縄」との対峙

一度は誘致撤回を表明した知事を置き去りにし、政府や企業は工事を強行している。そのような認識があったからこそ、金武湾を守る会の住民らは屋良知事との対話を求め、国策を回避する方法を見出そうとしていた。だが当時の新聞報道からみえてくるのは、CTS撤回の方針を打ち出しながらも、「行政責任」や「合法性」を懸念し身動きがとれず、金武湾を守る会との対話の回路を絶った沖縄県の姿であった(49)。金武湾を守る会は一九七四年五月二四日、沖縄三菱開発による埋立竣工認可申請の却下を求め県庁行動を組織するが、対応した副知事・新垣雄久は竣工認可届却下の合法性を調整中とだけ返答した(50)。また五月三一日には屋良知事との団体交渉と沖縄三菱開発の工事中止を求めるが、副知事は「CTS反対という知事の態度は決まっているが、これを行政にストレートに反映させることはむつかしい。……行政的に結論を出すにいたっていない」ため知事との面会は困難であり、また「工事をストップさせる権限は県にはない」と返答、金武湾を守る会の要請を退けた(51)。金武湾を守る会の七〇名は六月三日、県庁前にテント小屋を設営、沖縄三菱開発の竣工認可申請却下を求め座り込みを開始した(52)。三日間の座り込みを終えた金武湾を守る会は六月五日、那覇市内にある沖縄三菱開発までデモ、総括集会後に県庁記者クラブで記者会見を行うが、そこで金武湾を守る会が言及したのは「県は埋め立てを認めるような感触をえた」ということだった(53)。

金武湾を守る会による県庁座り込み行動の最中、東京では総合エネルギー調査会（通産大臣諮問機関）の石油部会・政策小委員会（委員長・円城寺次郎）が行われ、通産省は国の石油備蓄の方針として、石油備蓄量を六〇日分から九〇日分に引き上げるとの目標を設定するとともに、金武湾CTSについても、県や企業に介入し「少なくとも五〇〇万キロリットル」を求めていくとの考えを表明していた(54)。県に対する政府のCTS推進の働きかけが強まる一方、与那城村現地ではCTS反対派と誘致派の間で対立が激化、誘致派からの反対派に対する暴力とそれに対する応酬が繰り返され問題が深刻化していた。金武湾を守る会住民が海中道路入口で行った三日間の実力行動に対し、誘致派青年約八〇人は五月二八、二九日の両日に海中道路入口で平安座島、宮城島に通勤する小学校・中学校教員約五〇人の通行を阻止、校長・与那城村教育委員会は臨時休校、生徒ら七九八人を帰宅させる措置を取らざるをえない状況にまで追い込まれた。沖教組中頭支部与勝連合分会（会長・中村秀吉）は与那城村教育長・津嘉山弘に報告、CTS誘致派青年らによる教育妨害が繰り返されている実態を訴え、教師の安全対策を要請した(55)。

屋良知事のCTS撤回声明後繰り返されてきた自民党県連をはじめとする県内のCTS誘致派の実力行使は、企業や通産省の圧力にさらされていた屋良知事のCTS撤回の決定を揺るがし、CTS誘致撤回を困難にしていた。既設のCTSですでに公害が発生し、環境が汚染されて住民生活も危機にさらされているなか、自民党県連そして与那城村現地の誘致派はそれでもCTSを推し進めた。金武湾を守る会への暴力行為に及んだ誘致派集団のなかに「日思会」と書かれたヘルメットをかぶる青年をみたとの証言もあり、地域暴力団の利権が絡んでいたことは推測できる(56)。国策による公害という犠牲を自ら経験しながらも、国策を強制されることによってではなく、むしろ自らそれに取り込まれていく「沖縄」に、金武湾反CTS闘争は対峙していたといえる。

4　青年たちの決起

1　青年行動隊の組織化

金武湾を守る会は、誘致派や機動隊による妨害行為が激化し、また沖縄三菱開発が金武湾の埋立を終了させ県に対する埋立竣工認可申請を行うなかで、六人の漁民を原告に裁判提訴に踏み切ることを決定した。だが提訴が報道によって伝わると同時に、金武湾を守る会の原告漁民や反対派住民に対し、漁網を破ったり、「命を危険にさらす」という脅迫が繰り返されるようになった。ここで漁民たちの身辺警護を引き受けたのが地元の青年たちであった(57)。

当時の青年たちは与那城村の屋慶名・照間両地での組織化の過程を次のように振り返っている。金武湾を守る会のポスターや立て看板が塗りつぶされ、会員等の車のタイヤがパンクさせられ、火炎瓶を家に投げつけられるなどのほか、不法監禁や暴行などの事件が多発していた。これらの状況を目の当たりにしていた青年たち四、五〇名が屋慶名の広場に集まった。彼らは結成会で、漁民を守り、誘致派による暴力を阻止していくことを確認し、夜警で集落を巡回しながらさらに青年たちに呼びかけ、隊を拡大していった(58)。

もう一つの拠点である照間でも青年行動隊が結成された。行動隊メンバーの一人である平良眞知は、金武湾を守る会への共闘を申出た琉大ノンセクトグループのメンバー二人と地元照間の高校生十数人が集まる鮮魚店前に合流、漁民の置かれた状況を説明し共に活動しようと呼びかけて青年行動隊を組織した。現場は二〇代半ばの青年が取り仕切り、その周辺にいる高校生を含む青年たちが行動を支えていた。反対住民に対してなされる暴力を目の当たりにしてきた青年たちが、地域の青年団的なつながりを基盤に青年行動隊を組織したが、地元以外からの参加もあった(59)。

施政権返還前にコザ市役所に勤めていた金城清二郎は沖縄中部地区反戦青年委員会、東洋石油基地建設反対同盟に関わり、具志川市民協議会を組織し「闘争の柱」として照間の闘争小屋に泊まり込み生活していた(60)。CTSに反対する金武湾を守る会住民、そして原告となった漁民を、誘致派からどのように防衛するか。地元警察や機動隊が誘致派による暴力事件を黙認するなか、実力行使で暴力に対峙する青年行動隊として自らを位置づけていった(61)。このとき、青年たちは全軍労牧港支部青年労働者の稲隆博らの指導を受けた。ヴェトナム反戦を訴えた「全軍労反戦委員会」が長期ストライキを敢行した時、指導部に代わり運動を牽引したのをきっかけに米軍に対する実力闘争を組織してきた全軍労牧港支部青年労働者らが金武湾を守る会の闘争小屋に通っていた(62)。彼らは屋慶名・照間の青年たちに隊列の組み方、鉄パイプでの攻撃から胴体や四肢のガードの仕方を教えるなど、米軍基地内での「実戦」経験を生かし金武湾を守る会を支えていた。

2 「魚の群れ、鳥の群れ」としての住民運動

青年行動隊の組織化とほぼ同時期に、彼らと同世代である女性たちも、誰かの呼びかけによってではなく、「やろうよという意識はなくて、気がついたらみんな集まって」金武湾を守る会の行動に取り組み始めた(63)。その一人であった新垣庄子は当時、那覇市で勤めていたが、週末土曜日、仕事が終わるとバスに乗り、照間か屋慶名の闘争小屋に向かった。琉球大学の女子学生らと、近所の年長の女性たちの家や実家を行き来し、闘争小屋で食べる食事を作るばかりであったという。「私の家なんかはもう自分の家じゃなかった。玄関の鍵も締めなかったし。自分の家なのか人の家なのかわからない」――このような生活が日常的に営まれていた(64)。

米軍占領期に本土に留学し、べ平連の活動を経て施政権返還前に帰沖し、金武湾闘争に関わり始めた平良良昭は、べ平連での経験を生かし一九七四年から一九七八年頃まで金武湾を守る会の機関誌執筆・編集作業を担当していた。一九七三年九月二七日創刊の『金武湾を守る会ニュース』は、一九七三年より沖縄に移住していた元大阪府教職員組合常任執行委員の関広延が執筆・編集を担当していたが、一九七四年より裁判闘争が始まり関の役割が準備書面作成

等へとシフト、「大衆的に配るものを作る人がいない」ということで『金武湾を守る会ニュース』第六号（一九七四年四月二六日）より平良が機関誌を担当するようになった。その後機関誌は、「内容を充実させるため」、論考を集めたより厚みのある冊子『金武湾通信』となり、中城湾開発計画などが問題化され始めた一九七六年以後は「東海岸全体が連動し始めている」ことを受けて金武湾から中城湾や泡瀬に広がる東海岸海域の埋立や開発の問題を訴えるという目的で『東海岸』へとその名称を変えていった(65)。『金武湾通信』改題の頃から執筆・編集は分担作業となり、石田英夫や前川美知代、その他青年行動隊のメンバーや金武湾を守る会の会員らも加わった。平良が機関誌の編集・発行に関わっていた時期、編集作業は主に平良の自宅で行い、カンパで印刷機を購入しビラ・機関誌の作成にあたっていたが、誘致派に印刷機を盗まれ溝に投げ捨てられて壊された後は中部地区労の事務所の輪転機を使い印刷していた(66)。

平良によれば、金武湾闘争においては様々な取り組みがなされ、裁判を組織する弁護士をはじめ、漁民や女性たちなどそれぞれが「目立つ場面」があった。また一つの集落としてある屋慶名での住民運動の組織のあり方は、労働組合のように会議において議論し、行動を決定していくというようなものではなかった。平良の言葉をかりれば「ここの動き方というのは言うなれば魚の群れの動き方、鳥の群れの動き方みたいなのがあって、以心伝心で、動く人たちは動く。避ける人はそっと隠れていく」というものであった。金武湾闘争においては各班に班長や連絡係を置いた班体制のもと、連絡会議時にはビラを一軒一軒配布するという形で情報が周知された。もちろん連絡会議は行われたが、安里清信のような世話人の周辺を人びとが囲み、安里の提案に従って行動するものは流れるように動いていく。このように、金武湾を守る会は、地域共同体のつながりを基盤としながら組織されていた(67)。と同時に、金城清二郎や稲隆博、そして平良自身、与那城村の屋慶名や照間外での経験を有していることからも明らかなように、金武湾闘争は多様な経験を経てきた人たちによって取り組まれていた。「一人びとりが代表」という運動論はこのように、組織のなかでの一人の立場や意見を重視するものでもあると同時に、組織における、上意下達の組織のあり方ではない水平的な関係性を意味するものでもあった。

3 「誘致派」青年たちとの抗争――「開発」が地域にもたらした利害関係と亀裂

屋慶名・照間両集落で結成された青年行動隊は結成から間もない一九七四年七月二八日、照間沿岸で裁判闘争勝利総決起大会が開催されている最中、沖縄全軍労牧港支部青年部の数人も交えて初めての共同行動を組織した。大会開催中、誘致派との乱闘が始まり青年行動隊のメンバー数人が投石され負傷したのだ。誘致派の襲撃への対応として具志川方面、屋慶名方面をみまわっていた青年行動隊メンバーは、青年行動隊に関わる照間高校生が「拉致された」との情報を入手、彼を助けるため屋慶名・照間合わせて約一〇〇人の青年行動隊メンバーがヘルメットをかぶり坂道の上方に陣取った誘致派のいる方向へ向かった。だがその時、先頭を走っていた金武湾を守る会青年行動隊の平良良昭は上方からブロックで頭部を直撃され気絶、照間の漁民の庭で、打ち身の状態で目を覚ました。平良はそこで自分を介抱していた金城清二郎に対し、即座に次のように述べたと回想している。

「相手を殺したらいかんよ」と。「これだと負けだよ」と。衝突して追い散らすくらいであればいいけど、こっちもゲバ棒まがいのプラカードもったりしているからね。大乱闘になって相手の頭とかやって、相手が死んじゃったりしたら負けでしょう。政治的に負けになっちゃうわけよ、完璧に。だからその時にすぐ清二郎さんに絶対相手殺しちゃいかんよ、統制とりなさいよと言っちゃった。それを鮮明に覚えているんだけどね(68)。

この襲撃に対し、青年行動隊は約一〇〇人で隊列を組み反撃を試みるが、青年行動隊の一員であった平良が、誘致派との乱闘に加わりながらも相手を「殺してはいけない」と述べていたのは、金武湾を守る会の闘いが金武湾の埋立に抗議し、ＣＴＳの建設を阻止しようとするものであったのと同時に、地域に生きる人たちが、「国策」が共同体にもたらした利害関係や対立構造に向き合い、「共同」し「生存」していくための拠り所となる思想と実践のあり方――後に裁判闘争の過程で語られるようになる「海と大地と共同の力」という言葉が示したような――を模索するものであったからだ。

結果的には、大会開催中は平良の他にも青年行動隊のメンバー数人が投石され負傷した。投石したのは主に、元自民党沖縄県支部連合会会長によって組織された平安座島や饒辺の青年グループであったが、与那城村饒辺では当時、暴力団の内部抗争もあり、反対派への暴力に点火しやすい状況にあった。その後も青年行動隊と誘致派との衝突は続いた。一九七四年八月二二日の『琉球新報』は次のように報道している。

具志川市内で守る会の青年等と誘致派の青年がなぐり合い、さらに同村の照間では両者の対立が激化している。村役場うしろの守る会の闘争小屋に四、五〇人の守る会のメンバーが押しかけたのに対し機動隊が出動してにらみ合い、同村役場周辺は不穏な空気に包まれた。奥田良村長は、「このような中では正常な職務は遂行できない」として同日午前中で全職員の帰宅を命じた。村民はさる五月末に起きた両者の対立で学校が休校し、学童が巻き添えを食った〝事件〟がなまなましいだけに村政の機能マヒに表情をこわばらせ「CTSのために村がもうめちゃめちゃになってしまった」と嘆き、県が一日も早く、CTS問題に決着をつけるよう訴えている(69)。

さらに同記事は、与那城村役場では金武湾を守る会青年が誘致派青年の暴力を受け、両者が具志川署で事情聴取を受けた後の帰宅途中に再び遭遇、殴り合いとなり金武湾を守る会の青年が負傷したと伝えている。予期せず不利な状況に置かれた反対派青年たちは照間闘争小屋に戻り状況を報告、その夜、隊列を組み抗議行動を組織した。八月二二日午前三時頃、金武湾を守る会の青年行動隊約五〇人は、平安座から海中道路に抜ける広場で気勢をあげたあと……（誘致派青年が働く―引用者）事務所に押しかけた。同事務所に宿直していた九人の話によると、青年行動隊のメンバーが来たのは午前四時ごろ。人数は約六〇人で一三台の車に分乗、全員がヘルメットをかぶり、覆面姿。さらに角材を持ち上げ旗ザオをかかげていたという。たちまち両者の間でバ声の応酬、青行隊から投石が始まり、窓ガラスが角材でメチャメチャにたたき割られた。また事務所の前に駐車してあった社用の乗用車を含み三台のフロントガラスが割られた。その間、一五分から三〇分。しかし青行隊の襲撃現場近くに具志川署のパトカー一台が警備していたにもかかわらず、何らの規制もしていなかった。……この事態を知って現場に駆けつけた奥田良村長は、「守る会はもはや暴徒としかいいようがない、夜襲するとはもってのほか。生命、財産を守るといいながら、一体この行動は何を意味するのか」と守る会を非難していた(70)。

当時の状況について崎原盛秀は、この事件を報道する新聞記事の多くは警察発表のみに依拠し、二一日の与那城村役場や路上での暴力など、金武湾を守る会に対する一連の暴力行為をたどることなく、武装した金武湾を守る会が賛成派を襲撃した事件としてのみ報道した、と指摘する。崎原によれば、七、八人の青年たちが酒盛りをする事務所を囲むと、その多くは裏側から逃げ出した。この時青年たちがしたことはプレハブ内の誘致派の白いヘルメットを証拠に持ち帰ったにすぎなかったという(71)。

八月二三日の『琉球新報』では、「国家的要請というCTS設置は小さな与那城村をずたずたに引きさいている」とし、「ある主婦（三七）は「殺し合いが起きかねないほど村内の空気は険しい。これは屋良さんが煮え切らない態度を取るからと思います。いまの県のやり方や村民にケンカをけしかけているように受け取れます」と屋良知事への手厳しい批判をしていた」と伝えている(72)。八月二五日早朝には、青年行動隊メンバーが寝泊まりする照間闘争小屋や駐車した車に火炎瓶を投げられる事件も発生した。それでもCTS誘致派による行為は黙認され、警察はこの事件を金武湾を守る会による襲撃事件として取り上げ、金武湾を守る会の青年らを個別に訪問し聴取し続けた(73)。

開発計画によって地域にもたらされた対立をどのように捉え、問題化していくのか。二〇一三年一月に行った青年行動隊の活動を振り返る座談会で平良良昭は、「青行隊と対決した離島の、あるいは誘致派の青年たち」について、「彼らは彼らで離島苦解消という一つの悲願があった」、「それだけの背景があって誘致派の青年たちが守る会を敵視するというエネルギーが生まれている」としながら、「沖縄の中に内在している一つの矛盾が暴力になって」おり、したがって、この矛盾である「両方を包括できる視点」を持つ必要性を指摘していた。平良眞知はこれに同意しながら、しかし同時に、「三菱の方が、資本の方がこれだけ金をつぎ込んで、住民運動を押さえ込みにかかった」ことを、忘れてはならないと強調する。ここで思い起こされたのが、一九七五年一一月二五日、与那城村議会での埋立地土地確認の日、三菱が集会妨害を画策し、動員された多くの労働者や住民が守る会の闘争小屋を包囲し、役場の周辺や構内、議場を占拠した時のことだ。このとき年配者を含む多くの人びとが日当で動員され、ヘルメットやマスクをして、青年たちは戦闘部隊として自らを組織していた(74)。

一九七三年の組織からすでに二年以上が経過していた。反対の声が政治に届かず、工事が続いていくなかで、闘争を離れていく人たちの姿がそこにあった。金武湾を守る会が抵抗運動を組織するなかで直面した誘致派からの暴力と、その暴力に対するなかで生じた対立・抗争は、ＣＴＳ建設に投入された巨額の資本が地域共同体にもたらしてきた利害関係なしには起こらなかったはずの問題ではなかったか。

＊

屋良知事のＣＴＳ誘致撤回を求める一・一九声明が瓦解していくなか、金武湾を守る会は、県や村による警察や機動隊の大量動員や自民党県連による知事室乱入事件、与那城村現地における誘致派との対立など、開発に伴う暴力と対峙していた。施政権返還前から「平和産業論」を唱え、石油産業を積極的に誘致してきた革新県政における「反ＣＴＳ」の基盤は脆弱であり続け、誘致派からの攻撃を許し、開発に抵抗する人びとの生活を暴力に晒した。

暴力事件の増加を背景に屋慶名・照間両集落において組織された青年行動隊は、両集落における闘争小屋を拠点に時に夜警しながら漁民、住民たちを守るために活動した。幼年時代からの友人を含む誘致派と敵対せざるをえない状況に置かれた彼らはしかし、誘致派青年たちが石油産業推進勢力の「自治」や「地域発展」の可能性に期待し、企業によって動員され金武湾を守る会を攻撃した実態を認めている。資本の力が及ぶことによって地域社会の「日常」のなかに暴力が恒常化しながらも、それは警察に黙認され、抗議行動は機動隊によって排除される。このような事態に直面した金武湾を守る会の住民、漁民たちは、彼らの反開発の論理を、裁判を通じて訴え始めることとなる。

第6章　民衆の「生存」思想が問う国家と権利

金武湾を守る会の抗議集会及び与那城村役場や県庁での要請行動の結果、屋良朝苗知事はＣＴＳに代わる産業の進出を三菱に求めた。しかし、ＣＴＳ撤回声明の再考を求める三菱の要求やＣＴＳ推進を掲げた通産省及び沖縄開発庁の圧力を背景に県はそれ以上の措置をとらず、埋立工事が進行、与那城村現地のＣＴＳ誘致をめぐる対立では暴行事件も発生した。

そして金武湾を守る会は結成から約一年後の一九七四年九月五日、裁判を提訴する。日本の戦後社会運動史においては裁判闘争は、一九五〇年代には在日米軍基地の駐留や自衛隊の違憲性を問い、一九六〇年代後半には四大公害による被害者救済を求めた。だが一九七二年、日本に潜在主権を残したまま米国の施政権下におかれてきた沖縄が日本に再統合された施政権返還は、国家が規定する憲法や司法が措定する「権利」の限界を露わにし、それらから自立／自律するものとしての生存を沖縄の人びとが自ら見出す契機であった。

その過程を象徴的に示している金武湾反ＣＴＳ裁判について、本章では、裁判の経過とその過程において金武湾を守る会内部やあるいは支援団体との間で交わされた議論をみていく。施政権返還後の沖縄における司法との対峙が、戦前から戦後にかけての土地や労働力の囲い込み、それに伴う離散経験を想起させ、金武湾闘争に関わる人びとが憲法が規定する「生存権」を「生存」思想として再解釈していく経緯を明らかにする。

1　戦後の沖縄における司法制度と権利要求の動き

「沖縄戦後史は、沖縄人民の絶えまない闘いの歴史であった」(1)。新崎盛暉のこの主張は「無権利状態」から始まった戦後の沖縄で、沖縄戦を生きのびた人びとが権利獲得を課題として闘ってきたという見方に貫かれている。「戦後」が同時に米軍支配の始まりを意味した沖縄では、日本国憲法制定に伴い日本本土で成立した権利は保障されず、米軍の軍事訓練・軍事行動を最大限に遂行するための統治機構、司法制度、法体系が形成されていった。沖縄における法令としては、米大統領による行政命令に準ずる形で米国民政府によって制定・公布され絶対的に優位なものとして位置づけられていた布令、布告、指令と、琉球政府立法院による民立法、「現地法」である旧日本法と慣習法とが併存していた(2)。さらに布令・布告に基づき、米国民政府が運営する米国民政府裁判所と、米国民政府の下部組織である琉球政府が運営する琉球民裁判所が存在し、民裁判所が民政府裁判所に従属していた(3)。

琉球民裁判所は、「高等弁務官が合衆国の安全・財産または利害に影響を及ぼすと認める特に重大なすべての事件または紛争」や「合衆国軍隊の構成員、軍属もしくは合衆国国民である合衆国政府の被雇用者または以上の者の家族であって、琉球人でない者が当事者であるすべての事件又は紛争」、「合衆国またはその機関」に対する裁判権を持たず、米軍人などによる被害の賠償や土地接収に対する補償・救済を要求することができなかった。一方の高等弁務官は、琉球民裁判所の判決や決定、命令をいつでも再審、停止、変更、取り消すことが可能であり、合衆国の安全・財産または利害に関して影響を及ぼすと認める特に重大なすべての事件または紛争が琉球民裁判所に係属している場合はいつでも、民政府裁判所に移送を命じることができた(4)。

米軍統治期の沖縄においては、このような統治機構、司法制度、法体系に抵抗する動きが組織されてきた。一九六五年の違憲訴訟(5)や一九六六年の裁判移送問題(6)などを通じて、日本国憲法に依拠した権利要求や、米軍統治期の司法制度に対する異議申立てがなされ、「日本国憲法下への復帰」が求められていった。しかし日米間で合意された沖縄返還合意が、日米の軍事同盟における日本の役割強化と在沖米軍基地の恒久化を伴うものであることが明らかになるなかで、沖縄の「復帰」が日本国憲法を「空洞化」させることによってしか実現されないとの認識が広まり、「沖縄返還粉砕」の訴えが高まる。国政参加による議会制民主主義の実現や裁判権の移行による人権の回復への期待が揺らぐなか、「復帰」自体を問うたのが「反復帰」論であった。その思想の運動における具体的な現れとしては一九七一年一〇月一九日の第六七回臨時国会衆議院議員本会議、いわゆる沖縄国会で「沖縄返還協定批准阻止」と「第三の琉球処分粉砕」を訴え爆竹を鳴らした「爆竹事件」があった。そしてその際、「建造物侵入」と「威力業務妨害」で逮捕、起訴された沖縄青年同盟三名が、公判の意見陳述で沖縄・宮古・八重山語を使い通訳を希望したが裁判長に拒否された「沖縄語裁判闘争」もあった(7)。日本という近代国家秩序への抵抗が生まれる一方、中身を伴わずとも「復帰」を全面的には拒否できない本土と沖縄の革新勢力の存在もあり、大きな矛盾を残した形で施政権返還を迎えた。

施政権返還に伴う振興開発の一環として施行された金武湾の埋立とCTS開発に抵抗した住民運動において、すでに人びとの信頼が揺らいでいた日本国憲法と司法制度のもとで裁判が提訴されたことの沖縄戦後史における意味は何か。以下では、施政権返還から間もない沖縄での裁判闘争の経過、裁判闘争という具体的な経験を経るなかで金武湾を守る会の人びとや弁護団が裁判に見出した可能性と限界、それを通じた抵抗運動における表現のあり方の変化をたどることで、施政権返還という沖縄戦後史における重要な転機に生まれた民衆の「生存」思想を提示する。

2　裁判闘争の経緯

1　裁判闘争の組織化

反CTS裁判はその提訴時から、施政権返還に伴う構造的な変化のなかで生じていた矛盾を抱えていた。埋立工事とCTS誘致の決定を覆せないままでいた金武湾を守る会は、一九七四年の県の一・一九声明直後、革新共闘弁護団による「CTS問題についての見解書」を入手していた。そこで、屋良朝苗知事による沖縄三菱開発に対する平安座島－宮城島間の公有水面埋立免許交付の際、与那城村漁業組合と勝連村漁業組合が組合員である漁民の三分の二以上の署名、及び漁業総会で三分の二以上の賛成をえないまま埋立を認めたこと、つまり金武湾の埋立免許に県の法的瑕疵があったことを確認する。金武湾を守る会は闘争を法廷の場へと持ち込むこととなり、革新共闘弁護団に支援を求めた。しかし革新共闘弁護団内部では、屋良を被告として提訴すれば、琉球政府主席公選以来擁立してきた屋良率いる革新県政を追いつめてしまうと危惧する団員の存在から意志統一がされず、支援はえられなかった。

金武湾を守る会の訴訟対策委員らは、漁民への情報提供に取組んできた照屋寛徳に原告代理人弁護団の組織化を求め、また同時期に弁護士の池宮城紀夫にも原告代理人弁護団への参加を求めた。さらに施政権返還前からすでに石川アルミ闘争などと交流のあった「自主講座」関係者に支援を依頼、東京から弁護士の水上学(8)らが原告代理人弁護団に加わり、提訴への準備を進めた。当時大学院生で反CTS裁判に関わった小川進によれば、東大法学部の学生として「自主講座」の運営に尽力した川本健は沖縄を訪問、金武湾で調査を進めながら、東大助手の宇井純及び元共同通信記者の松岡信夫と裁判を準備、弁護士を捜していた。川本は大学寮の先輩である吉田健弁護士への裁判闘争参加を依頼、その吉田は水上学弁護士を川本に紹介、川本の依頼を受けた水上は金武湾を守る会の裁判闘争支援を快諾したという(9)。このように、反CTS裁判は、沖縄における革新勢力のあり方が問われ、また施政権返還という構造的変化によって日本本土－沖縄間の移動が容易になるなかで組織された(10)。

弁護団の結成と同時に、金武湾を守る会は原告団の結成を進めていた。一九七四年の提訴時に法的な争点として考えられたのは、CTS開発に伴う金武湾の埋立や汚染によって侵害されている漁民の漁業権と、県と漁協の埋立合意における法的手続きの瑕疵であった。原告代理人弁護士らと金武湾を守る会会員らは主に与那城村と勝連村各地をまわり、漁協の合意形成の主体である地元の漁民に対し、原告としてのCTS裁判への参加を呼びかけた。

2 「漁業権裁判」の提訴と「訴えの利益なし」判決

一九七四年九月、那覇地裁では六人の原告漁民が金武湾の埋立免許の無効を訴えて屋良知事を提訴、一九七四年一〇月三〇日の第一回公判で原告漁民は、県が漁業組合からえたとする合意手続きには欠陥があると主張した(11)。一九七四年一〇月から一九七五年七月までの七回の公判では、汚染された海水や油臭魚が提出され、意見陳述の際には原告漁民が自ら法廷に立ち、合意手続きの問題や悪臭・騒音被害、ヘドロの堆積による海の汚染や魚介類の減少を訴えた。公判の際、金武湾を守る会がバスを借切り、常に現地から多くの住民が駆けつけ、与那城村漁協や勝連村漁協からはさらに多くの漁民が原告として新たに裁判に加わることとなった。一九七五年四月には平安座島の漁民二人が原告団に加わり、浜比嘉島浜区の漁民四〇人が原告に加わった。彼らは一九七五年七月一四日の第七回口頭弁論で、「埋立に合意したことはない」と主張した(12)。

一九七五年九月五日、原告側弁護団が那覇地裁に提出した準備書面では、三菱石油株式会社が一九七四年一二月一八日に起こした、岡山県の水島製油所での重油流出事故がもたらした漁業被害についての追及がなされ、三菱の安全策・公害対策の不備が指摘された(13)。また、かつて琉球政府立与勝海上公園に指定されていた金武湾は、住民にとっては「海藻類、魚類蛋白の供給源としての貴重な資産」であったことなど、住民や漁民が海とどのようなつながりを持ってきたのかが具体的な事例をもって説明された(14)。埋立てられた海域は、モズクやスクガラス、白イカ、ウニの漁場であり、また埋立用の土砂として採砂されていた浜比嘉島のナンジャ岩付近でもウニやモズクが豊富に採れていた。海中道路東側の屋慶名干潟ではクルマエビが生育し、原油流出事故で汚染された海中道路西側はモズクの生産地であった。干潟では海藻や魚介類を採り、照間沿岸の砂浜ではイグサを乾燥させ筵を作っていた。海と隣接する金武湾の漁民・住民らの生活が、海中道路の建設や、ガルフ社からの原油・重油の流出、廃油ボールの漂着、石油精製工場からの悪臭、沖縄三菱開発の平安座島－宮城島間の埋立によって破壊されたのだとした。

だが原告漁民の訴えに対して裁判所は十分な審理を経ずに結審し判決を下した。一九七五年九月、県は原告漁民の訴えに利益はないとの回答を那覇地裁に提出、翌日の第八回公判で裁判長は反論の余地を与えずに結審を言い渡した。これに対し、原告代理人弁護団は裁判長忌避申立てと即時抗告を行うが却下される(15)。一〇月の第九回公判において山口裁判長は、埋立がすでに完了しているため海の原状回復が困難であり、したがって漁業を行うことが不可能であり守られるべき漁業権もない、という理由から「訴えの利益なし」との判決を下し、判決後すぐに法廷を立ち去った。このとき山口裁判長が原告代理人弁護団からの発言も認めず、傍聴席からは聞き取ることができないほどの小声で判決を言い渡し、機動隊に囲まれ法廷を去ったことに対する怒りの声が、公判後法廷から出た住民のなかからあがっていた(16)。漁業権裁判判決後の一九七五年一〇月六日から一一日まで、金武湾を守る会を中心とする一五〇人は県庁入口で断食闘争を組織し、そのうち二人は知事公舎の鉄のフェンスに体を鎖で縛り付けて抵抗した(17)。

「訴えの利益なし」判決が下された時点で、金武湾を守る会は「控訴するか、再び訴えを起こすか、あるいは裁判を無視し住民運動を構築していくか」の選択を迫られていたが、判決から三日後の一〇月七日に上告、しかし屋良知事は埋立竣工認可を発表、ＣＴＳではない「無公害企業を誘致するために企業と接触を強めていくが、これまでの感触では見通しは暗い」との会見を行う(18)。金武湾を守る会は与那城村に対し、与那城村の住民から集めた六二二四名の署名を提出し、埋立によって造られた「新しい土地」を三菱に登記させせないよう要請した。しかし県と与那城村議会は金武湾を守る会の要請を退け、一〇月一一日、屋良知事は埋立完了を承認し、一一月二五日、与那城村議会は

「新しい土地の確認」を承認した(19)。

原告漁民とその代理人らは、一九七六年一月から七月の四回の控訴審公判の間、裁判長の法解釈の誤りや「訴えの利益なし」判決の問題を指摘し審理の差戻しを求める(20)。控訴審公判に向け、勝連村漁業協同組合浜支部(21)は漁民の訴えをまとめ、悪臭、騒音の被害、ヘドロの堆積による汚染や魚介類の著しい減少による漁民の生活破壊が詳細に記録された(22)。これはつまり、海に生かされてきた漁民や住民の生活のありようや、海への想いが言語化されていく過程でもあった。これまで魚介類が豊富であった漁場は、汚染により破壊された。海水が汚染され、かゆみを引き起こすなどの被害があり、子どもたちは海で容易に遊べなくなった。漁民の生活が破壊され、漁民数が激減している一方で、多くの漁民が出稼ぎで本島にいかざるをえなくなっていた。機関誌『東海岸』では、「なぜ生きがいである海を奪うのか」という漁民の怒りとともに、漁業だけでは生活できなくなってしまった漁民の窮状が訴えられた。それでも屋良知事はCTSを誘致する姿勢を変えず那覇地方裁判所に控訴の却下を申請、第4章で述べたように、沖縄革新共闘支援のもとで当選した社大党員・平良幸市の知事就任直前の一九七六年六月二二日、石油タンクの設置を許可した(23)。

その後、一九七六年一二月二七日には与那城村と沖縄石油基地と沖縄ターミナルが、一九七七年三月一〇日には沖縄県と沖縄石油基地が、一九七七年六月四日には沖縄県とその他すべての石油関連企業とが公害防止協定を結んだ。金武湾を守る会は、県が市民への公開も無くこれらの協定を締結したことを批判し、また一九七四年一二月一八日の三菱石油水島製油所重油流出事故を例に、大規模化する石油産業に潜在する事故の可能性に対し法的規制は無効であると指摘した。

3　「生存権」裁判としてのCTS仮処分申請

「訴えの利益なし」判決の後、控訴するも県にタンク設置を許可されてしまったなか、金武湾を守る会と弁護士、研究者らは次なる争点を模索していた。そこで福岡県豊前市への九州電力による火力発電所建設に抵抗した松下竜一らの豊前環境権訴訟から「環境権」を打ち出すことを思いつくが、水上弁護士は漁民の命がけの裁判に対して「環境権」の呼称はなじまない、反対派が誘致派や公安に狙われるなかでそのまま「生存権」を訴える裁判であると主張していた(24)。弁護団のうち小川進は、水島製油所における重油流出事故の技術面からの原因究明を開始、日揮の飯島孝から雑誌 *Oil & Gas Journal* やアメリカ石油協会（ＡＰＩ）規格を入手、朝日新聞阪神支局から提供された水島事故裁判の準備書面などを入手し、大型鋼製タンクの底板破断、つまりタンクの油圧によるアニュラプレート溶接部の破断の原因にタンク底板厚さの不足と地盤の不等沈下に伴う底板の破断を指摘する(25)。

これらの調査をもとに、タンク設置が迫っていた一九七七年四月、金武湾を守る会は一二五〇人の原告団を組織し、当時大阪空港騒音訴訟で争われていた人格権や環境権に基づく県内初の公害裁判として、石油備蓄タンク建設の差止めを求める「危険物貯蔵所等建築工事禁止仮処分申請」を那覇地裁に提出した(26)。一九七七年八月から一九七八年六月の五回に及ぶ公判には、日本各地から地質学、工学等を専門とする研究者らが証人として参加、埋立地の地盤の脆弱性や地震に伴う火災の危険性を指摘した(27)。しかし一九七九年三月、傍聴席にいる住民らを機動隊が取り囲むなか、タンク設置でたとえ火災などが発生しても、原告住民の生命、身体、健康に被害を与える危険性はない、との理由でＣＴＳ工事の差止めを求める仮処分請求が却下されてしまう。

裁判闘争が行き詰まる一方、一九七八年一二月一〇日の県知事選挙で第三代知事として当選し就任していた自民党の西銘順治知事は、沖縄石油精製に対し石油備蓄タンクの増設を認め(28)、ＣＴＳを増設するための二期工事を承認した(29)。一方で、ＣＴＳ開発に伴う危機は現実のものとなり、一九八一年二月には沖縄島南端の喜屋武岬沖合で石油タンカーの爆発事故(30)、一九八二年一二月には沖縄石油基地において原油流出事故が発生した(31)。原告漁民による提訴から約八年が経過した一九八二年一〇月、金武湾を守る会と原告代理人弁護団は、操業禁止は不要であるとの判決が下れば悪い判例となってしまうという理由から、反ＣＴＳ裁判の上訴請求を取り下げた(32)。

3　裁判闘争の評価をめぐって

1　「あらゆる手段と戦術」の一つとしての裁判闘争

反ＣＴＳ裁判は以上のような過程をたどったが、金武湾を守る会にとってそれは、一九七四年の「漁業権」裁判提訴の時点からすでに葛藤を伴うものであったことが当時の資料から読み取ることができる。革新共闘弁護団との対立・決裂の末に踏み切った提訴から一年後の一九七五年九月、金武湾を守る会は準備書面や公判時の写真を掲載した冊子を出版するが、それに収録されている一九七四年九月四日発表の「提訴にあたっての声明」からは、提訴の時点で、金武湾を守る会が裁判を「唯一の手段」であるとは捉えず、「あらゆる手段と戦術」の一つにすぎないと考えていたことや、裁判の問題、限界を認識していたことがわかる(33)。

原告代理人弁護士の池宮城紀夫によれば、琉球政府立法院は民政府の管轄下に置かれながらも、一九五五年に民法を改正、日本本土における一九四七年の民法改正の内容と合わせていたこともあり、日本の法制度はすでに沖縄に取り入れられ、施政権返還後の沖縄においては、最高裁判所の意向を受けた裁判官が派遣されていた。「裁判官の人事構成」については「復帰後の沖縄における裁判所の様相」の大きな特徴として認識されている問題であった。復帰時において本土から派遣された裁判官が四人、沖縄出身の裁判官が三〇余名であったのが、本土から派遣された裁判官が一九七三年五人、一九七四年七人、一九七五・七六年八人、一九七七・七八年一一人、一九七九年一二人、一九八〇・八一年一三人、一九八二年一四人、一九八三・八四・八五年一五人と増加傾向にあり、一九八六年には三二人中二〇人が本土から派遣された裁判官という構成で、「強引な訴訟指揮がなされる傾向にある」との批判もあった(34)。

このような背景から池宮城紀夫はＣＴＳ裁判当時、那覇地裁の裁判官を「弾圧する側の裁判官」とみなしていたことから、「裁判所も権力の一翼でしかないというのは十分認識」しつつ、「裁判という手法を用いて運動を拡大強化していく」ことを裁判闘争に求めていたという(35)。つまり憲法や司法制度に対する期待や信頼は、この時点においてはすでに揺らいでいたかあるいは失われていた。

だからこそ、金武湾・反CTS裁判関係者による裁判闘争への取り組みをめぐる評価は、実際の審理や判決のあり方に関してのみなされるのではなく、むしろ裁判への取り組みを通じて金武湾闘争にもたらされた変化についてなされてきた。たとえば池宮城は、反CTS裁判を振り返り「我々は敗北したのか？　否である」と述べ、その理由として、「一〇年近くのCTS反対闘争によって、孤立無縁であった石油企業による金武湾破壊に対する我々の告発が、やがて県民に理解され、CTS反対が今や世論となっている」とした(36)。後に池宮城は、この点について次のように述べている。

やはり現地闘争だけでは、問題の本質を世論に訴えることに限界がある、結局地域闘争ということで意図的に歪曲され、押しつぶされていくからです。金武湾の場合は、県が行政権を発動してタンク認可などを行うわけですから、それに対してはやはり行政のやり方が違法である、不当であるということを理屈の面で、法律の面で訴えていかなければならない。それで裁判闘争、ということになるわけです。だから、運動の正当性を世論に訴え、運動の拡がりを意図するところに、住民運動、市民運動の中での裁判闘争の意義があるのです。……裁判所もあくまで権力の一環であり、良い判決を下すほど裁判所は甘くない、しかし裁判闘争をすることが運動の強化と拡大につながる、そこに意味があるということでオルグしてきたのです(37)。

裁判闘争という「告発」のもたらした「世論」の変化については、原告代理人弁護士・水上学もまた「弁護団の迫力もいろいろ工夫し、演出した」ことで「沖縄の世論に対するアピール」が促された、と言及している。

……演出してマスコミを利用するやり方というのは、まあどの弁護士もしていますが、この手続きが間違っている、誰かに伝えよう、という確信がありましたからね。このまま問題を小さくしていくと大変なことなんだ、ということをみんな自覚してないよ、と。人の土地とったら泥棒だろう、財産権、所有権の侵害だろう、じゃあ漁民の漁場とってなんで泥棒にならないんだ、と。漁業権というのは、土地の所有権、農地を耕すのと同じような権利に近い。漁業をつぶすようなこんな重大なことを県が自らやっていいのか、それをどうやって伝えようか、それは必死でしたよ(38)。

池宮城や水上のこのような主張はおそらく、提訴を機に金武湾を守る会への共感や支援が県内外に広がったということを背景になされてきた。たとえば「漁業権」裁判提訴直後、在沖の研究者やジャーナリストらが「現地の闘いをバックアップし、運動の裾野を拡げよう」との目的で「ＣＴＳ阻止闘争を拡げる会（琉球弧の住民運動を拡げる会）」を結成、現地集会に参加、革新政党・団体と対立し孤立する金武湾を守る会の支持を新聞紙上で表明し(39)、他団体組織に対してもカンパを募るなど支援と協力を呼びかけていた(40)。「地域闘争」を重視する立場から金武湾闘争に当初から連帯を示していた中部地区労、組織原理の差異を理由に金武湾を守る会と対立してきた県労協なども連帯を示し始め、県庁行動や裁判傍聴のため那覇に出向く屋慶名・照間農民のキビ刈り作業を手伝う援農隊として活躍した(41)。金武湾を守る会への支持が拡がるなか、同時期に開催されていた反ＣＴＳ講演集会や懇談会を通じて、反ＣＴＳを掲げてきた金武湾を守る会を中心とする沖縄各地の住民運動の交流も始まった(42)。

また、日本各地から弁護士や研究者、学生が参加したことで、水島製油所重油流出事故をはじめとする全国各地の公害問題を金武湾を守る会の人たちに伝えただけではなく、同時に沖縄における開発やそれに伴う公害問題への注目を集めた(43)。「内部だけでは出せない資料を、外部に出して、沖縄に行けば使ってもらえる、裁判で生きる、生かすことができる」と考えた全国の弁護士や企業の労働組合、記者から、金武湾開発に関連する企業の資料がもたらされた(44)。これらの資料が反CTS裁判を通じて検証され、地質やタンク構造の問題を訴える根拠となり、全国各地の環境裁判においても生かされてきた(45)。裁判を通じて先例としての国内外各地の公害問題の実態や抵抗運動を知ることが、行政の開発を批判し孤立する金武湾を守る会にとって大きな支えとなった。

2　裁判闘争への問い

これらの裁判闘争をめぐる従来の評価はしかし、施政権返還に伴う変化のなかで組織された裁判闘争の意味を内在的に問うものとはいえず、金武湾を守る会の人びとが裁判闘争に抱いていた葛藤や、裁判に見出した限界、そこから生じた抵抗運動の表現の変化を捉えきれているとはいいがたい。金武湾を守る会関係者らは、日本本土の研究者や弁護士、学生らの支援をえて提訴と仮処分申請を行ったが、十分な審理がなされないまま裁判が続いていくなかで、金武湾を守る会内部は司法に訴えることの限界が指摘されるなど、裁判闘争に対する考えに齟齬が生じていた。当時大学院生として、仮処分申請より準備書面の作成作業を行っていた小川進は裁判を次の様に振り返る。

沖縄には一週間しかいない我々に対して沖縄の人は、東京に帰れば何もなくていいじゃないと言ったりするのだけど、こっちに戻ってくれれば準備書面を作成する作業が始まるでしょう。沖縄の人はそれを待っているわけです。向こうで準備書面作成のために何かやっているのかと思っていくと、何もなくて、結局出来上がるのをじっと待っているだけだったのです。当事者で大変だ、大変だと片方では言うのですが、準備書面作成作業は毎回徹夜でした。もう一つ指摘するとすれば、若い二〇代の学生たちのもっと良い使い方があったと思うのです。沖縄の学生間の不満が、上に吸い上げられることはなくて、そのまま不完全燃焼で潰れていったと思います。内部で消耗していた。それを運動のなかで、裁判まであげていくという、そういう指導者が沖縄には一人もいなかったと思います。前面に出てくるのは教授だけです。僕は当時から、大学生に準備書面を作らせたりしたのです。専門家でなくすべて若い大学生が作成したものでした(46)。

法や技術の問題の追及を通して、開発にある問題を告発しようと取り組んできた小川の発言からは、裁判における法や技術をめぐる議論に対し、自らの立ち位置とのズレを感じる人たちが少なからず存在していたのを読み取ることができる。公判が進むごとに、金武湾を守る会の一部の人びとの間では裁判闘争に対する批判的見方が強まっていくが、特に埋立免許の無効を訴えた提訴が「訴えの利益なし」を理由に却下されたことは、彼らに司法に訴えることの限界を改めて強く意識させた。

一九七四年の提訴の段階から革新共闘弁護団との交渉や、原告漁民の組織化など、中心的な役割を担っていた石川高校公害研の教員らは、漁業権裁判の控訴審が始まると同時に闘争から退いていった(47)。公害研の教員らは、彼らが刊行した雑誌『死角』創刊号で、提訴は、竣工認可が迫るなか金武湾を守る会にとって唯一残された手段でしかなかったとし、裁判が、「単に量的運動への拡大へと、本質的な視点の対象」を歪め、「曖昧模糊とした表層的な意識の量産」を促す危険性を有していると批判した(48)。彼らは、金武湾闘争が提起してきたのが、地域社会の経済構造の変化がもたらす農漁業をめぐる問題や「本島」と「離島」との間における経済的格差の問題、「復帰思想」の問題であり、弁護団が裁判で組み立てる「法」という「理屈や論理によって割り切れるような簡単なものではなかった」という(49)。だが裁判によって、金武湾闘争が「全国化への闘い」へと包摂されてしまうことが、「根拠地闘争としてある住民運動そのものの本質と対立するもの」であり、「こと沖縄であるが故の特殊的な歴史と運動体内部の矛盾の止揚を一般的な通念に解消することになる」ことを危惧していた。彼らは、住民運動を分析するうえで、共同体のあり方が運動に与える影響、那覇や本島中心とする沖縄内部の差別構造、運動側の「革新県政」との関係、「復帰思想」の問題をみていく必要を指摘しており、法や技術論を中心に金武湾開発の問題を論ずることが沖縄という地域に固有のこれらの問題を矮小化することになりかねないと懸念していた(50)。

公害研の伊波義安は当時を振り返り、原告代理人弁護士らを通じて行う裁判は、直接交渉の場でないこと、したがって住民の怒りを直接ぶつけることができず、またスケジュール闘争であるため、住民運動のエネルギーを霧散させてしまうとしている。さらに、勝てるという幻想から裁判には多くのエネルギーを注いでしまうが、やはり「権力側の土俵」であるため勝てる可能性は少ない(51)。伊波が提起したこれらの問題は、控訴後も闘争に関わりつづけた世話人・崎原盛秀も認識しており、裁判においては論理のすり替えがなされ、争点が技術論となってからは、一次訴訟のように、漁民が代表して意見を述べることはできなくなっていたとしている(52)。

また裁判闘争に参加した福士敬子は、「子どもたちの将来のための裁判」であるとし、子連れでの傍聴を試みたが、子連れを理由に入廷や開廷が遅れたり、裁判長から退廷を命じられ拘束されたりしたことから、法廷での管理体制に不信感や怒りを表現した(53)。と同時に、他の参加者を気にかけ、子連れでの傍聴を諦めざるをえない母親たちの「むなしさ」もまた翁長房子によって表現されていた(54)。運動において時に少数者の立場にあった彼女たちの思いは、CTSに反対し、法廷での経験を共にした人びとの間で共有されていなかったかもしれない。

議論が専門化せざるをえない裁判闘争においてこれは避けられない事態であったともいえる。技術論的な問題を徹底的に検証する場と捉えるか、それとも漁民や住民の声を前面に出す契機と捉えるか。そもそも、法廷闘争は住民運動としての金武湾闘争にとってふさわしい闘いのあり方といえるのか。金武湾を守る会がこれらの問いに直面したことは、沖縄戦後史における一つの近代化過程としての施政権返還という転機と、近代を問う反開発・反公害の世界的な潮流とが交錯するなかで金武湾闘争が組織されたことを考えれば必然であったといえる。このことは同時に、人びとの権利を担保する近代国家秩序の装置としての司法制度を相対化する視点を見出す契機でもあった。

崎原は、金武湾闘争を通じて「日本のなかのはきだめを作り出す場所としての沖縄が見えてきた。沖縄に対するヤマトが具体的に、ひとつひとつ、民衆のなかに映像みたいに映ってくるものがあった」と述べたが(55)、金武湾を守る会の人びとは裁判を続けるなかで水俣、四日市を含む日本各地の深刻な公害問題、そして救済されない人びとの存在を知り、憲法の庇護のもとにあると考えられてきた日本本土が「実像」としてみえてくるなかで、日本のなかでの沖縄の位置を知りそこから日本という国家を問う視点を獲得していたといえる。

裁判を続けることはまた、金武湾を守る会の人びとにとって、次にとりうる行動を見出す過程でもあった。唯一の手段としてではなく、あくまで抵抗の表現のあり方の一形態としての裁判を続けるなかで、「どう自らを表現しうるか、課題を含む闘いのなかでどう問題を是正し運動を広げていくかが重要なのではないか」と当時考えていたと崎原は振り返る(56)。裁判闘争の過程でそれを相対化する視点を獲得した金武湾を守る会は、ではどのような表現をもって抵抗したのか。

4　民衆の「生存」思想の表出——「生活原点」としての戦時・戦後体験

司法権力によって「正義」が担保されないことを経験した金武湾を守る会の人びとは様々な形で法廷への抵抗を示した。一九七五年一〇月の公判で「訴えの利益なし」判決直後に裁判長が立ち去った後、崎原盛秀は裁判長席に立ち「改めて人民裁判を開廷する」と宣言、公判に駆けつけていた守る会の住民らは法廷を占拠し、自ら「裁判」を続けた(57)。法廷での出来事はいわば、金武湾を守る会の人びとにとって、司法制度に正当性を見出すことはもはやできず、権利を「自ら勝ち取るべき」ものとして表現する必要があったことを示している。このことは、法廷闘争が敗北していくなかで、金武湾を守る会の人びとの間で「生存権」が問い直され始めたことにもつながっていく。

金武湾を守る会の平良良昭は、金武湾闘争を担った与那城村屋慶名、与那城村照間、勝連村浜比嘉島の浜の住民・漁民による沖縄戦中・戦後経験の証言を「海と大地と共同の力——沖縄民衆の生存権の原像」と題してまとめ、一九七八年の危険物貯蔵所等建築工事禁止仮処分を申立てた後、提出する技術論中心の準備書面に収録した(58)。平良は沖縄戦について、「沖縄民衆が、まさに国家によって生存を否定され、地獄に投げ込まれた事態であった」としたうえで、「それでも人びとが生きのびてきた、生きのびることを可能にした「力」」の「不思議」を「自覚的なものとしてつかみとらねばならない」とした(59)。

沖縄戦という地獄のなかで、なぜ沖縄民衆が生き延びることができたのか。語り手の一人である屋慶名のある男性は、米軍の上陸後、捕虜となってからの状況を次のように語っている。

……占領されたあと、配給が少ない、アメリカからの。農業できんでしょう。みんなあっちに集結されてね。具志川に。哀れしましたなぁ。あの高江洲に行った頃――。帰って来たのは、戦争の翌年の二月頃だな。その時分にやっと戻ってきて、仮のバラックを作ったわけ。……畑は等分にされたのよ。ない人もある人も、屋慶名は。等分にせんというと死によったですよ。それでちょっぴり配給があったが、ほんのわずかでね。オカユをたべとったら、転んでしまって、そのオカユがひっさがってしまってね。ひもじくなってね。……私なんぞも学校に授業が済んだら、すぐハル（畑）に行くんですよ。給料なんかは最高四〇〇円、タバコ一ボール一八〇円くらいするんですよ。その給料で米二升買えないんだね、よく生きとったなぁー、そして芋の葉っぱだけ食べてさ、よく生きとった。……シヌイ（もずく）を食べとった。夜なんかは毎日イザイグァー（夜の潮干狩り）をしに行ってね。タコグァー、小さいの、あれも面白い。こんなに大きく見えるわけ、あかく、とって家に行ったらこんなに小さい。シヌイはよく食べましたな。シヌイというのは塩づけでもいいし、酢かけてもいいし、油でいためてもおいしいですよ。ドロドロしてお腹が満ちて、満腹感、感じられるんです。もう満腹というのはあまりなくってね。あー、実によくも生きとったなぁー(60)（括弧内の補足は引用者）。

与那城村照間の一家はまた、戦中・戦後の照間において、他集落から移り住んだ避難者や捕虜に、戦前の所有地ではなく土地を割り当て分配し、農業を続けたと振り返る(61)。与那城村浜比嘉島浜部落においても土地を割り当て、避難者一〇〇余人を養うことができたという(62)。

これらの証言に何が見出されたのか。平良良昭は、金武湾闘争で語られた「生存権」が、安里清信ら世代の戦争体験に依拠するものであるとして、次のように述べている。

……「生存権」がさかんに言われるなかで憲法の生存権とは違った意味で使われている点、住民の生活原点としての生存権という意味合いにぼくは目がむいていった。……いちばん大きい点は、戦争・沖縄戦体験とのカラミがある、という気がして、いろいろな人に聞いていった。そうすると、〝この海のお陰で自分たちは沖縄戦のなかを生きぬいてこれた〟という体験と思いが多くの人びとにある。そうした共通の体験と結びついて「生存権」ということが理解されてきた。……それが「海と大地と共同の力」ということになる。「海と大地と共同の力で生存権を闘いとろう」という金武湾闘争のスローガンは、安里さんたちの原体験・生活の思想を整理したものだ(63)。

安里の追悼座談会で、金武湾を守る会の南風見剛は、安里が考え感じていたことは「国家法を軸にした人間中心の発想」である「人権や民権の領域を超えるものがある」とし、「「生存権」へのホン訳を拒否する領域をもっていた」とした(64)。

安里さんが、晩年というか、西表合宿のころから盛んに使っていたのは〝ウチナーンチュの精《シイ》〟という言葉だよね。「精《シイ》」というのは、宇宙や生態系の自然と交歓する精なんだ。〝精《シイ》を抜かれたら大変だ〟とよく使われるが。あえて翻訳すれば、〝共生感覚〟かな。訳せないな。精という字には当てているけれど、もっとイミが違う。霊力でもあるし……。こういう領域を含んだ「独立」であるし「生存」というものを内部にもっていた(65)。

安里の述べる「精」については石牟礼道子も言及していた。一九八二年に金武湾を訪れた石牟礼が目にした、金武湾の二つのＣＴＳを眼下に眺める恩納岳のふもと、金武村・伊芸区のガジュマルは実弾射撃訓練の砲弾で燃え赤茶けていた。その時石牟礼が出会った安里はパラオから帰ってきたばかりで、現地の子らは木の葉と実を大事に持っていた。パラオ現地の子らは木の実をしゃぶり木から精を貰うが、沖縄の子らはすでに貨幣で交換する加工物しか食さず、だから考え方も変わってしまう。安里はそう嘆いていたという(66)。

住民たちの生は沖縄戦中・戦後、海と大地とともにあり、自前の秩序を創造し協力し合うなかで支えられてきた。金武湾闘争後期に表出していた戦争体験世代、戦後世代の民衆の生に対する思い、特に国家の役割を相対化した「生存」思想は、裁判闘争を経ることで言語化されていった。金武湾闘争において見出された、憲法の「生存権」（ないしは漁業権を含む権利）への「翻訳不可能」な生存思想を捉えるうえで手掛かりになるのが、沖縄の戦後史における生存権や権利のもつ意味である。

本章の冒頭で述べたように、戦後の沖縄においては米軍政府及び米国民政府は軍事占領の安定維持に支障のある場合は思想・良心の自由、言論・表現の自由、結社・集会の自由を制約することもありえた。さらに、友人、親族、地域内で米軍への密告による失職、財産喪失、逮捕監禁の恐れもあった。「相互の疑心暗鬼」が増幅した米軍統治下の沖縄について、島袋純が「社会（人の繋がり合い）」が破壊され、米軍に対する抵抗も困難であったと述べているように(67)、米軍統治下の沖縄で人びとが直面した社会的連帯の困難は「共同」することの困難であり、それこそが人びとの生存を阻害するものであった。施政権返還前後の沖縄で「共同」の困難に対峙した金武湾闘争からは、自らの歩んできた歴史に基づく生存思想をいかに表現するかを模索した、その痕跡をみることができる。

＊

裁判闘争が敗北していくなか、金武湾を守る会の人びとが金武湾闘争を通じて闘いとろうとしたものが、生存や抵抗の基盤である海と大地、そして「共同の力」であった。法廷での不当な審理と訴えの却下が続き、ガルフＣＴＳでの事故が頻発する一九七〇年代末、金武湾を守る会は援農を組織し、豊漁・豊作祈願の儀礼や行事を再開する取り組みを機関誌『東海岸』や『琉球弧の住民運動』で報告していく。自らの生存の基盤である海と土地、そして「共同」することの感覚をいかに取り戻し、表現するかが問われていた。

第7章 琉球弧とミクロネシアの島々との連帯

CTS建設に伴う海や大気の汚染、CTSでの火災発生に備えた消防設備への多大な支出といったデメリットが明らかになりながらも、増設が進んだ一九七〇年代後半、金武湾闘争は新たな局面を迎えていた。地域開発としての石油産業の導入の意義が改めて問われる一方、与那城村では石油備蓄タンクが増設され続けていたが、この頃、沖縄のみならず、世界各地でエネルギー基地の増設に伴って大小の事故が頻発していた。本章ではそのような時期に金武湾闘争に関わる人びとがCTSを検証し、琉球弧やミクロネシアの島々における反開発・反軍事の抵抗運動と交差した経緯をたどる。

1　平和産業論の破綻――「負債」としてのCTS

一九七六年六月、屋良朝苗知事は平良幸市新知事の就任直前にCTSタンク建設を認可した。それ以後の金武湾闘争について、一九六八年以降、屋良の側近で副主席・副知事を務めてきた宮里松正は次のように振り返る。

……ＣＴＳの建設問題には、このように、さまざまな思いをさせられたが、結局、屋良知事の任期が満了する三日前に、埋め立て工事の完了認可申請とＣＴＳの建設許可申請を承認して、行政執行責任者としての責任を果たすことにした。……これは、屋良知事と私の最後の仕事となったが、幸い反対運動は、それから間もなく終わり、またその後は、何の問題も起こらなかった(1)。

屋良が県知事退任と連動して行ったＣＴＳタンク建設認可は、屋良県政下で芽生えていた反ＣＴＳという方針転換の結果的な「挫折」を印象づけた。沖縄県議会議長時代に反ＣＴＳの姿勢をみせていた平良幸市及びその所属政党である社会大衆党は、平良の知事就任とともに政治的争点からＣＴＳ問題を除外した。任期途中で病により倒れ、辞任した平良に代わり一九七八年一二月に自民党・西銘順治が知事就任、これと同時に沖縄県政は革新から保守へ移行した。これは新崎盛暉の表現によれば、一九七七年の参院選より全国で目立ち始めていた「地方選挙における〝革保逆転〟現象」の現れ、つまり「〝革新王国〟沖縄」における「沖縄革新の敗北」であった(2)。

金武湾を守る会結成から約五年、屋良知事による退任と竣工認可から約二年が経過していた一九七八年、金武湾を守る会は、週に一度安里清信宅で行ってきた裁判闘争その他の行動を呼びかける「拡大世話人連絡会議」から、屋慶名自治会館と照間公民館での隔週、各二時間の定例会へと組織体制の変更を呼びかけていた(3)。この時期、後景化したかにみえたＣＴＳ問題は、事故や公害という危機、地域経済の破綻、そしてそれを回避するための増設の問題というかたちで顕在化し始めるが、沖縄石油基地の誘致が、与那城村や県が求めていた離島苦の解消、財政の確保、雇用の効果を必ずしももたらさなかったとの認識が住民及び行政に関わる人びとの間で浸透していた(4)。

平安座島－宮城島間の公有水面の埋立は金武湾の潮流を停滞させた。海の自浄作用は大きく低下し沿岸部の浸食や漁場の荒廃がみられた(5)。また、タンクから原油を抜き取った後に残る石油や水、沈殿物が混合したスロップ(6)、備蓄タンクから揮発する原油のガス(7)によって海洋・大気汚染が引き起こされ、農産物への被害や住民への健康被害が問題となっていた(8)。金武湾を守る会の機関誌『東海岸』などでは、同時期の世界で頻発していた原油備蓄・輸送をめぐる事故と金武湾で常態化しつつある原油事故を関連づけ、原油タンカー大型化をもたらした国内外のエネルギー政策の問題として言及されるようになっていた。

一九七九年七月一九日(日本時間では二〇日)、カリブ海では載貨重量約二九万トンの原油タンカーが載貨重量約二一万トンの原油タンカーと衝突、二八万七千トンの原油が流出した当時最大の原油流出事故が発生し、一四日間炎上、二九人の乗組員が死亡した(9)。同時期の一九七九年六〜七月の金武湾では、設立から九年弱が経過していた平安座島の沖縄石油精製製油所のHDSユニット(重油脱硫装置)に通じる水素管が破裂し、水素ガスが漏れ出る事故が発生(10)、これは同製油所での定期修理検査実施後の事故であり、原油移送の際に原油流出事故を発生させたCTSだけでなく、石油精製工場も含めた管理の問題が浮き彫りになった(11)。

一九七九年七月二六日の与那城村議会では、与那城村が一九七六年一二月に沖縄石油基地、沖縄石油ターミナルと、翌一九七七年五月に沖縄石油精製と結んだ公害防止協定第五、六条に規定された即時の「事故の通報義務」の反故が問題になり(12)、同年八月一日の臨時議会では抗議決議が採択された(13)。だが水素ガス漏れ事故から間もない八月七日、沖縄石油精製で軽油脱硫装置での火災事故が起こった。与那城村議会議長・赤嶺正雄らは県に対し保安体制の強化を求め、県においても総務部消防防災課と商工観光部商工課が企業に対する改善命令、施設点検を行う作業を進めていた(14)。八月一〇日に開催された与那城村議会では、参考人として出席した沖縄石油精製所長D・M・スミス・ジュニアへの責任追及の後の奥田良村長の言葉は「事故のたびに抗議してきたがいっこうに改善のあとはみられない」、「会社の撤去が可能なら撤去させたい気持ちでいっぱいだ」というものだった(15)。

一九八〇年以降も沖縄ターミナルでは原油漏れ事故が発生し、タンク老朽化や防災認識の欠如が指摘された(16)。沖縄県はCTS・石油精製工場がある中城村、西原町に加え、与那城町での防災計画の不備や危機管理の欠如を指摘し(17)、一九八〇年二月二七日、石油四社（沖縄石油精製、南西石油、日本石油精製、沖縄ターミナル）代表に対し「石油コンビナート地域の防災体制の強化」を勧告した(18)。だが海に流出した原油の特定は難しく、原因究明にいたらない事故も多発していた。一九八〇年四月には、宮城島の東海岸と屋慶名海岸一帯、照間ビーチなどに相次いで廃油ボールが漂着、四月二四日には海岸線四キロにわたって廃油ボールが漂着し、養殖モズクが被害に遭った(19)。数日前まで網にはりついていたモズクは油まみれになり、根こそぎなくなったりすり切れたりしていた、との漁民らの被害が報じられた(20)。

この頃『東海岸』で指摘されていたのは、タンカー監視体制の不備と難しさであった。金武湾を守る会や与那城村議会議員らの一部はCTS住民調査団を組織し、沖縄ターミナル、沖縄石油精製への立ち入り調査を求めたがこれも拒否されていた(21)。「海洋汚染等及び海上災害の防止に関する法律」によれば油の不法投棄に対する罰則は三〇万円の罰金にすぎず、タンカーの油処理設備に投資する企業は少なかった(22)。さらに沖縄近海を航海するタンカーは一日二五隻と多く、航海中に排出された油の沿岸部への漂着は一、二か月後であるため追跡はできず、現行犯を捕らえるしか方法がないためタンカーの検挙は難しい。企業が野放しにされる一方で、海洋汚染被害者の抗議行動への警備は強化され、一九八〇年三月の海上デモの遊漁船登録をしていなかった漁民を海上保安庁は逮捕した。「汚され、生活を脅かされている者は法的にも完全に無視されている」と金武湾を守る会は訴えた(23)。

一九七九年七月には平安座－宮城島間の埋立工事に伴うヘドロ汚染に対する与勝両漁協への補償金をめぐる横領・詐欺問題も浮上した。与勝両漁協の臨時総会では一九七七年、埋立に伴うヘドロ汚染に対し一一億円の補償を要求することを決め、「泥土補償交渉委員会」を組織し沖縄三菱開発との交渉を始めていた。沖縄三菱開発は常務・宮城栄信を交渉委員長に補償業務を工事請負企業である国場組・太田建設共同企業体にまかせた。その結果、補償金は一億五千万円でまとまった。だが、交渉の裏で、沖縄三菱開発から国場組・太田建設共同企業体を通じ組合長に対する「漁民工作資金」計五〇〇万円が手渡されていた疑いが出てきた。同時期にはさらに、基地周辺整備資金と石油企業三社からの寄付金によって与那城漁協に新事務所兼大型冷凍庫が設置されていた。その際の県信用漁業協同組合連合会からの借り受けを返済するにあたり、与那城漁協は石油三社と国場組・太田建設共同企業体に寄付を要請したが、設備設置当時すでに組合長に八〇〇万円寄付していた太田建設がこれを拒否したため明らかになった(24)。同漁協に対し、組合員の漁民らも問題を訴えてきたが、横領問題が発生していたとみられる一九七七年一二月、屋慶名、照間、宮城第一支部では七一人の漁民が組合を脱退、「与那城村第一漁業」を結成し新事務所を立ち上げるという分裂の実態も暴露された(25)。

CTS関連企業からの諸税は、一九七三〜七七年度で平均すると与那城村の年間の予算額全体の三四・三%であったが、CTS企業からの関連諸税(法人税、特別とん譲与税、固定資産税、電気ガス税、特別土地保有税)収入のうち七五%が地方交付税で相殺された。また特別とん譲与税はすべて基準財政収入額として算入されるため財源とはならず、償却資産である石油タンクに対する固定資産税は耐用年数である一五年の間に減価するため、税収額維持のためには増設を免れない一方、ガルフによる沖縄石油精製への原油供給がクウェートからの国際石油資本への原油供給量削減に伴い停止し、操業が危ぶまれるなど(26)、石油業界の変化に左右される財政を与那城村は強いられることになった。このことは、一九七一年から一九八〇年までの与那城村における石油関連企業からの税の推移でも明らかであり(表1)、石油関連企業からの税収の変動を読み取ることができる(27)。

与那城村ではさらに、CTSという大規模な危険建造物を抱えることで消防設備費が増大、与勝消防一部事務組合の負担額は一九七四年の二六三三万七千円から一九七九年の一億一四〇三万七千円に増額、一九七九年の村財政総予算の五・四六%を占めるまでになった。この問題は他自治体においても共有され、石油貯蔵施設立地対策等交付金制度に該当する県内一三市町村のうち与那城村、中城村、西原村の代表らは一九七九年五月に西銘知事と会見、石油貯蔵施設の立地に経済的メリットはなく、雇用吸収力が極めて少ないことを訴え、石油貯蔵施設立地への公共有施設整備のために交付される「石油貯蔵施設立地対策等交付金制度」の期間延長を要請するにいたった(28)。CTSの設置

表1　与那城村における石油関連企業の税等の推移

（単位：円）

年　度		企　業	その他	計
1971	調定額	22,506,243	35,386,974	57,893,217
	収入済額	22,506,243	32,111,986	54,618,229
1972	調定額	141,797,427	31,560,886	173,358,313
	収入済額	141,797,427	24,157,244	165,954,671
1973	調定額	293,260,105	110,422,931	403,683,036
	収入済額	293,260,105	105,737,402	398,997,507
1974	調定額	477,130,698	98,551,380	575,682,078
	収入済額	477,130,698	72,160,753	549,291,451
1975	調定額	512,948,322	87,544,714	600,493,036
	収入済額	512,948,322	81,209,304	594,157,626
1976	調定額	705,519,181	127,846,456	833,365,456
	収入済額	705,519,181	119,041,124	824,450,305
1977	調定額	647,365,405	168,098,625	815,464,030
	収入済額	647,365,405	153,490,955	800,856,360
1978	調定額	526,122,720	191,754,087	717,876,807
	収入済額	526,122,720	174,716,709	700,839,429
1979	調定額	487,494,266	190,504,690	677,998,956
	収入済額	487,494,178	172,263,186	659,757,364
1980	調定額	662,701,801	233,070,080	895,771,881
	収入済額	662,701,801	210,754,080	873,455,881

（注）その他の税とは事業税と不動産所得税で、徴収企業は沖縄石油精製、沖縄ターミナル、沖縄石油基地の3社である。

（出典）与那城村役場企画調整課『昭和56年度版統計　よなぐすく第2号』与那城村役場、1982年、186～189頁の表147「税等の推移（石油関連企業）」をもとに作成。

と操業に伴う汚染が繰り返されるなか、CTSの積極的誘致をはかった平安座島では、油汚染により海で遊泳しづらくなったことを背景に水泳プール早期建設を要請する動きもあるなど、CTS誘致をめぐる賛否の立場や両者の間の対立に変化が生じていた[29]。

金武湾では、第二のCTSである沖縄石油基地の操業開始以前から、CTSがすでに「負債」として捉えられていた。このことは「CTSは国や企業にとっては「利益」そのものだが、市町村にとっては「疫病神」でしかない」という与那城村議員・長浜清信の発言[30]や「今からでも、できうることであればCTS基地を撤去させたい」との奥田良村長の村議会答弁[31]にもみて取ることができる。立地面積の大きさから雇用効果が期待されていたCTS・石油精製工場は装置産業のために大規模な雇用創出にはいたらず、さらに「潜在失業者」であった漁業従事者は漁場の汚染により完全失業者となった[32]。CTSの開発はさらに、金武湾を生産の場として漁を営んでいた人びとを警備員やタンク清掃人、建設労働者、浄化作業員などの賃金労働者にし、村役場職員らの役割もまた石油タンクという巨大装置の維持管理のために集約されていくなど、金武湾に生きる人びとの生が石油タンクを支える労働力として切り縮められていった。水島やスリーマイルでの事故、宮城県沖地震によるCTSタンクの崩壊と原油流出を経験した一九七〇年代を、「海や大地や人間の呪い、恨み、苦痛に呻吟する声が一日たりともやむことなく読経のように重く低く日本列島をおおっていた」と金武湾を守る会機関誌の『東海岸』記事は振り返った(33)。

2 軍事・エネルギー基地の拡張と琉球弧の島々との交流

CTSが「負債」として意識されながらも、金武湾でのCTS増設は進み、また琉球弧全体のエネルギー基地化が進んでいた。一九七九年四月三日、沖縄県知事の西銘順治は、沖縄石油精製による原油タンク四基(一基当り九万九五〇〇キロリットル、四基計三九万八千キロリットル)の増設申請を都市計画法のもとで許可、これにより沖縄県における原油貯蔵量は五社合計五一九万一四八〇キロリットルに達した(34)。さらに西銘は一九七九年六月六日の沖縄県議会でCTSの新設・増設に対する考えを問われ、屋良県政時代の五〇〇万キロリットル上限枠、通産省の調査に基づく一〇〇〇万キロリットル、二〇〇〇万キロリットルなどの上限枠にはいずれも「科学的な明確な根拠があるとは思って」いないとしたが(35)、一九八〇年一二月二四日に沖縄石油基地の原油タンク三〇基、南西石油の原油タンク二基の増設を都市計画法に基づく開発行為として許可し、これによって県内の原油備蓄量は七九七万一八〇〇キロリットルとなった。

石油備蓄タンクの建設が完了し、油入れが始まっていた一九八〇年八月以降、金武湾を守る会は金武湾ハーリーの取り組みを始める。汚染された海でサバニを漕ぐ。これは開発のためには海の汚染もやむをえない、と金武湾に生きる人びとの生を否定した金武湾開発への抗議であった(36)。金武湾を守る会の平良眞知は金武湾ハーリーの開催を次のように振り返る。

大きな盛り上がりを見せた金武湾ハーリーは照間と具志川の漁民達の間から発生した。海とのつながりの深さゆえ、それとのアシビ(37)を強く望んでいたのだろう。自ら考え出し、提唱した金武湾ハーリーには漁民らのめざましい取り組みがあった(38)。

儀礼としてのハーリーは、伝統漁船のサバニを漕ぎ、豊漁を祈る行事である。だが後に『東海岸』が「海をとりもどし、珊瑚や海藻、魚類の棲める海に浄化する闘いとして位置づけ、闘う祭典として伝統的行事としてつくりだそうとの力強い決意と住民・労働者への連帯を呼びかけた」と回顧する記事を掲載したように、金武湾闘争においてハーリーは海を浄化するための行動として位置づけ直され、岡山県の女性教員や母親らを中心に結成された「合成洗剤を追放する会」など、水に関心を寄せる個人や団体との連帯を築くものとしても取り組まれていった(39)。その取り組みでは海を知る漁民の存在が不可欠であり、漁民たち自らも海を守る行動を組織していった。

金武湾闘争の連帯のネットワークは金武湾を越え、北は奄美、南は西表にいたる琉球弧の島々にまで及んだ。奄美村枝手久島では一九七三年二月頃、東亜燃料製油所の建設計画が浮上していた(40)。東亜燃料製油所は結局進出を阻止されたが、同時期には徳之島への核燃料再処理工場立地計画「ＭＡ－Ｔ」も浮上していた。計画が発覚しすぐに反対の署名運動が始まったが、その組織化の背景には宇検村平田集落の無我利道場を拠点に海の埋立とＣＴＳ建設に抵抗し、枝手久島闘争を組織した新元博文らメンバーの力があった。新元らによる再処理工場の技術的・社会的問題を告発するパンフレット『逆流・緊急特集号』の作成・配布もあって反対運動は本格化し、徳之島内の集落の自治会や婦人会、青年団、組合が反対運動を組織し、三町の町議会で再処理工場反対決議が採択された後、鹿児島県議会では原水禁県協議会と奄美地区労が提出した陳情一〇九九号「徳之島における使用済核燃料再処理工場の反対について」

が全会一致で採択された(41)。この計画には原子力船むつの母港設置の動きも伴っており、瀬戸内町漁協や徳之島・伊仙町による全会一致の反対決議も採決された(42)。

以上のようなCTS建設計画や核燃料再処理工場建設計画のほか、琉球弧各地ではダムや米軍基地、空港や港湾施設、ゴルフ場やホテル、ビーチの建設が問題となっていた。石垣島では石垣市が企業への売却を可能にするため土地を農業振興地区指定から外したものの、開発が進まず、買い占めた土地への地代を企業が支払っていないことが地主たちからの苦情としてあがっていた(43)。また、一九七九年以降は新石垣空港建設問題も浮上したが、宮古島や小浜島、読谷村でも地域社会にとってのリゾート開発の意味が問われていた(44)。

琉球弧の島々を覆いつくす軍事資本主義に抗う人びとを支えたのはどのような言葉であったのか。島尾敏雄が提起した「ヤポネシア」論、特に「琉球弧の視点」は、施政権返還前後の沖縄において、日本への政治的統合に伴う文化の画一化の問題や、沖縄の「中央志向」に危惧をいだいていた人びとを触発し、これらの人びとが拠って立つ思想となっていた。岡本恵徳は、この「琉球弧」と「ヤポネシア」の思想が「政治と文化の硬直と画一を拒否し、人びとが自らの生きる場で、自らの価値を見出すことによって、その存在の根拠を確かなものにする思想として」読まれ、さらに「琉球弧」という概念が、「(琉球弧の島々に生きる―引用者)人びとのになう文化の同質性の自覚を呼びおこし、その島々の人びとを結びつける力を持っている」と指摘した(45)。

岡本が関わっていた取り組みの一つに「琉球弧の住民運動」がある(46)。この前身である「CTS阻止闘争を拡げる会」は、一九七六年一月の海洋博の閉会を前に、開発やそれに伴う公害に抵抗してきた琉球弧各地の住民運動を結びつける目的で、懇談会「琉球弧の住民運動」と自主講座「反公害と住民運動」を開催した。「CTS阻止闘争を拡げる会」の新崎盛暉によれば、それまで各地域における個別具体的な開発の問題に取り組む住民運動は互いの経験に学ぶところが少なく、同時代の開発の問題にある普遍性を認識できずにいた。「拡げる会」は、琉球弧の島々における観光開発や工業開発、米軍による環境汚染等に抗議する様々な住民運動団体に呼びかけ、「各地の住民運動や反公害運動がその経験を交流し合いながらそれぞれの運動の内容を豊かにし、同時にこれらの運動に対する一般民衆の認識を深めることができるような場」をつくりだそうとしていた(47)。

琉球弧各地に及んでいたエネルギー・軍事基地化、観光開発の波に対し、「琉球弧の住民運動を拡げる会」は「琉球弧住民運動交流合宿」を一九七九年八月二四日から二六日まで金武湾で、一九八〇年七月二六日から二七日まで奄美・宇検村平田で、一九八一年七月二五日から二七日まで西表島で、一九八二年八月二二日から二四日まで宮古島・与那覇前浜で、一九八三年八月二七日から二九日まで石垣島・白保で開催、一九八八年の第一〇回まで続けた(48)。琉球弧住民運動交流合宿は「国家にとって、琉球弧は昔も今も侵略基地であり、捨石と位置づけられて」いるとの問題意識を背景に、「へだての海を結びの海へ」という呼びかけとともに始まっていた。七千以上の島々からなるフィリピンの反公害運動において交わされていたこの呼びかけは、平良良昭が自主講座・公害原論の取り組みを通じて知り、琉球弧の住民運動を表すのにふさわしいということで提起したという(49)。

奄美の枝手久島では東亜燃料工業によるCTS開発への抵抗運動、西表島では観光開発や核燃料再生処理工場の建設への抵抗運動が組織されていた。これらの合宿には琉球弧の島々からの参加者が集い、現地報告や視察、討論会に加え、文化交流の場では民謡や踊りを通じて交流した。

一九七八年八月三一日から始まる「第一回九州ブロックCTS反対住民運動交流集会」には安里清信と新崎盛暉が参加したが、ここでは沖縄本島東海岸金武湾だけでなく、全国各地のCTS、LPG基地建設計画について取り上げられ、特に九州各県や琉球弧など西日本へのエネルギー基地建設計画の集中が問題であるとして議論された(50)。一九七九年の琉球弧住民運動交流合宿には反戦地主も参加、エネルギー政策と軍事の問題を結びつけた批判が提起された。金武湾を守る会結成と同じ一九七三年に組織された喜瀬武原闘争は、米海兵隊実弾砲撃演習着弾地に侵入し演習の阻止を試みたが、一九七六年には米軍演習に伴う砲弾破片で阻止団が負傷、さらに阻止行動を組織した労組員四人が刑事特別法違反で逮捕され、米軍は実弾砲撃演習を強行していた(51)。琉球弧住民運動交流合宿では喜瀬武原闘争での刑特法訴訟や被告らを支援する「刑特法被告を支える市民の会」との交流ももたれた(52)。嘉手納米軍基地爆音訴訟の問題(53)や国頭村安波のハリアー訓練場建設問題と安波区での反対運動(54)、ハリアー訓練が移された伊江島の地主契約拒否を固持する闘いと真謝部落民家への米軍による機関銃撃ち込み事件(一九八一年二月五日)(55)、恩納村への都市ゲリラ訓練施設建設問題など、米軍基地関連の事件・事故が日常にある人びとの苦悩がここで共有された(56)。同時期の沖縄で展開していた自衛隊と米軍によるフォートレス・ゲイル作戦に対する抗議声明も出された(57)。

軍事と開発に抗うなかで交流することを通じて、「日本」という政治的統合ではなく「琉球弧」という島々のつながりのなかで自らの島を認識する契機が生まれた。と同時に、国家から自らを解放する、自立/自律するということを、一人びとりが食いぶちをつくり出し生きる術を模索するという具体的な行為を通して実践していた。一九八〇年七月、枝手久闘争を展開した「反公害宇検村村民会議」は「琉球弧住民運動交流合宿」を主催、その準備のため金武湾を守る会の翁長房子は平田集落で数日間滞在した。翁長は「食糧難の時、民衆が飢をしのいだ食べ物」について区長に尋ねるが、そこで返ってきた答えが、蘇鉄の実のでんぷんを粥にした「しんがゆ(なりがゆ)」であり、芭蕉の茎を酢みそにつけたものであった。蘇鉄をどう集めるのか。誰から作り方を教わるのか。食べ物の作り方を教わりながらその土地の歴史をどう学ぶのか。民衆の生存を支えてきた食べ物を準備し、提供する過程で、土地の人びとが生きてきた経験を学び継承する(58)。海や土地という再生産の基盤が汚染されていくなかで、抵抗運動の現場で何を食べるかが問われ、それをきっかけに互いの歴史を学ぶ契機も生まれていた。

このような具体的な交流を通じて、金武湾闘争における琉球弧の軍事・開発をめぐる問題への関心が育まれた。そして金武湾闘争の運動経験は、一九七〇年代後半以降の白保における新石垣空港建設反対運動、「軍事基地を生活と生産の場へ」を掲げた一坪反戦地主の運動など施政権返還後の軍事・開発に対する抵抗運動に引き継がれた(59)。CTS開発計画が宮古諸島の多良間島に持ち込まれた一九七八年、在沖郷友会を中心に、金武湾を含む既設のCTSの事例から、石油産業の雇用効果の低さや村財政への不利益、自然破壊などの問題が指摘され、反対運動が展開した(60)。石垣市白保における空港建設反対運動が組織された時期には白保の漁民が金武湾を訪れ、「経済開発」に伴う海の汚染による魚介類の減少について知った。金武湾を守る会の漁民も白保を訪れ、自然環境の破壊でしかえられない開発は決して豊かさをもたらさないとの考えを共有した(61)。

また、金武湾闘争を経た弁護士も組織化に関わった石垣島白保の空港建設反対運動においては、金武湾闘争において培われてきた「権利」への問いが継承され、土地や海の近代的所有概念が再検討された。漁業権を含む法体制は、沖縄では様々な変遷をたどってきた(62)。一七一九年に制度化された、間切・島（シマ）ごとに地先の海を区分する「海方切」の慣行は廃藩置県後の一九〇二年に漁業法（旧日本漁業法）にとってかわり、戦時下は増産対策や資材・配給統制等を目的とした各種漁業制度が導入された。米軍統治開始後は沖縄諮詢会が組織されると同時に各地で地区水産組合が設立され、漁業が営まれるようになり、琉球政府設立後の一九五二年一〇月には、ＧＨＱ下の日本における漁業制度改革（一九四九年）のなかで制定された新漁業法に基づく漁業法（琉球漁業法）が制定されたが、米軍は訓練・演習時に広大な水面を使用し漁業活動を制限し続けてきた。一九七二年の施政権返還にあたっては、旧漁業法で免許された専用漁業権の買い上げなど、一九五二年の琉球漁業法制定によっては適用できなかった措置が実施された。戦後の混乱のなか、水産業の発展に即して変遷をたどってきた漁業制度は、特定の水面への漁業権を一部の漁協とその組合員に与えつつ、排他的権利から除外されるその他多くの人びとの埋立／漁業権放棄への反対意見を矮小化し、漁場の喪失を伴う開発行為に法的根拠を与えてきた側面がある。

抵抗運動の広がりのなかでつながった島の人びとは、エネルギー開発や観光開発などの国策に伴う環境汚染と地域の分断、そして米軍による核実験の問題に直面していた。琉球弧やミクロネシアの島々における反開発・反核の抵抗運動との交流を通じて、経済開発がアメリカや日本という帝国による収奪の問題としてあるのだという認識が深まり、そして抵抗の表現も豊かになった。

3　ミクロネシアの島々との連帯

ミクロネシアでは一九五二年から一九七五年までの間、米・英・仏による大気、水中、地下核実験が繰り返された。また一九七〇年代半ばには日商岩井によるパラオへのCTS建設計画、一九八〇年以降は日本政府による北緯一三〇度、東経一四七度地点への放射性核廃棄物の海洋投棄計画が浮上していた。これを阻止しようとグアムやパラオから反核運動団体や弁護士、市長らが来日し、日本の平和・反核運動団体や自主講座・公害原論関係者らを通じて国会請願、各地での交流会、街頭アピールなどを行った。その結果、日本の太平洋投棄計画を阻止しただけでなく、「中央」ではみえにくい「地方」の原発開発の問題を日本国内で可視化させた。

一九八〇年一〇月、グアム先住民チャモロの反核グループ「太平洋への核廃棄物投棄に反対するマリアナ同盟」の代表・デーヴィッド・ロサリオは日本政府による核廃棄物投棄に反対する国際的な連携を構築することを目的とし、広島県と長崎県、金武湾を訪れた(63)。当時の交流を記録する数少ない資料のうち世界学生キリスト教連盟（World Student Christian Federation：WSCF）の機関誌*Praxis*は、一九八〇年一〇月の北マリアナ諸島のテニアン市長、フィリップ・メンディオラと「太平洋への核廃棄物投棄に反対するマリアナ同盟」のデーヴィッド・ロサリオの来日について次のような記事を掲載している。

> 日本列島の沿岸部に隔離されて立ち並ぶ原発の危険性に対し地元の人々は抵抗してきた。しかし、原発から離れて暮らす大多数の人々は直接的な危険を感じることもなければ、また真剣に考えることもない。なぜならこれらの原発は都市の日常生活からは目に見えないからだ。しかし太平洋の人々の声は多くの日本人の心を打った。核廃棄物投棄に抵抗する運動はまだ小さいが、それは日本で新たな局面を開いた(64)。

そして、琉球弧の住民運動のパラオとの交流も始まった。一九八一年、パラオで自治政府が発足し、非核条項を含む新憲法草案が作成されている間、アメリカ合衆国の核兵器持ち込みに抵抗する人びとが日本を訪れ反核運動団体と交流した。そして一九八一年一月二二日〜二月二日には金武湾を守る会の安里清信や弁護士の照屋寛徳、奄美・枝手久島「反公害宇検村村民会議」青年部の新元博文、三里塚の前田俊彦、そして自主講座の荒川俊児と大川宝作が通訳・案内役に加わり、パラオ、グアムを訪問、パラオの自治政府の設立の祝典に参加、日本政府による核廃棄物投棄に対し抵抗する人びとと交流した(65)。この旅の目的は、琉球弧の住民運動がパラオやグアムの人びととの交流を通じてエネルギー開発と軍事化の問題を学び、核廃棄物の海洋投棄阻止のために互いに連携することであった。同時期の『土の声・民の声』や、荒川俊児らが組織していた「富山化学の公害輸出をやめさせる実行委員会」が一九七四年に創刊した『月報公害を逃すな』(66)ではパラオにおける非核憲法制定の動きについての報告が続いた(67)。太平洋における非核運動が日本国内で高まる核に抵抗する動きと連動し、太平洋の島々が直面する問題が琉球弧の島々にも伝えられた。また金武湾においても、島々を「孤立」した「狭小」なものであるとする見方への批判的視座が培われ、太平洋諸島における反核や自治を求める動きへの関心が高まっていた。

このことは、後にエペリ・ハウオファが提示したことと通底する。島々に生きる人びととの世界－宇宙を構成しているのは「土地の面積」ではなく、「横断し利用できる範囲の海、炎を統べ大地を揺るがすものたちが宿る地下世界、海を渡る民衆が航路の導き手として頼る力強い神々、星々や星座が積み重なる頭上の天」であった。太平洋は「遠くの海にある島々（islands in a far sea）」ではなく、「島々の海（a sea of islands）」なのである(68)。人びとの自立／自律した生存のあり方が世界各地で同時代的に見出され、またそれを表現する言葉も模索されていた。

一九八一年六月から七月にかけて、金武湾にはパラオからの女性代表団が訪れていた。六月一七日から一九日まで開催されていた「被ばく三六周年原水禁沖縄大会」に参加したパラオの女性代表団は、六月二〇日から七月二日の間

「沖縄・水俣の旅」に参加し、琉球弧の住民運動を拡げる会や金武湾を守る会と交流した(69)。二一日の夜に開かれた「歓迎アシビ」を振り返る安里清信は、次のように述べている。

> 沖縄の歌、踊り、三味線文化は、戦前抑圧され、戦時中に消滅し、戦後焦土の中から六斤缶三味線から甦った。文化は平和の証、不滅なもの。戦争や開発に抗する武器。それを歓迎アシビとした(70)。

戦時期に抑圧され、戦後あふれるように表出した人間の「文化的な力」が、住民による歌や踊りなどの創造的な抵抗として再び表現された。そして弾圧のなかでも文化が生きながらえてきた。安里はこのことをパラオの女性たちに伝えようとした。「招く会」の女性たちはパラオの女性たちを南部戦跡や金武湾CTSに案内したが、その過程でパラオ女性のうち一人の父は沖縄人で、ペリリュー島やアラカベサンでの戦時体験をもつことを知った。戦時体験の共有を通じて、軍事と開発が地域を越えて民衆の生を脅かし、同時に民衆の生存思想もまた越境して連なることに気づく旅となった(71)。

＊

一九七〇年代後半、既設の沖縄ターミナルCTSでは事故が頻発し、石油産業誘致の結果、与那城村の村財政は逼迫していた。金武湾を守る会は金武湾の浄化に向けた取り組みを始め、地域の儀礼や行事を再開させ、海や土地と直接関わることで住民同士のつながりを再構築するという新たな闘争の形を見出していった。そして金武湾闘争は琉球弧やミクロネシアの島々における反核・反開発・反軍事の抵抗運動との出会いを通じて、世界各地で拡張を続ける石油産業誘致政策に対する検証と批判を深化させていった。

第8章　金武湾闘争が模索した「共同の力」

一九七〇年代後半以降、石油備蓄タンクが増設され、事故も頻発するなか、長期に及ぶ運動を離れていく人たちも出てきた。誘致派との対立だけではなく運動体内部での対立や分断を経験するこの時期の金武湾闘争においては、地域での自治運動の展開と同時に、琉球弧、パラオ、グアムにおける反開発・反核の抵抗運動との連帯行動が組織されていた。この動きに伴い、運動の主体を構成するものとしての「共同体」が問われ、開発に抗う「共同の力」を模索する動きが繰り広げられていく。

1　抵抗運動をつなぐ連帯の言葉

私たちの様に海とともに生きている者には海は生存の母です。とりわけ太平洋は、私たちマリアナの住民・漁民にとっては、また沖縄及び琉球弧の島々の住民・漁民にとっては、子供たち、そのまた子供たち、子々孫々、永遠の生存場であり、生活の場であります。そのことは、多くの日本の民衆、太平洋をとりまく多くの国々の民衆にとってもそうなのです。……いうまでもなく私たちは、日本の民衆に犠牲を強いる国内処理を勧めるものではありません。私たちの真意は、日本政府の行為によって、太平洋と、私たち民衆がモルモットの様に危険な実験台にされ、犠牲を強要されることをきっぱり拒否するということです。誰にとっても危険極まりなく、処理しようにも不可能な大量の毒物を吐き出し続ける原発推進政策を中止すべきことを申し上げるのです。太平洋は日本政府のものではありません。世界のどの国のものでもありません。太平洋を核のゴミ捨て場にすることは、いかなる国、いかなる政府といえども許されません。投棄計画B地点に対して、ほぼ同距離に位置するマリアナ諸島と、琉球弧・沖縄に住む私たちは、ここに共同の意志を表明するとともに、日本政府に対して、核廃棄物投棄計画の断念を要求します(1)。

ここに引用したのは、一九八〇年に来沖したマリアナ同盟と金武湾を守る会による「放射性廃棄物の海洋投棄に反対する共同声明」の一部である。先述したように、琉球弧の住民運動の交流には、それぞれの島が直面していた開発の問題の「普遍性」を明らかにし、そうすることで世論に訴えるという目的もあった。金武湾を守る会とマリアナ同盟の交流においても、引用した声明が示しているように、海で結ばれた島の人びとが、生存のために等しく海を必要としているのだと表明された。当時、核廃棄物の海洋投棄に対しては、投棄地点周辺の島々から「日本のゴミは日本で始末しろ」というような批判ももちろんあがっていた(2)。一見すると、原発の問題そのものの危険性を不問に付すともいえるこのような主張も、日本政府の国益追求に対する抗議としてあったことを忘れてはならない。だがこういった様々な声が交錯するなか、マリアナ同盟と金武湾を守る会は自らの島の安全を確保するために投棄地点を移動させればよいという論理によってではなく、大量の核廃棄物の処理を不断に必要とし、すべての民衆を危険にさらす原子力発電所の開発そのものを阻止すべきであると訴える立場を選び取った。

パラオ女性代表団の「沖縄・水俣の旅」の実現に取り組んだ金武湾を守る会の前川美知代は次のような記述を残し

た。

ベラウの婦人を招くというこころみは、この闘いの海から出てきたと思う。この海をベラウの教訓として生かしてほしいということと、小さな島が独立に向おうという気概というか、それに対する共感、やっぱり、島同士、他人じゃないという――海のもっている意味というのは大きいと思うな。人と人と、見知らぬ人間たちを、そういう近づけ方をさせるという力をもっているから。金武湾の場合、水俣が大きな教訓になっていて、そこから始まったといってもいい。……金武湾をベラウとか、太平洋とか世界に向う海のトバ口にしていこうという世界性、闘いの新らしさ、思想的営み、これはCTSの既成事実との格闘の中で生れたものだから、一個の人間の思想に限定されるはずはなく、このたたかいを闘ってきたみんなのものなんだ。安里さんがベラウに行こうと思い立つのは、彼の個人的な動きじゃなくて、みんなの中に生れた旅への発心だったと思う。その発心というのは、今の沖縄の一つの節目を表している。旅をすること、学ぶこと、闘いにはこれがないと「発見」がなく面白くない(3)。

屋慶名の住民をはじめ金武湾闘争に関わる多くの人びとに慕われ、運動を支える存在としてあったのが安里清信である。だが前川が指摘するように、安里自身も強調していたのが彼の発する言葉が彼一人の考えでなく、戦後の沖縄を生き抜いてきた人びとと関わり活動するなかで生まれてきた言葉であるということだ(4)。金武湾闘争はその始まりから「住民一人ひとりが代表」であるという主張を掲げてきたが、ここでも前川は、海を媒介にパラオの人びととつながろうという意志が、金武湾闘争に関わるすべての人びとの思想として生まれてきたのだとしている。さらにこれは、第3章でふれたような安里清信という人の「生き直し」の過程における言葉や実践をきっかけとする「他者」との出会いが、戦争を経験していない世代の人びとにも開かれたということを示唆している。つまり「戦争体験」も

「生き直し」をする人びとの言葉や行動を通じて次の世代へと継承されていく。

金武湾を守る会を担う人びとが自らの離散経験について語るようになったのは、琉球弧の島々や自主講座のパラオ、グアムとの交流を始めたその時期であった。第1章でも述べたように、与那城村屋慶名は住民の半数以上がサイパンやテニアンからの引揚げであり、その多くの人たちが戦時中にそれらの島で家族を失っていた(5)。これについては安里清信も言及しており、屋慶名では安里のように中国北部に行く者が珍しいほど旧南洋群島に移民するものが大多数であった。若い男性は就業機会を求めて「一度は南洋に行ってくるというのが当時の一般の考え方」であった(6)。しかし戦争に遭って命を落としたものも少なくなく、そのような離散経験が「反CTS闘争の根っこ」となった(7)。たとえば金武湾を守る会の名波松吉は、戦前に測量技術者として南洋に渡っているが、第二次世界大戦中に妻を亡くし、生き残った子らを胸と背中に抱き南洋から帰還した。金武湾を守る会行動の際、機動隊に対峙するなかで琉歌を詠い住民を鼓舞した大城フミは、一九二六年、わずか六歳の時に旧南洋群島のパラオ諸島のアンガウルに渡り、一九三〇年に屋慶名に戻って尋常小学校六年生まで学んだ後、再び旧南洋群島に移住している。一九三七年からは大阪天満紡績で働き一九四〇年に結婚、第一子をもうけるが、直後に夫は中国北部に出征しそれきり戻ってこなかった。これらの苦しみこそが、反CTS闘争を闘う核になっていると安里はいう。金武湾を守る会・世話人の崎原盛秀もまた西原村出身でありながら、一九四三〜四七年に父方の叔父夫婦の養子として大阪で生活したが、この間、闇で牛肉を売っただけの理由で養父が投獄され獄死している。わずか一一歳の頃に直面した出来事が、帰郷した戦後の沖縄での権力に対する反発を芽生えさせたと崎原は語る(8)。

しかし離散経験は後の運動の原動力になる悔恨や苦悩をもたらしただけではなく、沖縄の経験を世界につなげる視座を生む経験にもなった。生存思想を金武湾周辺での戦時経験のみに依拠させず、近代において自らが離散させられた東アジア、東南アジア、太平洋諸島における民衆経験と結びつけることで、グローバルな軍事化や経済開発に対する抵抗運動の思想を深化させようとしていた。

生存権を楯にして生きようとする人間が、殺しあい、果しあいで自分の考えを外からおしつけようとするのでは矛盾するでしょう。人類が消滅してしまっては世界革命どころじゃないですよ。人類がいかに生きていくかということを、この金武湾から考えていく。そういうところから「ウチナー世」をつくっていく。だから「ウチナー世」といっても、それはけっして排他的なものじゃないんです(9)。

二〇万の犠牲者を背負って、体験のなかから世界を見ぬいて、世界に呼びかけていく責任を、いま沖縄人が問われている(10)。

離散を繰り返し経験してきた人びとが、開発によって再び「難民」となることを拒む——これが金武湾闘争の一つの側面であった。このことはまた、近現代の沖縄において移動・越境経験を繰り返してきた人びとが沖縄の戦後史・社会運動史を形成してきたということでもある。さらにいえば、戦後の沖縄における抵抗運動は沖縄という場所において組織され培われた運動であったと同時に、近現代における世界各地での民衆経験と接続可能なものであることに気づく。

一九七〇年代後半以降の金武湾闘争の広がりにはこのような可能性を見出せる一方、当時、連帯という具体的な行動を通じて「国益」や「国防」の言説に抵抗する動きに新たな課題を指摘する声もあった。金武湾を守る会の天願尚吉は『琉球弧の住民運動』に次のような文章を寄せていた。

三人の旅は、パラオの独立への好奇心的旅ではない。又思いつきの旅でもないはずである。住民運動の強化と守る会運動の理論形成の上に何かを模索するための旅のような気がする。……守る会の運動は今どういう方向に進もうとしているのか、今までの運動で何がつくられていったのか、ちょっと立ち止まって考えてみる時期に来ていると思う。パラオとの連帯を機に身近なキセンバルの住民との真の連帯も忘れてはならない課題である。斗いの原点に立ち帰り、沖縄ＣＴＳのかかえている重大な意味を身近な沖縄人《ウチナーンチュ》に再び広く語り歩く運動をやらねばならぬだろう。……金武湾の斗いは世界的課題を担っているが、一歩一歩住民と語り合う斗いのなかから、その課題も達成できる、と考えている今日このごろである(11)。

ここでは、パラオへの旅が金武湾闘争を切り開くための契機であるとしながら、金武湾の汚染という問題を身近な人びとにどう訴えていくべきかという課題が示唆されている。開発を推し進め、あるいは黙認する「沖縄」に対する住民自らの言葉での問いかけは、金武湾闘争においては琉歌を通じて表現されていた。一九七五年五月二一日、屋良の埋立竣工認可をめぐる決断の時期が迫るなか、金武湾を守る会は海中道路入口での集会を行い、三菱に対する抗議行動へと向かった。途中、機動隊によって行く手を阻まれた金武湾を守る会の大城フミは、「体は女だからあまり動かせない」と次の歌を即興で詠み、隣にいた女性たちと歌った(12)。

巡査小ぬくれぬ　権利ふいまわち　夜や犬なやい　女さぐて
(巡査程度の身分で権力を振りかざしているが、夜は犬になって女漁りか)(13)

機動隊と対峙するなか、警官による女性暴行事件を思い出しながら詠んだこの歌について、大城は、金武湾を守る会の仲間には警察として働く子を持つ親たちもいて、詠んだあと苦しく眠れない夜を過ごしたと語る(14)。それでも安里清信に歌うことを勧められ、大城は琉歌を詠み続けた。大城の歌を振り返るなかで、安里は「なんとなく悲愴感が出てきたときに、昔からあった意識が爆発したんですね。大城さんが歌で機動隊をシュンとさせた。歌で攻撃するというのは最高の表現ですね。カチャーシーを踊る時の気持と同じじゃなかろうか」と語ったように、国策と対峙するなかで、歌は時に圧倒的な力の差を逆転する力を持った(15)。

互に肝あわち　油断どぅんするな　後や明る世に　成さなうちゅみ
(互いに心を合わせて油断してはならない。いずれは明るい世にしないでおくものか)

銭金に迷ゆて　誰がしちゃがCTS　世間うまんちゅ　くちさしみて
(金ばかりに目がくらんで誰がしたのかCTSに、多くの人びとに辛い思いをさせて)

わみや年寄やい　ちゃならわんしむん　たんで情あて　子孫守ら
(私は年寄りだからどうなってもいいが、どうか共に愛情をもって子孫たちは守っていこう)

公害(どく)ぬ来ぬえまや　むぬしわんねらん　このちわになとて　思ぬくちさ!
(公害が来る前は何の心配もなかったが、今ときたらなんと心苦しいことよ!)

公害ぬねん世々ど　我願やびる　わが遺言とむて　聞ちゃいたぼり
(公害のない世を私は願います。私の遺言と思って聞いてください)

悪欲(あくゆ)くゆすりば　罪縄(ちみなわ)にかかる　誠するひとに　弓矢たちゆみ
(悪いことをする人は罪縄にかかるけど、正しいことをする人には矢を放っても矢は立たない)(16)

村や県、警察や機動隊、誘致派の圧力に対峙することを余儀なくされた金武湾を守る会の住民たちにとって、女性たちが即興で詠んだ琉歌は抵抗の武器となっていた。大城の歌を通じて「皆が自然に歌、踊りというものを内面にもっている」と気づいたことから、守る会では「闘争小屋を壊して自治会館を作るときも、みんな舞台からさきに作った」と安里は振り返る(17)。選挙で敗れたCTS誘致派区長及び書記との事務委託契約を与那城村は継続したが、反対派住民らは自ら多めに区費を募り反対派区長を擁立していた。砂糖きび搬入の際には通常、区長が農業協同組合連合会から札を受け取り搬入日を割り当てられるが、反対派区長を擁立した住民らは直接農連と交渉し、事務手続きの費用も反対派住民の区費から支払っていた(18)。その区が中心となりチクラマチ（棒術）や村芝居、ハーリー、綱引き、浜御願(19)、ウスデークやクシユッキーなどの祭事を再開させた。

そのうちの「クシユッキー」は、「骨折り仕事の後に腰を休める（クシユックイ）」を意味し、農作業後の祝祭の集いにおいて豊作を祝い、祈るものだが(20)、金武湾闘争においてそれは住民の石油産業への抵抗を表し、また農業を通じた共同体の自立／自律への希望をも反映していた。国策として政府が主導する金武湾開発は帝国的な経済侵略の再現であり、また沖縄戦の延長にある問題であった。だからこそ地域を繰り返し分断する力に対し、共同体のつながりを深める祭事や儀礼の再開こそが地域に生きる人びとの蜂起と抵抗の契機を生み出すものとなっていったのである(21)。

金武湾を守る会はさらに、県庁行動や裁判傍聴のため那覇に出向く屋慶名や照間の農民を支援し、農作業における相互扶助、労農連帯を促す目的で中部地区労に援農への協力を申し入れた。一九八〇年二月以降、積極的にこれを組織した中部地区労の組合員は教職員組合員や他の支援者とともに割り当てられた畑に入り、砂糖きび刈り出しの作業を手伝った(22)。また東海岸の漁民同士の間での生産を通じた交流も生まれていた。当時具志川市には造船所建設計画があったことから、具志川市漁協組合は法人格ではない任意組合として位置づけられていたが、具志川市漁協組合の一〇人前後の漁民らは、照間漁民らとともに潜水服を着て乗船し、海に潜り、養殖もずくの技術を教えた。成育状況の確認のため具志川の漁民たちは自ら船を出し見回り、手入れ作業を行った。一方の照間の漁民は具志川の漁民たちに、定置網、マス網の漁法を教えた(23)。

また、労働者と農民との交流を促し闘争に参加する農民を支えた援農を、金武湾を守る会は、「ユイ」の概念で表現していた。「ユイ」は、地域共同体の結束とそれにとって可能となる共同作業を意味する。安良城盛昭によれば一八世紀以降の沖縄におけるユイの慣行は、「個々の農家が、一農家だけでは孤立して生産と生活を維持できない、そういう生産力の段階に現れる、労働・生産のあり方」であり、「農耕労働のうち一家族では賄いきれない部分を補充しあう」ものとしてあったが、消滅の過程にある習慣であった(24)。人びとは「ユイ組」または「エー組」を作り、共に農作業に励んだ(25)。このユイ、あるいはユイマールとは、「一軒の農家をこえた複数の農家が、共同で農作業もしくは家づくりなどの労働をする」という意味を持っていた(26)。

金武湾闘争における文化実践には、共同体の「繁栄」や「自治」を願う人びとの思いが反映されていた。金武湾開発計画が浮上して以来、与那城村屋慶名では、金武湾開発に対する賛成・反対意見で地域が対立し、年中行事である屋慶名綱引きが中止となっていたが、開発に反対する住民を中心に、屋慶名区では「屋慶名自治運動」が始まり、豊作や共同体の繁栄を願う綱引きが再開された。『東海岸』では屋慶名大綱引きの写真が表紙を飾り、綱を引く男たちと東西に分かれて掛け合い歌を歌う女たちの様子が描かれている(27)。

2　「地域主義」や「コモンズ」をめぐる対話が提起する近代への問い

一九八〇年前後の金武湾闘争における「共同性」を模索する動きは、玉野井芳郎やイヴァン・イリイチの「地域主義」や「コモンズ」をめぐる議論と重なり合いながら展開した。「地域主義」という概念を通じて「国家と市場に対処する地域の自立・自治の具体的な現場」の構築を試みていた玉野井は(28)、一九七八年に沖縄国際大学に着任、「経済学の研究を、商品化されざる労働や生産物を含むもっと広い領野のうちに位置づけ」直し、「経済を社会のうちに再び埋め込むこと」の可能性を模索していた(29)。そして一九七八年七月に「地域主義集談会」が発足(30)、一九七九年六月に那覇市ゆうな荘で開催された地域主義研究集談会には安里清信も講師として参加した(31)。地域主義を語ることの意義について、玉野井は次のように語っていた。

近代は〈地域〉の生命力を枯渇させ、公権力のたんなる行政区分におとしめるかたわら、〈国家〉や〈市場〉に自己増殖機構を具備させ、〈近代国家〉や〈市場社会〉として人びとの管理と支配にあたらせてきた。〈地域〉よりも〈国家〉や〈市場〉のほうが活きているかのような仮象をおびているのも、このような時代の反映にほかならない。とはいえ、近代においても自立した〈地域〉の再建をめざす地域主義が、消えてしまったわけではない。むしろ、〈国家〉や〈市場〉の支配力が強化されればされるほど、〈地域〉がおとろえ、そのぶんだけ地域主義を求める声は高まってゆく。かくして、地域主義は近代以前の過去をふりかえり、近代以後の未来をみとおす、という不可分の属性をもっている(32)。

玉野井は沖縄で開発に抗う住民運動を知り、地域共同体にとっての開発＝近代化の問題もまた鮮明になっていった。そこで玉野井が出会ったのはイヴァン・イリイチであった。イリイチは一九八〇年一二月、玉野井らの「平和をつくる沖縄百人委員会」に招かれ来沖、金武湾を守る会の招きと宇井純の案内で金武湾現地と安里清信宅を訪れていた際に二人は面会する。イリイチは一九八〇年一二月二五日に与那城村役場を訪問、それは与那城村長・奥田良正光が第二期タンク設計申請を認可した日であった(33)。

一九八二年四月に再来日したイリイチは、玉野井と対談、「労働力の商品化」の問題や「コモンズ」が持つ意味について議論した[34]。イリイチによれば、「土地囲い込み」によって「農民は外に追い出され、かつては入会的なものであった牧草地が、経済的生産の「リソース（資源）」へと転化」し、「入会の崩壊、破壊」がもたらされた[35]。イリイチはコモンズの問題を金武湾闘争に重ね次のように語っている。

> ああ、沖縄で会った安里清信さん（金武湾を守る会の代表、石油備蓄基地に反対）のことが思い出されます。この方にとってみれば、魚やモズクを採って生活、生存しているわけですが、美しい金武湾の入会権が三菱資本によって破壊されようと、多国籍企業によって破壊されようと、あるいはまた社会主義国になって国有企業によって破壊されようと、何の違いもないのです。問題なのは、どちらの場合も、入会権と呼ばれる「コモンズ」が完全に破壊されるということなのです。「コモンズ」を生産「資源」に転化するということは、地域共同体《コミュニティ》および地域共同体と環境の関係、を再定義するということになります。……慣習法によって「コモンズ」は環境を使用する上での大切な価値を保護してきています。だが、「コモンズ」が生産上の「資源」に転化されることによって、コミュニティは「希少性」のもとで存在する個人の集合、というふうに定義されることになります[36]。

資本蓄積の深化、資本主義の発展に伴う「コモンズ」を破壊する土地の囲い込みは、市場価値のある「希少性」を有する個人の集合へと共同体を変えた「労働力の商品化」にほかならず、これこそ玉野井が批判した近代化の問題であり、金武湾闘争が指摘した「開発」の問題であった。一九八二年九月に玉野井は栗原彬とイリイチの *Shadow Work*（1981）を翻訳、「解説」[37]では、イリイチの師であり、玉野井自らも翻訳したカール・ポランニーの『人間の経済』を参照し、「近代化」の問題を「原則として人間同士の社会関係、すなわち地域のコミュニティのなかに埋まっているもの」であるはずの「人間の経済」が、「市場経済として社会から「離床（disembed）」」し、むしろ「経済システムのなかに人間社会が埋没するという状態」と表した。そのうえで課題となるのが「市場経済を社会のなかへふたたび埋め込む（reembed）」という作業」であった。

一九八〇年前後の玉野井やイリイチの「地域主義」や「コモンズ」をめぐる対話は、同時代の沖縄における「土地の囲い込み」と「労働力の商品化」のどのような問題提起へとつながっていったのか。玉野井の「地域主義」に対し、新崎盛暉は「地域（住民）の立場からする反戦反基地闘争の理論や思想」としての実践性が問われていると指摘していた(38)。新崎の文章は機関紙『東海岸』にも掲載され、玉野井の主催する地域主義集談会に参加した金武湾を守る会関係者も「ここにもあそこにも意識ある人びとは沢山いるのにこれが即、力になりきれないのはなぜだろうと会場の拍手の中でふと思った」と振り返っている(39)。一九七〇年代後半の保守県政下においてＣＴＳ増設や自衛隊配備が進行するなかで現れた玉野井の「地域主義」は、果たして人びとを運動に向かわせる思想でありえるのか、新崎が問うたのはそのことであった(40)。

しかし、沖縄の受け手が玉野井の議論をくみ取れていただろうかという問い直しとともに、「地域主義」はエコロジーの問題提起へと派生し、また沖縄戦後史という歴史研究においても引き継がれていく。その後玉野井は一九八五年に沖縄を離れ逝去したが、一九九〇年、玉野井を追悼する座談会が『新沖縄文学』で特集された。座談会では春日直樹がエスニシティ運動におけるエコロジーの欠如を指摘したのに対し、伊藤るりはそれが「発展途上国のエスニシティに特徴的な問題」であり、一方の「先進諸国の場合、エコロジーは、テクノクラティックなエコロジズムへ行き着く可能性もある」と指摘、これは第4章で言及した、県職労が導入した政策科学研究所による「沖縄県土地利用基本計画」の視点にある帝国を不問にしてきたエコロジーの問題に重なる(41)。玉野井に学んだ屋嘉比収はさらに、同誌の「玉野井芳郎と沖縄」特集で次のように述べている。

……市場経済の歯止めない拡張である産業主義体制の「近代化」に対し、先生の地域主義の思想には理論的側面において批判的視座がある。その「近代化」を批判し、相対化するという考え方は、沖縄の戦後史において

「同化」に対する「異化」という重要な思想が存在するわけですが、それとは位相を異にした新たな視点を提起したと言えるのではないでしょうか。施政権返還後の経済開発主義に対して、理論的に批判的な視座をはじめて提起された意味は大きいように思われます(42)。

このように屋嘉比は、玉野井による「施政権返還後の経済開発主義」の指摘を評価していた。そして後に屋嘉比は戦後の宜野湾村と宜野座村の高度成長の物語を批判的に検証する試みを展開していく。

3　金武湾闘争を経た一人びとりの取り組み

これらの「地域主義」や「コモンズ」をめぐる議論と運動の側からの応答を概観すると、金武湾闘争における「共同」をめぐる語りが意味するのは、施政権返還後の沖縄における「共同体」の揺らぎであったといえる。抵抗運動の基盤としての「共同性」を「沖縄」に依拠しうるのか否か、近代化に抗いつつも「個」を尊重する「共同の力」をどう提示するかが闘争において問われていたことを示している。

新崎盛暉は、金武湾を守る会結成の一九七三年に奄美で「枝手久の反ＣＴＳ村民会議」が組織され、そして集団就職した人たちが東京で「ゆうなの会」、大阪で「がじゅまるの会」を結成したことにふれ、「それまではすべて本土並みを求めて、本土の中に沖縄が埋没するかたちで復帰運動などが進んできていたのが、沖縄とのつながりを再確認しながら大和社会にウチナーユーを作ろうという声がでてくる」動きとして見ていた(43)。繰り返しになるが、当時の沖縄には開発によって持ち込まれた利害関係に基づく住民間の対立がはびこっていた。運動で語られた「海と大地と共同の力」は、それを失いつつあるがゆえに発せられた希望のようなものであり、「つながりあい」をどのようにつくり直していけるかが金武湾闘争の課題の一つでもあった。であるならば、新崎が言及した「ウチナーユー」にどのような可能性が見出せるだろうか。在日米軍の過重負担という構造的差別の問題にのみ還元されない、戦争や軍隊、資本にも抗う思想として、「ウチナーユー」を描き出すことは可能だろうか。

一九八〇年前後の沖縄では、保守県政への移行に伴いタンク増設が進み、タンクへの油入れも始まっていた。一九八二年一〇月には闘病中であった守る会の世話人・安里清信が逝去し、約一年後の一九八三年九月には一九七三年以降の一〇年に及ぶ闘争を振り返る文章が『東海岸』第三五号に掲載されて終刊を迎えた。金武湾を守る会に集まった若い世代が安里を追悼しながら思い起こしていたのは、「住民運動というのは、そこに住んで生活文化行事などを営む中においてその地で生きていかなければならない人びとがいかに物事の価値判断をし、いかに自己のもつ力を出して戦うかにある」という安里の言葉であった(44)。政府や県ではなく地域で生きる「一人ひとり」こそが共同体を守り治める当事者であるとの認識を深めたのが金武湾闘争であった。

そして金武湾闘争を経験した人びとは一九七〇年代後半以降、各地での取り組みを始め、反開発・反軍事の住民運動に関わるなかで金武湾闘争の経験を引き継いでいった。たとえば宮城節子は、一九六〇年代後半に上京、べ平連を通じて反戦GI支援、三里塚闘争や在京の沖縄出身青年たちが集う「ゆうなの会」に出会う。これを通じて宮城は金武湾闘争を知り、一九七八年の帰沖を機に金武湾を守る会の活動に参加するようになった。あくまで抵抗の主体である住民を支援する側としての態度を貫いたという宮城は、浜辺で集会が催された際に離れた場所に集まる青年たちの「地元の問題について、（誰にも指図されず）自分たちで意見を言いたい」という愚痴を耳にし(45)、これがきっかけで「イモの会」を作ったという。

この人たちにとって、金武湾闘争というのはあまり咀嚼されていないというのかな。噛み砕いてのみこまれていない状態だよね、ということで、ある日女たちで集まって話しているときに、昔は何かが起きてもみんなで吟味して対処していこうとする場があったはずだよね、そういう場をだんだん失っていったんじゃないかねって。

だったら今から私たちがやれることとして、場を創ろう、ということになったわけ。仕事あがりに寄って、酒飲んだり三線ひいたりゆんたくして家帰るという場づくりしよう、という話からはじまったのが「イモの会」という会になっていくんだけどさ。……それが発展していって、最終的には「イモの会－ゆうな農場」というのをつくったの(46)。

金武湾闘争後期である一九八〇年前後、金武湾を守る会はCTS・石油精製工場の誘致によって汚染された金武湾の浄化と再生をめざしていたが、それと並行して、金武湾闘争に関わった人びとの一部は、海中道路の建設及び平安座－宮城島間の埋立に伴う潮流の変化により歩いて渡島できなくなったために放置されていた藪地島へ船で渡ってイモを植える藪地島「再生」のための取り組みを始めていた。さらに、金武湾闘争が地元の青年たちに「あまり咀嚼されていない」「噛み砕いて飲み込まれていない状態」であるとの気づきから、日頃から皆で集まり語り合い、特に女性たちが語り合い、「吟味して対処」するための場づくりを始めていた(47)。「共同」を再構築するための様々な模索がなされていたのである。

この動きと重なるのが、金武湾闘争関係者を含む個々人の沖縄島北部の集落への移動とむらづくり、共同農場の経営ともう一つの「イモの会」の結成であった。一九六八年の主席公選に際してアンガー高等弁務官は、基地の即時無条件返還を掲げた屋良朝苗が当選すれば、昔のようなイモを食べ裸足で歩く生活に戻ると主張、屋良の対立候補であった西銘順治もこの意見を掲げていた。平良良昭によれば、会結成にはイモが「貧困と過去のシンボル」とされてきたことを批判し、「日常を食生活のレベルから自立的なものに変革する」ために「イモを主食の一部として」「食生活に復権させせよう」という意図があった(48)。昔から沖縄で食されてきたイモを再び生活に取り入れることで、自分たちが「生きていく上での尊厳」である「自立的な足場」ができるんじゃないか、「もっと良く闘えるんじゃないか」という思いがあった(49)。

「共同性」の模索はこのように、一人びとりの生活や闘いのあり方を問い、また他者とのつながりを求めるかたちでなされていた。だがそれは困難な取り組みの始まりでもあった。守る会の事務局的な活動を担った平良良昭は県庁職員であったが、転勤命令をうけたことをきっかけに、「地域の青年たちと共に仕事を作り出」し、かつ「農業を通じて青年たちの生活・生産にコミット」したいとの思いから農業を始めた。「農民になったということ自体が無謀な選択だった」、それでも、「もがきながらとにかく農業から離れずに来た」という平良は、「自分を含めた青年層がそう簡単に農民になれるわけでもない、漁民になれるわけでもない。そういう状況のなかで、やっぱりやむなく土建業だとか自分の気持ちにあまりピタッと来ない仕事でも選択して行かざるを得ないというようなそういう状況がある」、「そういうなかで一つの答えを出そうとした、それが僕にとってのイモの会だった」と振り返る。平良は金武湾闘争に取り組んだ青年たちの苦労を次のように語る。

おじー、おばーたちは、人生はほぼ卒業に近い。つまり家庭の経済的な担い手というところから卒業しつつあったわけよね。あまり世間にはばかることなくものが言える、もうそろそろ本音を言わなきゃという気持ちと、気概を表に出せるという年代である、と。青年たちは皆それぞれに飯を食うということと、闘いということとの間にある難しさで苦しんでいるんだよ。仕事しようとしたら、誘致派が牛耳っている土建業、そういうところでしか就職口がない。闘争でがんばるほど仕事はみつからない、前面に立ちたいけど立てない、立てばこういう問題が出てくる、仕事上の問題が出てくる。そういう事情は多分、後半にかなりあったと思う。だから青年層はそういう住民運動で前面に立ちがんばるというのは非常に難しかった。何人かの個人が、何とか持続的にがんばるということだったと思うんだよね(50)。

「飯を食うということと、闘いということ」との二者択一を迫られる問題は、平良のものだけではなかった。特に一九七〇年代後半になると、原告漁民の間でも運動から距離を置かざるをえなくなった人びとなど闘争を離れていく人たちも出てきた(51)。そして金武湾沿岸地域に生きる人びとも、開発に加担したかつての自らの行為にも気づいていく。一九八〇年一月の『東海岸』には、一九六〇年代後半の東洋石油基地建設に際し金武湾の人たちが建設労働者として駆り出されていたことが初めて語られる。

人は自分の身に当たらんとわからんだろうなあ。わたしたちは中城の東洋石油反対の闘いのとき、石油会社の仕事をしていたんですよ。本当に情けなくなるよ。……ヤケナのCTS反対がはじまって、県へ行ったときに、中城の人がみえていたので、そのときに私はわびたよ。CTSの意味がわからず働いていたのだから。ごめんねと。最初は中城の人たちはなんのうらみがあってわたしたちに石を投げるのかなあとおもったよ。……ビニールにクソを入れて、車になげよったよ。……また縄をつくって、それに火をつけてなげよったよ。私らはその意味がわからなかったんだよね。どうして私たちにクソをなげたり火を投げたりするんだろうと思ったよ。……ウージの畑の側に赤い旗がたっていたのでね、この赤旗を見ると反対しているようだねと思いながらもね、どうして反対しているのか意味も……(52)

「地域主義」や「コモンズ」の議論、そして軍事や開発に対抗する姿勢を明確に示した「戦闘的地域主義」の議論を背景になされた金武湾闘争後期における「生活・文化・運動」への取り組みは困難であり、「運動をすると生活ができない」状況に直面した運動の担い手たちの存在がそこにはあった。だがそれを経験するなかで平良は、「負け戦ばかりの闘争を絶対やめないおじいさんおばあさんがいる、その人たちの思想を学ぶべきだ」と語り(53)、個々人が矛盾を抱えながらも闘うことの可能性を見出した。

つまり生活面において、自立的な足場を築きあげればもっと良く闘えるんじゃないかという考え方がどこかにあった。でもそれはちょっと錯覚含みだったと今は感じる。たとえば教職員の人たちというのは、日本国家の教育体制の中で給料もらって、教師として給料をもらい生計を立てている。彼らは一旦そういう身分に入ってしまえば、生活の心配はしなくていい。そうじゃない軍雇用員や一般の庶民的なところの青年たちには保障された生活というのはない。何とか仕事掴んでいかなきゃいけない。教職員の人たちはそういう心配をせずに闘っていけたから、先導力になったわけよね。けれども、では、たとえば軍雇用員が闘えないかというと、闘えるんだよ。彼らは矛盾をもちながら闘ってきた。だからそれが闘いなんじゃないかなって、今はそう思う。やっぱり闘っている人たちというのは、自分のメンタリティでもって闘える。そのメンタリティがそれなりに自立していれば……。一般論としては経済自立と精神的自立はリンクしていると言って間違いないと思うけども、僕は基本的には闘っている人は自立しているという考えに変わった。……闘う人たちは矛盾があっても、矛盾に見えるものを抱えていたとしても、やっぱりそれは、自立性をもっているから闘えたと思います(54)。

矛盾を抱える個人の闘争の主体としての意義は、安里清信によっても語られてきた。安里は、金武湾闘争の課題として「底辺の人間たちがいかに現実のなかに充実した生活を構造化しうるかということ」であるとし、そのことを通じて「みずからの生活基盤をがっちりさせておけば、おのずから国策を批判して生きるつよさもできてくるはず」としていた(55)。

政治党派なんてものはちっこいものだ。役人や政治家がなんといおうと、こちらからグングン押していく以外にないんじゃないかな。それは沖縄人とはなにか、沖縄島とはなにかを問うたたかいでもあるのだから、一人びとりの沖縄人の歴史をなしくずしにしてしまうようなことがあっちゃいかん。それでは自己否定と同じですからね。私たち「守る会」運動が掲げている「ひとりひとりが代表だ」という信念は、いまでも変わらない沖縄全体の立場でなきゃいかんと私は思いますね(56)。

第6章で述べたように、金武湾を守る会の人びとは裁判闘争を通じて「生存権」を戦時・戦後の自らが生き延びた経験に基づく海や大地とともに生きる権利、共同する権利であると再定義した。安里は、地域に暮らす「おじいさんやおばあさん」のような一人びとりがどのように生き延びたのか、そして現在どのように闘い生きているのかを丹念に聞きながら一人びとりの生きざまを歴史として残し、そして現在を生きる「底辺の人間」がこれを学ぶことで「自己を発見」することが闘争の課題であるとしていた(57)。「個」は「共同体」に埋没するものではなく、むしろ「個」の生きてきた歴史の総体こそが沖縄の歴史を作るのだ。このような思いが共有されたからこそ、金武湾闘争では「底辺の人間」としての一人びとりの足跡が掘り起こされ、「共同の力」の思想を通じて生存権が再定義された。

土地や海、労働を囲い込むものとしての国や資本が施政権返還を契機に再び顕現するなかで、金武湾闘争は近代が描いてきた「豊かさ」を問い、政党政治をはぎとった後に残るものとしての「住民」、さらにいえば最小単位としての一人びとりの関係性が織りなす「共同性」を運動の主体として構想していった。現在から金武湾闘争を振り返るなかで、崎原盛秀は次のように語る。

沖縄の人たちが千名、二千名と団結しあった。地域の人たちがしりすぼみをせずに持続するいくつもの課題を自分たちのなかに見ることができた。一つひとつ理解し、課題が見えてくるから、なにくそ、こんな連中に、という思いが地域の中に出てくる……勝利するかしないか、ではなく、運動することによって民衆自体の生き方というものを自己の中に、地域の中に確立していく。それこそが次につながる運動の素地として生きる。市民運動はこういうものじゃないの。そこで沈黙するのはあまりにも悲しいことじゃない。……運動は議論する場でもあるから、生活、環境の悪化、そういう風にしてひとつひとつ議論するなかで、それぞれがそれぞれの運動の形を見いだしていく。自らが自立する、そういう考え方がないかぎり、自分も守れないし、沖縄の未来も守れないということ(58)。

運動がつくりだす関係性のなかで、一人びとりが、そして地域が、「持続する課題」を見出し、生き方を模索していく。崎原の言葉には、金武湾闘争という運動が、一つの終わりあるものとしてではなく、「個」のなかで連続しそして変化する課題への一人びとりの取り組みであったこと、また様々に生きてきた個々人の生の局面が重なり合い関係性を模索する過程で組織されたものであることが示されている。

4　今日に引き継がれる金武湾闘争

金武湾闘争の経験や思想は、沖縄各地の米軍基地建設への反対運動の語りや実践にもみて取ることができる(59)。SACO合意後の一九九〇年代後半、九九年に頓挫した米軍飛行場普天間基地のうるま市与勝半島沖海上基地移設計画が、二〇〇九年の政権交代後に再浮上した際、危機感をもつ有志が集まり「与勝海上基地建設計画反対うるま市民協議会」を結成、「海上埋立ての新基地計画反対市民大会」を開催した。うるま市民協議会は移設計画反対運動への参加を呼びかけ、その間うるま市の漁業協同組合（勝連、与那城、南風原、石川、具志川）組合長は同計画案に反対する嘆願書を提出、地元の若い漁民やダイバーと海上案の現場を回り、そこで生息するサンゴを記録した。その際、一九七〇年代の金武湾開発がもたらした海の汚染が思い起こされ、金武湾を守る会の闘いを知る漁民、再生した海のサンゴやモズクの豊かさを知るダイバーや漁民は海上沖案に対する反対の意思を明示し、それを中心に市民による反対運動が組織されていった(60)。

金武湾闘争が提起した大規模エネルギー基地の危険性もまだなくなってはいない。現在のうるま市を構成する旧勝連町・旧与那城町・旧具志川市・旧石川市、そして金武町、宜野座村は、一九九二年五月、金武湾の調査・研究に基づき開発計画を策定し、県や国に提言、事業を実施するために金武湾開発推進連絡協議会を結成した。同協議会は沖縄電力株式会社の具志川火力発電所が操業を開始した一九九四年末に「金武湾開発構想」を策定した。この年、金武湾開発推進連絡協議会は「金武湾沿岸六市町村が一体となって、二一世紀に向けた金武湾開発をすすめていくための基本構想策定に、広く地域住民の意見を反映することをねらい」に各市町村から募った参加者による「金武湾座談会」を開催している。

この座談会記録を掲載した『月刊自治新報』は一九八三年六月「沖縄県の経済的自立発展を図るため、五三市町村の振興開発計画を円滑に推進することによって、沖縄の自立発展を図ることを目標に掲げて誕生」したが(61)、金武湾を「文化生活の発展により、石油基地、火力発電所などが立地し、現在では、エネルギー港湾として県民生活に大きく貢献しているところである。それは、戦前の家庭用エネルギーであった薪や炭などの中継供給基地であったことを想起すれば、戦前、戦後を通じて、一貫してエネルギー供給基地としての役割を担っていた」と評価している(62)。同協議会は二〇〇二年、「環金武湾開発振興ＱＱＬプロジェクト」に一〇年計画で着手、二〇〇六年発行の中間報告では、エネルギー基地がならぶ「環金武湾地域」を「沖縄県の電力エネルギーと化石燃料供給拠点地域としての社会的責務」を有する「電源地域」と位置づけている(63)。一九六八年の平安座島へのガルフＣＴＳ・石油精製工場建設に始まった金武湾への見方は一貫しており、電源開発の拡大に向けた動きは今なお続いている。

だが「あたりまえ」に存在するかに見えた大規模施設は、事故によってその危険性をあらためて暴露する。中城村では二〇一二年、住民への十分な情報提供無しに誘致決議された沖縄電力による大規模な液化天然ガス（ＬＮＧ）を燃料とする吉の浦火力発電所が低周波振動で集落を揺るがす事故を起こしながらも建設されて運転を開始、さらに増設が進んでいる。二〇一二年一一月には平安座島の沖縄ターミナルの原油タンク一八基のうち一基（一基一〇万キロリットル）の浮き屋根が沈降、原油が漏れてむきだしになった状態が続いたことから異臭が沖縄本島中部一帯を覆った。環境基準値を大きく超える有害物質ベンゼンが周辺集落で検出され周辺住民が頭痛やふらつきを訴えるなか、沖縄ターミナルは二週間後に初めて説明会、一か月後に健康診断を実施した。金武湾にある石油備蓄基地と同様、一九七〇年代に建設された国内のエネルギー基地の数々は設立からおよそ四〇年が経ち老朽化に伴う問題が生じ始めている。

＊

巨大タンク建設工事が目前で進行するなか、ともに闘った仲間たちは労働力や「誘致派」として企業に取り込まれ、開発によってもたらされた利害関係と対立が地域社会を分断していった。経済開発という新たな抑圧に対し、金武湾闘争を組織した人びとは地域共同体の祭祀や儀礼、琉球弧やミクロネシアの島々との交流を通じて命・抵抗の基盤である「共同」のあり方を模索していた。金武湾を訪れた玉野井芳郎の「地域主義」やイヴァン・イリイチの「コモンズ」をめぐる対話は金武湾闘争を地球規模の資本主義の問題へと引きつけた。金武湾を守る会は沖縄戦体験を語り直すことを通じて、巨きな力で押し寄せる軍事や開発に抗う言葉を見出そうとしていたのである。

結び——運動を再定義する

本書では、金武湾を守る会が組織した金武湾闘争を中心に、施政権返還に伴う経済開発への抵抗と、そのなかで表出した民衆の生存思想をみてきた。

施政権返還後の沖縄で組織された金武湾を守る会が対峙したのは、石油産業による地域振興を不可欠と考えた工業化推進勢力であった。基地の無条件撤去という闘争の課題が揺らぎ始めた施政権返還合意以後の沖縄においては、米軍統治下に置かれてきた沖縄が本土のような高度経済成長を享受できてこなかったとの認識から本土との「経済格差」が強く意識され、開発が動機づけられ、「高度経済成長」に伴う犠牲は不問にされた。国策に伴う土地や資源の囲い込みと対峙するなか、沖縄戦や米軍占領下の土地接収によってもたらされてきた離散経験が呼び起こされ、帝国への批判的な眼を培ってきた人びとが金武湾闘争を組織した。だが金武湾闘争が対峙したのは沖縄三菱開発という企業資本主義そして経済的近代化に一体化した国家だけではない。それに自ら組み込まれようとする行政や政党や労組、住民に対する抵抗を金武湾を守る会は明確に意識し、開発の暴力に対峙するなかでそれを超える共同性を獲得していく闘いを組織しようとしていた。

一九七七年一二月二一日、雨のなか平安座－宮城島間埋立地で行われた「埋立地CTS着工阻止現地集会」で金武湾を守る会の平良良昭はこう呼びかけていた。

我々が本当に闘わなければならない相手というのは、僕は三菱だというふうに思います。長い目で見た場合に、沖縄が、三菱とか、そういう戦争企業に頼らずに自分たちで自分たちの産業というのをつくりあげて生きていく。……しかしいまの沖縄の革新県政も同じで、革新とか保守とか関係ないんだけれども、沖縄の開発行政というのは、こういう大事な海をぶっ殺して、永遠に価値のあるものを潰して、汚して、血だらけにして、そうして大資本の金に頼っていくような、そういう生き方というもの、そういう沖縄の将来というものに向かって進んでいるわけです。僕はやっぱり、沖縄の人間としてそういうことは絶対許しちゃいかんというふうに思うわけです。……三菱をたたき出して、沖縄人の沖縄、将来まで沖縄人が立派に自立した人間らしく生きられるような、そういう世の中を創りあげていくのが本当のお互いの生き方じゃないかなというふうに僕は思うわけです(1)。

当時平良は生活と生業の場を照間から大湿帯《オーシッタイ》（名護市源河）に移し、イモの会の活動を仲間たちと始めていた。そして同時期、裁判準備書面の一部として戦争体験証言集「海と大地と共同の力」を完成させる。生きることを否定された戦争という地獄のなかで「生きのびることを可能にした「力」」とは何であったのか。戦争体験が語られるなかで思想化されていった「海と大地と共同の力」は、革新知事が退陣しCTS増設が進む一九七〇年代後半、開発によって地域に構造化された利害関係に直面した人びとが、開発主義を超える共同性を模索するなかで発した言葉としてあった。

そして金武湾闘争において見出された、海や大地とともに人びとの生を可能にするものとしての「共同の力」は、玉野井芳郎の「地域主義」やイヴァン・イリイチの「コモンズ」をめぐる議論とも連動した。一九八〇年、イリイチは金武湾を訪れ、「我々は「資源」ではなく「コモンズ」を守ろうとしているのだ」と述べたが(2)、金武湾闘争が守ろうとしていたのも「コモンズ」としての海や大地であり、「共同の力」であった。近代資本主義の起源において、農民や先住民たちの共有地は囲い込まれ、自給自足経済は破壊された。土地を追われた人びとは流民となり、労働者、難民として世界に散らばった。資本主義を可能にした囲い込みの歴史は沖縄に生きる人びとによっても経験され、近代以降のソテツ地獄と沖縄戦、戦後の米軍占領、施政権返還に伴うコモンズの囲い込みは、社会的連帯の困難をもたらした。現在進行中の辺野古、高江における闘争はまさに、この歴史的過程の続きに他ならないといえるだろう。

だが、この歴史のなかで人びとはストライキ、デモ、団体交渉、裁判闘争、協同労働といったありとあらゆる方法で闘い、新しいコモンズの可能性を想像力豊かに追求してきた。二〇一五年八月、金武湾沿岸地域を再訪した際に崎原盛秀が語ったのは、金武湾闘争のうねりをつくりだした住民の団結にあった、屋慶名集落の生産と共同性についてであった。屋慶名には当時、金武湾を守る会の活動を担う人びとが多く暮らしていた。任期終了後も区長としてとどまり続け与那城村からの事務委託契約費を受給し続けていたCTS闘争誘致派の人物に対し、住民たちは自ら区長を選出し、農連市場へのキビ搬入を独自に交渉して行うなど村行政の意向によらない自治を実現していた。住民自ら資金を出し合い建てた自治会館ではCTS開発計画に伴う対立で中止に追い込まれていた年中行事を再開させ、豊漁、豊作を願う綱引きや歌や踊りが人びとを再び結びつける力となっていた(3)。

と同時に、金武湾を守る会の「一人びとりが代表」の呼びかけや「個」へのこだわりは、沖縄の近現代経験において培われた参加民主主義思想を端的に表しているともいえる。世代や出自が異なる様々な個人が、個として運動のあり方を自ら考え、判断し、行動する運動をめざした金武湾闘争において、その「個」は運動組織に埋没した存在ではなく、むしろ「個」の生きてきた歴史の総体こそが運動史をつくるという思いを共有していた。だからこそ、金武湾闘争では「底辺の人間」としての一人びとりの足跡が掘り起こされ、それぞれの「個」が自らの生きてきた歴史と金武湾闘争における具体的な経験を踏まえながら、生活圏、そして抵抗運動の現場における共同のあり方を問い直した。

金武湾闘争を振り返り、「勝利するかしないか、ではなく、運動することによって民衆自体の生き方というものを自己の中に地域の中に確立していく」と崎原盛秀が語ったように、金武湾闘争に限らず、運動は終わりあるものでなく、「個」のなかで連続しそして変化する課題への一人びとりの取り組みであり、様々に生きてきた個々人の生の局面が重なり合い関係性を模索する過程で組織される。

したがって、イリイチや玉野井の「コモンズ」論と金武湾闘争の重なりは、戦後沖縄社会運動史・思想史の世界史との接点を示している。と同時に、金武湾闘争において人びとがつかみ取った経験や言葉、「共同」の生の表現は、沖縄戦、米軍統治下、施政権返還後の沖縄に生きる人びとがサブシステンスとしての「共同の力」である社会的連帯の困難に直面するなか、「共同の力」の破壊に対する抵抗を繰り返すなかで獲得した生存思想である。これらの戦時戦後体験に裏打ちされた生存思想は、商品化されざる生業的行動を伴いながら直接行動で権力と対峙するなかで編みだされ、練り上げられ、続く運動において継承され深化してきた。つまり運動史の源泉は直接行動の渦中において生み出される言葉と経験であると同時に、新たな直接行動のうねりのなかで読み直され、それを支える記憶として建て直される。

金武湾を守る会は公害や経済開発と闘う他地域の反開発・反軍事の抵抗運動との交流から民衆の生存思想を醸成し、戦後沖縄社会運動・思想の世界史との接点をつくりだしてきた。金武湾闘争が模索していた、様々な歴史を生きてきた一人びとりが国家や国境から自立／自律して生きることを可能にし、抵抗運動の枠組みを超えてつながる基盤としてある「共同の力」。それは、空間的境界に限定された「地域共同体」や「シマ」に還元できるものではなく、「共同」や「共同の力」を環太平洋的規模でどう再定義し具体化しうるかという模索の始まりであった。したがってこの時期の「共同の力」をめぐる語りは、組織や諸個人を暫定的に結ぶ「連帯」という言葉によってだけでなく、抵抗運動が「抵抗」という概念そのものを超えてコモンズに依拠する新しい基盤としての「共同性」を模索する動きとして捉えることができるはずである。

ＣＴＳや火力発電所を周縁地域における局所的な開発問題として捉えず、資本主義的近代化によって脅かされる地域に生きる人びとの生存に関わる普遍的問題として提起したのが金武湾闘争であった。その経験は、エネルギーをめぐる問題が、民衆と個人の関係性を構成する日常生活や労働の共同性の本質に関わる問題であることを示している。ＣＴＳの建設に伴う公害や事故を経験してなお、「経済振興」や「防衛」の名の下での軍事基地建設、経済開発が進行し続けている沖縄で、金武湾闘争からいかに学び、命と環境を破壊する軍事資本主義に対峙していけるだろうか。命の代表としての一人びとりが、近代化に伴う生存の危機のなかで紡がれた人びとの経験や言葉から、環境を破壊する開発行為や軍事行動を退け、資本主義にかわる生存思想を見出し、人びとをつなぐ「共同の力」を育むことが、残された課題といえるだろう。

註

《序――近代を問う金武湾闘争》

1　新崎盛暉「石油基地反対運動の持つ意味」『毎日新聞』一九七四年一〇月二三日（『沖縄同時代史　第一巻　世替わりの渦のなかで――1973‐1977』凱風社、一九九二年所収）、崎原盛秀「沖縄は拒否する――反CTS金武湾住民闘争の経過」『季刊労働運動』第一七号、一九七八年四月、安里清信『海はひとの母である――沖縄金武湾から』晶文社、一九八一年、安里英子『沖縄・共同体の夢――自治のルーツを訪ねて』榕樹書林、二〇〇二年、Miyume Tanji. "The Dynamic Trajectory of the Post‐reversion 'Okinawa Struggle': Constitution, Environment and Gender," *Japan and Okinawa: Structure and Subjectivity*, edited by Glenn D. Hook, Richard Siddle. London: Routledge Curzon, 2002, pp.167‐187.; Miyume Tanji. *Myth, Protest and Struggle in Okinawa*. Oxfordshire: Routledge, 2006. 内海（宮城）恵美子「安里清信さんの思想――金武湾から白保、辺野古・高江へ」『けーし風』第七六号、二〇一二年九月、照屋勝則「金武湾闘争は何を残したか（上）・（下）」『月刊琉球』第一六～一七号、二〇一四年八～九月。

2　前掲、内海（宮城）「安里清信さんの思想――金武湾から白保、辺野古・高江へ」。

3　前掲、安里『沖縄・共同体の夢――自治のルーツを訪ねて』、前掲、Tanji, "The Dynamic Trajectory of the Post‐reversion

'Okinawa Struggle': Constitution, Environment and Gender,"; *Myth, Protest and Struggle in Okinawa*.

4 飯島伸子『足尾銅山山元における鉱害』国際連合大学、一九八二年。

5 長谷川公一『環境運動と新しい公共圏——環境社会学のパースペクティブ』有斐閣、二〇〇三年。

6 新崎盛暉『沖縄同時代史　別巻　未完の沖縄闘争―1962–1972』凱風社、二〇〇五年、九頁。

7 中野好夫・新崎盛暉『沖縄戦後史』岩波書店、一九七六年、二、六頁。

8 前掲、Tanji, "The Dynamic Trajectory of the Post-reversion 'Okinawa Struggle': Constitution, Environment and Gender,"; *Myth, protest and struggle in Okinawa*.

9 前掲、Tanji, "The Dynamic Trajectory of the Post-reversion 'Okinawa Struggle': Constitution, Environment and Gender,"; *Myth, protest and struggle in Okinawa*.

10 阿部小涼「海で暮らす抵抗——危機の時代の抵抗運動研究のために」『現代思想』第三三号、二〇〇五年九月、森啓輔「統治と挑戦の時空間——戦後沖縄島北部東海岸の軍事合理性、開発、社会運動」一橋大学大学院社会学研究科提出博士学位論文、二〇一六年七月。

11 阿部小涼「繰り返し変わる——沖縄における直接行動の現在進行形」『政策科学・国際関係論集』第一三号、二〇一一年三月。

12 前掲、阿部「繰り返し変わる——沖縄における直接行動の現在進行形」。

13 森啓輔「直接行動空間の解釈学——東村高江の米軍基地建設に反対する座り込みを事例に」『社会システム研究』第二九号、二〇一四年九月、一一〇頁。

14 大野光明『沖縄闘争の時代1960/70』人文書院、二〇一四年、一八七頁。

15 新崎盛暉「〈日本の潮3〉沖縄からの二つの訴訟」『世界』二四〇号、一九六五年一一月、「〈日本の潮4〉沖縄裁判移送問題のゆくえ」『世界』二五一号、一九六六年一〇月（前掲、新崎『沖縄同時代史　別巻　未完の沖縄闘争―1962–1972』所収）。

16 前掲、阿部「繰り返し変わる——沖縄における直接行動の現在進行形」七六頁。

17 前掲、阿部「繰り返し変わる——沖縄における直接行動の現在進行形」七六〜七七頁。

18 栗原彬「水俣病という思想――「存在の現れ」の政治」『立教法学』第六一号、二〇〇二年三月、一五頁。
19 町村敬志編『開発の時間　開発の空間――佐久間ダムと地域社会の半世紀』東京大学出版会、二〇〇六年。
20 大門正克他編『高度成長の時代3　成長と冷戦への問い』大月書店、二〇一一年、xii〜xiii頁、戸邉秀明「沖縄占領からみた日本の「高度成長」」『岩波講座東アジア近現代通史（第八巻）』岩波書店、二〇一一年、二四二〜二四三頁。
21 安丸良夫『現代日本思想論――歴史意識とイデオロギー』岩波書店、二〇一二年、一〇五頁。
22 松井健『島の生活世界と開発3　沖縄列島――シマの自然と伝統のゆくえ』東京大学出版会、二〇〇四年。
23 琉球銀行調査部編『戦後沖縄経済史』琉球銀行、一九八四年、一一五六頁。
24 屋嘉比収『沖縄戦、米軍占領史を学びなおす――記憶をいかに継承するか』世織書房、二〇〇九年、二六七頁。
25 前掲、屋嘉比『沖縄戦、米軍占領史を学びなおす――記憶をいかに継承するか』三一六頁。
26 Arnold G. Fisch, *Military Government in the Ryukyu Islands*, Washington, D.C.: Center for Military History, U.S. Army, 1988. の訳を沖縄県教育委員会が発行。沖縄県文化振興会公文書管理部史料編集室編『沖縄県史　資料編一四　琉球列島の軍政　一九四五―一九五〇（現代二）』沖縄県教育委員会、二〇〇二年、若林千代「沖縄現代史の展望と方法をめぐって――国際関係研究における理解の一つの試み」『地域研究』第一号、二〇〇五年六月、五二頁。
27 前掲、若林「沖縄現代史の展望と方法をめぐって――国際関係研究における理解の一つの試み」五一頁。
28 前掲、若林「沖縄現代史の展望と方法をめぐって――国際関係研究における理解の一つの試み」五一〜五二頁。
29 前掲、若林「沖縄現代史の展望と方法をめぐって――国際関係研究における理解の一つの試み」五二頁。若林の指摘は第三世界に対する援助政策、経済開発を共産主義への対抗手段と位置づけた「工業化論」や「経済開発理論」の問題にも思いいたらせるが、実際、沖縄の基地恒久化が決まる第二次世界大戦後の一九四九年、トルーマン米大統領年頭教書においては世界を米国が支配していくうえでの重要な鍵として「開発」があったとヴォルフガング・ザックスも提起していた。末廣昭「開発途上国の開発主義」東京大学社会科学研究所編『二〇世紀システム　第四巻　開発主義』東京大学出版会、一九九八年、ヴォルフガング・ザックス編（三浦清隆他訳）『脱「開発」の時代――現代社会を解読するキイワード辞典』晶文社、一九九六年（Wolfgang Sachs ed. *Development Dictionary: A Guide to Knowledge as Power*, New York: Zed Books, 1992.）。
30 与那国暹『戦後沖縄の社会変動と近代化――米軍支配と大衆運動のダイナミズム』沖縄タイムス社、二〇〇一年、一〇、一八頁。

31 与那国は第四章「戦後沖縄の『基地経済』と第三次産業の肥大化」で次のように述べる。第三次産業が肥大化した沖縄では、施政権返還が決まり多数の基地従業員が解雇された。このとき、崩壊の危機とつねに隣り合わせの脆弱な沖縄経済は大規模臨海工業地帯の開発や重化学工業の導入を試みたが、企図された工業化は不振に終わり、それに起因する「経済依存」が今日まで続く問題として存在する。開発政策について与那国はこのように語るが、しかし開発計画策定にいたる過程の手続きのあり方とその妥当性について問うことはない。前掲、与那国『戦後沖縄の社会変動と近代化――米軍支配と大衆運動のダイナミズム』一八、二二一〜二二三頁。

32 ジョン・W・ホール「日本の近代化に関する概念の変遷」M・B・ジャンセン編（細谷千博訳）『日本における近代化の問題』岩波書店、一九六八年、二三、二五〜二六頁。

33 前掲、若林「沖縄現代史の展望と方法をめぐって――国際関係研究における理解の一つの試み」五一頁。

34 戸邉秀明「ポストコロニアリズムと帝国史研究」日本植民地研究会編『日本植民地研究の現状と課題』アテネ社、二〇〇八年、六五〜六七頁。

35 前掲、戸邉「ポストコロニアリズムと帝国史研究」六七、七八頁。

36 徳田匡「メディアとしての原子力／メディアのなかの原子力――米軍占領下の沖縄における「原子力発電」計画の意味」池田理知子編『メディア・リテラシーの現在（いま）――公害／環境問題から読み解く』ナカニシヤ出版、二〇一三年。

37 畠山大「沖縄経済と石油産業――その関係性と役割規定」『商業研究論集』第一九号、二〇〇三年九月、二九九〜三〇〇頁。

38 桜澤誠「一九五〇年代沖縄における「基地経済」と「自立経済」の相剋」『年報・日本現代史』第一七号、二〇一二年。

39 前掲、栗原「水俣病という思想――「存在の現れ」の政治」一五〜一八頁。

40 道場親信「一九六〇年代における「地域」の発見と「公共性」の再定義　未決のアポリアをめぐって」『現代思想』第三一巻第六号、二〇〇二年五月。

41 前掲、道場「一九六〇年代における「地域」の発見と「公共性」の再定義　未決のアポリアをめぐって」一〇八〜一〇九頁。

42 丹波博紀「石牟礼道子——もうひとつのこの世はどこにあるのか」大井赤亥・大園誠・神子島健編『戦後思想の再審判——丸山眞男から柄谷行人まで』法律文化社、二〇一五年、一六六頁。

43 前掲、大門編『高度成長の時代3 成長と冷戦への問い』iii頁。

44 岡本恵徳「「沖縄に生きる」思想——「渡嘉敷島集団自決事件」の意味するもの」『労働運動研究』一九七〇年七月号（岡本恵徳『「沖縄」に生きる思想——岡本恵徳批評集』未来社、二〇〇七年所収）。

45 大東島正安「復帰運動の総括に寄せて」『連帯3 国内植民地』亜紀書房、一九七二年、および新川明「土着と流亡——沖縄流民考」『現代の眼』一九七三年三月は、冨山一郎「世界市場に夢想される帝国——「ソテツ地獄」の痕跡」豊見山和行編『日本の現代史18 琉球・沖縄史の世界』吉川弘文館、二〇〇三年、二六七〜二六八頁を参照。大東島正安の文章は、一九七一年の沖縄青年同盟メンバー三名による国会での決起（「国会爆竹事件」）直後に書かれたという。この点については仲里効から教示をえた。岡本恵徳もまた施政権返還前後における「沖縄の文化の異質性の強調」について、「「異質」性が尊ばれなければならぬのは、それが異質であることによって富と便利さの偏在、そしてそれを根拠とする文化の画一性、さらには高度の中央集権を撃つ力を持つからに他ならない」とし、「異質」な文化の強調に抵抗の可能性を見出していた。岡本恵徳「〈私にとっての琉球処分——琉球処分百年目第二部〉「同化」と「異化」をめぐって」『沖縄タイムス』一九七八年三月一四、一五日（前掲、岡本『「沖縄」に生きる思想——岡本恵徳批評集』所収）。

46 本書第8章で言及するイヴァン・イリイチは、玉野井芳郎を介して日本のコモンズ研究に多大な影響を与えた。イリイチは『シャドウ・ワーク』のなかで次のように述べている。「共有地について語ると、すぐさま牧場や森が念頭に浮かぶ。共有地に囲いを作ることによって、領主が農民の一頭しかいない羊を追い出し、その結果、農民から市場の周辺での生活手段を奪い、彼を初期産業社会の賃労働へと追いやったあの囲い込みが念頭に浮かぶ。これは、E・P・トムスンが「道徳経済」と呼んだものの破壊である」。イヴァン・イリイチ（玉野井芳郎・栗原彬訳）『シャドウ・ワーク——生活のあり方を問う』岩波書店、一九八二＝二〇〇六年。

47 小林啓治「帝国体制と主権国家」歴史学研究会・日本史研究会『日本史講座8 近代の成立』東京大学出版会、二〇〇五年、八八頁。

48 一九六〇年代後半、主にアメリカのアジア研究者がアメリカ合衆国の対アジア政策の限界について言及し始めると、ジョン・W・ホールなどの論者は「科学的進歩」や「技術革新」、「物質的繁栄」を「客観的指標」で測ることに内在する問題を認識するようになった。この視点の変化は、同時代のヴェトナム戦争、ドル危機、公害、自然破壊に伴う不安の高まりを背景としていた。金原左門『「近代化」論の展開と歴史叙述――政治変動下の一つの史学史』中央大学出版部、二〇〇〇年、三頁。

49 鳥山淳『沖縄/基地社会の起源と相克――1945‐1956』勁草書房、二〇一三年。

50 森亜紀子「委任統治領南洋群島における開発過程と沖縄移民――開発主体・地域・資源の変化に着目して」野田公夫編『農林資源開発史論Ⅱ 日本帝国圏の農林資源開発――「資源化」と総力戦体制の東アジア』京都大学学術出版会、二〇一三年。

51 新城郁夫・丸川哲史「〈対談〉「世界史のなかの沖縄」を考える――「死の共同体」からいかに引き返すか、どう逃げるか」『図書新聞』第三一八〇号、二〇一四年一〇月、戸邉秀明「沖縄戦の記憶が今日に呼びかけるもの」成田龍一・吉田裕編『岩波講座 アジア・太平洋戦争7 記憶と認識の中のアジア・太平洋戦争』岩波書店、二〇一五年、一七四頁。

52 森宣雄『地のなかの革命――沖縄戦後史における存在の解放』現代企画室、二〇一〇年。

53 前掲、崎原「沖縄は拒否する――反CTS金武湾住民闘争の経過」、水上学・小川進「沖縄CTS建設が裁くもの」『技術と人間』第六巻第七号、一九七七年七月、安里悦治「金武湾CTS基地の建設を断固として拒否する」『開発と公害』第五号、一九七九年三月。

《第1章 金武湾沿岸地域の近代と失われたもの》

1 具志川市・石川市・勝連町・与那城町合併協議会「具志川市・石川市・勝連町・与那城町新市建設計画基礎調査」二〇〇三年一二月〈http://www.city.uruma.lg.jp/h-gappei/pdf/s_kiso.pdf〉(二〇一三年六月二六日取得)五頁。

2 中小企業庁『中小企業白書 二〇一五年度版』中小企業庁、二〇一六年。主に第三部「「地域」を考える――自らの変化と特性に向き合う」を参照した。〈http://www.chusho.meti.go.jp/pamflet/hakusyo/H27/h27/index.html〉(二〇一六年八月三日取得)。

3　新屋敷幸繁『与那城村史』与那城村、一九八〇年、二九三〜二九四頁。
4　前掲、新屋敷『与那城村史』一九六〜二一二、四四一頁。
5　菅豊「在地リスク回避論」『アジア・太平洋の環境・開発・文化』第一号、二〇〇〇年九月。
6　佐治靖「離島・農村社会の在地リスク回避と開発――宮城島における伝統的土地所有形態の分析」松井健編『島の生活世界と開発3　沖縄列島――シマの自然と伝統のゆくえ』東京大学出版会、二〇〇四年、一七〜二七頁。
7　前掲、新屋敷『与那城村史』一一六〜一一七頁。
8　前掲、新屋敷『与那城村史』八〇〜八一頁。
9　並松信久「謝花昇の農業思想――沖縄と近代農学の出会い」『京都産業大学論集　人文科学系列』第三五号、二〇〇六年三月、三〇〜三一頁。
10　一九〇四年の日露戦争開戦に伴う税金増額の必要から、非常特別税として砂糖への課税がなされるようになる。沖縄における砂糖消費税収入は一九〇一年から一九〇六年にかけて約一万七千円から約七一万円と急増した。前掲、並松「謝花昇の農業思想――沖縄と近代農学の出会い」三〇頁。
11　新屋敷幸繁は与那城村史で次のようにまとめる。「国税だけを人口割りにして一円三五銭八厘」のところが沖縄では「国税と間切合計で一人あて《ママ》二円三八銭三厘」であり、「沖縄の税負担は日本一、三府四三県の中で最高となった……この負担は相当に過重なもので、大きい間切、砂糖を多く作る間切の方がかえって苦しむという矛盾が生じた。そうして納税の現金は、砂糖代をもってあてなければならなかったので、農民は税を支払うために生きて働いているという有様」であった。前掲、新屋敷『与那城村史』三七八頁。
12　前掲、並松「謝花昇の農業思想――沖縄と近代農学の出会い」二九頁。また来間泰男は、商品作物としての砂糖きび栽培の急激な拡大に伴う製糖業の発展が工業における近代化を促し、県外出稼ぎないしは国外移民にみられる労働力市場の開放、寄生地主化、小規模銀行に代わる沖縄興業銀行の設立、行政制度の本土化、知識人の活躍、農民や労働者による運動の芽生えを上げ、「沖縄社会の近代化は、琉球処分で端緒がきられ、土地整理で加速化され、このそてつ地獄期にまがりなりにも結実しはじめたということがわかる」としている。来間泰男『沖縄の農業』日本経済評論社、一九七九年、二二三頁。
13　前掲、新屋敷『与那城村史』三七九頁。

14 沖縄県教育委員会編『沖縄県史　第七巻　各論編六　移民』沖縄県教育委員会、一九七四年、六〜八頁。
15 前掲、沖縄県教育委員会編『沖縄県史　第七巻　各論編六　移民』三九一〜三九二頁。
16 森亜紀子「ある沖縄移民が生きた南洋群島——要塞化とその破綻のもとで」蘭信三編『〈アジア遊学一四五〉帝国崩壊とひとの再移動——引揚げ、送還、そして残留』勉誠出版、二〇一一年、一二五頁。
17 具志川市史編さん委員会編『具志川市史　第四巻　移民・出稼ぎ論考編』具志川市教育委員会、二〇〇二年、一一二頁。
18 日本軍の最大の拠点となったトラック諸島は、日本からの四万四五九三人に及ぶ派兵により要塞化し、食糧増産のための大規模な開墾が進んだことから自然環境が大きく変わった。前掲、森「ある沖縄移民が生きた南洋群島——要塞化とその破綻のもとで」一三一〜一三三頁。
19 前掲、新屋敷『与那城村史』三八〇頁。
20 前掲、新屋敷『与那城村史』三七九頁。
21 前掲、新屋敷『与那城村史』三八一頁。
22 前掲、新屋敷『与那城村史』三八七頁。
23 一九〇五年末まで与那城出身者計二五人から二六二円、勝連出身者（人数不明）から六四八円が送金される。前掲、新屋敷『与那城村史』三八八頁。
24 前掲、新屋敷『与那城村史』四四六〜四四七頁。
25 前掲、新屋敷『与那城村史』二一一頁。平安座島の県内出稼ぎ人数については統計資料・記述がないため省略した。
26 前掲、新屋敷『与那城村史』二〇九頁。
27 前掲、新屋敷『与那城村史』三七九頁。
28 前掲、具志川市史編さん委員会編『具志川市史　第四巻　移民・出稼ぎ論考編』一〇〇頁。
29 仲松弥秀「沖縄の村落共同体」沖縄の文化と自然を守る10人委員会編『沖縄喪失の危機』沖縄タイムス社、一九七六年、四七九頁。
30 福田恒禎『勝連村誌』勝連村、一九六六年、三九〇頁。
31 前掲、具志川市史編さん委員会編『具志川市史　第四巻　移民・出稼ぎ論考編』一一〇〜一一一頁。

32　具志川市史編さん委員会『具志川市史　第五巻　戦争編戦時記録』具志川市教育委員会、二〇〇五年、五四〜五六頁。

33　沖縄県教育委員会編『沖縄県史　第一〇巻　各論編九　沖縄戦記録二』沖縄県教育委員会、一九七四年、八五三〜八五四頁。

34　前掲、新屋敷『与那城村史』一三四頁。

35　与那城村屋慶名、饒辺、安勢理の大多数の住民らは国頭へ徒歩で移動したが、食糧難を懸念した中頭郡の住民の多くは北部への避難をやめた。前掲、新屋敷『与那城村史』四四九頁。

36　前掲、福田『勝連村誌』三九〇頁。

37　一九六一年八月一日から一九六五年七月三一日まで存在した琉球政府経済局移民課は、旧南洋群島から引き揚げた人びとによる一九六〇年前後の南洋移民再開に向けた運動に影響を受け、本統計を作成した。「南洋帰還者調」沖縄県文化振興会公文書管理部資料編集室『沖縄県史　資料編一七　旧南洋群島関係資料（近代五）』沖縄県教育委員会、二〇〇三年、六四八〜七一二頁。

38　前掲、具志川市史編さん委員会編『具志川市史　第四巻　移民・出稼ぎ論考編』七四七頁、前掲、具志川市史編さん委員会編『具志川市史　第五巻　戦争編戦時記録』六九頁。引揚げは危険な試みであり、航海中の攻撃と沈没により約一七〇〇人が水没した。

39　前掲、具志川市史編さん委員会編『具志川市史　第四巻　移民・出稼ぎ論考編』七四七頁、前掲、具志川市史編さん委員会編『具志川市史　第五巻　戦争編戦時記録』七〇頁。

40　前掲、具志川市史編さん委員会編『具志川市史　第五巻　戦争編戦時記録』七二頁。

41　前掲、具志川市史編さん委員会編『具志川市史　第五巻　戦争編戦時記録』一三二〜一三三頁。

42　前掲、具志川市史編さん委員会編『具志川市史　第五巻　戦争編戦時記録』一四八頁。

43　荒井幸市「戦災日記」によれば、一九四四年、米軍機による空襲のない日はわずか「二〇日位」であったと記録されているという。前掲、具志川市史編さん委員会編『具志川市史　第五巻　戦争編戦時記録』一六〇〜一六一、一六八頁。

44　移動先は千葉、静岡、愛知、三重、滋賀、鹿児島、福岡などの各県。前掲、具志川市史編さん委員会編『具志川市史　第五巻　戦争編戦時記録』一七〇頁。

45 『琉球新報』一九九三年五月二三日。
46 これらの住民の約八割は一九四六年四月頃には元部落に復帰することとなる。前掲、沖縄県教育委員会編『沖縄県史　第一〇巻　各論編九　沖縄戦記録二』四一九頁、前掲、新屋敷『与那城村史』四六二頁。南風原地区では米軍との交渉を英語話者に担当させたことから、衣服や食糧配給、インフラ整備の為の建築資材が潤沢であった。また割当土地制度も実施された。
47 前掲、安里『海はひとの母である――沖縄金武湾から』一五三頁。
48 戦後、混乱期において米軍が制定した一六市（地区）のうちの一つ。平安座島に設けられる。
49 前掲、新屋敷『与那城村史』四六一頁。
50 前掲、沖縄県教育委員会編『沖縄県史　第一〇巻　各論編九　沖縄戦記録二』八七四～八七五、八六四頁。
51 前掲、沖縄県教育委員会編『沖縄県史　第一〇巻　各論編九　沖縄戦記録二』八八七頁、前掲、安里『海はひとの母である――沖縄金武湾から』一五三頁。
52 前掲、沖縄県教育委員会編『沖縄県史　第一〇巻　各論編九　沖縄戦記録二』八四〇頁。
53 前掲、沖縄県教育委員会編『沖縄県史　第一〇巻　各論編九　沖縄戦記録二』八四九、八七二、八七四～八七五頁。
54 前掲、沖縄県教育委員会編『沖縄県史　第一〇巻　各論編九　沖縄戦記録二』八五九頁。
55 前掲、沖縄県教育委員会編『沖縄県史　第一〇巻　各論編九　沖縄戦記録二』八四二～八四三、八九一頁。
56 前掲、沖縄県教育委員会編『沖縄県史　第一〇巻　各論編九　沖縄戦記録二』八六三～八六四頁。
57 前掲、沖縄県教育委員会編『沖縄県史　第一〇巻　各論編九　沖縄戦記録二』八六三～八六四頁。
58 前掲、福田『勝連村誌』三二五～三二九、四六三頁。チャイナ陣地については以下を参照。高橋順子・森岡稔・波照間陽「占領初期沖縄の勝連半島地域における「チャイナ陣地」に関する一考察」『日本女子大学大学院人間社会研究科紀要』第二〇号、二〇一四年三月。
59 前掲、具志川市史編さん委員会編『具志川市史　第五巻　戦争編戦時記録』九六四、九七三頁。
60 ホワイトビーチ地区の返還地のうち、三六万六千平方メートルが未整備の状態で農地として引き継がれ、一三万四千メートルが陸上自衛隊に再提供された。沖縄県労働渉外部「返還軍用地の施設別概要」を基にうるま市が作成した「11.　基地の

返還及び跡地利用」〈http://www.city.uruma.lg.jp/DAT/LIB/WEB/1/1lurumashito-kichihenkanoyobiatochiriyou.pdf〉（二〇一三年六月二三日取得）。

61　前掲、新屋敷『与那城村史』四六二～四六三頁。

62　さらに「総面積と耕地の概情」については「耕作し得べき地域は殆ど開発しつくされ、今後耕地に適する開発地の余地はないといわれている」と述べられており、土地面積の狭小さが強く意識されていることが確認できる。沖縄朝日新聞社『沖縄大観』日本通信社、一九五三年、七六～七七頁。

63　沖縄市町村長会『地方自治七周年記念誌』沖縄市町村長会、一九五五年、四六頁。

64　前掲、沖縄市町村長会『地方自治七周年記念誌』四六頁。

65　前掲、沖縄市町村長会『地方自治七周年記念誌』四六頁。

66　『沖縄大観』の「農業」項目には「戦前戦後の比較及び戦争中の破壊状況」について次のように記されている。「農家の住家、納屋、畜産、堆肥厩舎、農機具、種苗、製糖場、精米所、作業場、共同蚕室、製茶工場等あらゆる施設は焼失してしまった。しかも戦争中及び戦後都部地区に集団生活を余儀なくされたため、半ヵ年乃至一年余にわたり農業は中断されてしまった。その結果耕地は雑草叢生して荒無地と化しており、現住地に復帰して農業を再開した時には殆んど無から出発するに等しく、その悲惨さは言語に絶するものがあった」。前掲、沖縄朝日新聞社『沖縄大観』七六～七七頁。

67　前掲、沖縄朝日新聞社『沖縄大観』七七頁。戦後製粉所が設置されたのは食用麦の配給があったことによる。水産業に関しては、戦争によって離島で僅かばかりの損傷を受けた漁船一〇隻程度を除きほとんどが破壊されたが、一九五〇年までには戦後米軍の復興事業や支給によって米軍用船又は舟艇、和船、刳船が増加、漁獲高も戦前に近づいていた。『沖縄大観』一〇四頁。

68　前掲、安里『海はひとの母である――沖縄金武湾から』一五五～一五六頁。

69　佐治靖「「離島苦」の歴史的消長――サンゴ礁の海をめぐる暮らしと開発」松井健編『環境と開発の文化学――沖縄地域社会変動の諸契機』榕樹書林、二〇〇二年、三六二頁。

70　前掲、新屋敷『与那城村史』一三五頁。

71　関礼子「開発の海に離散する人びと――平安座における漁業の位相とマイナー・サブシステンスの展開」前掲、松井編

『島の生活世界と開発3　沖縄列島――シマの自然と伝統のゆくえ』二二九頁。佐治靖も「「離島苦」の発生とは、終戦を境にした生活の変化の中にこそ要因」があり「それは一九五〇年代までのおよそ一五年間に急速に意識されるようになり深化していく」状況があったと指摘している。前掲、佐治「「離島苦」の歴史的消長――サンゴ礁の海をめぐる暮らしと開発」二一三頁。

72　「軍作業」とは米軍雇用労働のこと。初期の沖縄戦中から戦後にかけては米軍が住民を収容し労務をさせ、後一九四六年に賃金制度化、施政権返還時には、人員整理のため二万七千数百人から七千数百人へと大幅に減少した。沖縄大百科事典刊行事務局編『沖縄大百科事典　上巻』沖縄タイムス社、一九八三年、一〇〇六頁。

73　沖縄島を三地区に区分したうち、南部は那覇市・南風原町・与那原町以南、中部は読谷村・旧石川市以南と浦添市・西原町以北、北部は恩納村・金武村以北をさす。

74　前掲、沖縄朝日新聞社『沖縄大観』一七八頁。

75　前掲、新屋敷『与那城村史』二六九～二七〇頁。

76　この施設は米陸軍第三〇砲兵旅団ミサイル部隊支配下のナイキ・ハーキュリーズ誘導基地となるが後に返還されたAサイトのうち六万二千平方メートルは総合病院用地などに使用され、同じく返還されたBサイトの一三万六千平方メートルは農耕地として利用されている。前掲、うるま市「11基地の返還及び跡地利用」一〇五～一〇六頁。

77　前掲、福田『勝連村誌』二九五頁。Aサイン業者は、米軍人・軍属の立ち入り許可を受けた飲食店、ホテル、風俗営業をさす。“Approved”の頭文字である〝A〟を店頭に表示した。

78　前掲、新屋敷『与那城村史』二八九～二九一頁。

79　前掲、新屋敷『与那城村史』二八九頁。

80　一九五二年四月一日、米軍統治下にあった沖縄で、連邦政府の出先機関である米国民政府（United States Civil Administration of the Ryukyu Islands：USCAR）の布令第一三号「琉球政府の設立」（一九五二年二月二九日）に基づき、琉球列島全土の住民側の中央政府として「琉球政府」（Government of the Ryukyu Islands）が設立された。施政権返還の前日一九七二年五月一四日に廃止される。

81　同計画書と『経済振興第一次五カ年計画修正書』（一九五八年五月）の作成にいたる過程の詳細ついては桜澤誠「一九五

〇年代沖縄における「基地経済」と「自立経済」の相剋」『年報・日本現代史』第一七号、二〇一二年を参照した。また「基地経済」が支配する状況にあった一九五〇年代の沖縄における経済計画や「自立経済」の模索については同桜澤論文と前掲、鳥山『沖縄／基地社会の起源と相克――1945－1956』を参照した。

82　戦前は一九三四～一九三六年の平均、戦後は一九五三年の資料に基づく統計をもとにしている。前掲、与那国『戦後沖縄の社会変動と近代化――米軍支配と大衆運動のダイナミズム』一二五～一二六頁、琉球政府『経済振興第一次五カ年計画書』一九五五年、五七～五八頁。

83　米軍発行のB型軍票（Type "B" Military Yen）のこと。一九四八年七月、日本円の「不法流入」とインフレを防止し、日本からの分離を前提とした統治政策を背景に「唯一の法定通貨」として発行され、ドル通貨制に移行した一九五八年九月までの間使われた。沖縄大百科事典刊行事務局編『沖縄大百科事典　下巻』沖縄タイムス社、一九八三年、二七六～二七七頁。

84　前掲、与那国『戦後沖縄の社会変動と近代化――米軍支配と大衆運動のダイナミズム』一三四～一三五頁、前掲、琉球銀行調査部編『戦後沖縄経済史』一八九～二〇八頁。

85　一九六七年度における輸入の内訳は日用品・雑用品三一・五％、食料・飲料・煙草一八・八％、建築用材料一二・三％であり、これについて田坂仁郎は一九六九年、「国内生産の若干を除いた食料、ほとんど全面的に海外に依存する日用雑貨のみならず、基地ブームから住宅、設備投資ブームに転じた最近ではそれらのすべてをも輸入にまたなくてはならぬといった現状なのである」と指摘している。田坂仁郎「沖縄経済の再建築について」『レファレンス』第一九巻第二号、一九六九年二月、四～六頁。

86　前掲、田坂「沖縄経済の再建築について」四～六頁。輸出について田坂は、砂糖・パイナップル加工品が輸出総額を占める割合は、一九六七年度において砂糖五一・九％、パイナップル二〇・二％で計七二・一％と高いが、生産コストが外国産に比べ著しく高く、一九五九年四月に日本で実施された「砂糖消費税を引き下げ輸入粗糖の関税を引き上げる消費税の関税振替」、一九六四年三月制定の「沖縄産糖の政府買入れに関する特別措置法」、一九六五年二月制定の「砂糖の価格安定等に関する特別措置法」などの「保護措置によって沖縄産糖の輸出がかろうじて可能になっている」実態を指摘した。

87　前掲、田坂「沖縄経済の再建築について」六頁。

《第2章　運動前史――施政権返還時の金武湾開発まで》

1　前掲、屋嘉比『沖縄戦、米軍占領史を学びなおす――記憶をいかに継承するか』二六七頁。
2　松旭俊作「沖縄の農林漁業と金融」『農林金融』第二三巻第七号、一九七〇年七月、三八～三九頁。
3　前掲、与那国『戦後沖縄の社会変動と近代化――米軍支配と大衆運動のダイナミズム』一二七頁。与那国は宮本憲一『開発と自治の展望』筑摩書房、一九七九年、一五頁を参照している。
4　前掲、松旭「沖縄の農林漁業と金融」四〇～四一頁。
5　前掲、与那国『戦後沖縄の社会変動と近代化――米軍支配と大衆運動のダイナミズム』一二八頁。
6　前掲、松旭「沖縄の農林漁業と金融」四二頁。
7　杉田昭夫「水産資源からみた沿岸漁場の公害問題」『農林金融』第二五巻第二号、一九七二年二月、三～四頁。
8　前掲、杉田「水産資源からみた沿岸漁場の公害問題」七～九頁。
9　前掲、沖縄大百科事典刊行事務局編『沖縄大百科事典　中巻』五二四頁。
10　前掲、与那国『戦後沖縄の社会変動と近代化――米軍支配と大衆運動のダイナミズム』一四一頁。
11　前掲、与那国『戦後沖縄の社会変動と近代化――米軍支配と大衆運動のダイナミズム』一四三～一四四頁。
12　平良恵三「離島の現状と課題」『経済評論』第二二巻第一号、一九七三年一月、二二〇～二二二頁。
13　「離島計画の執行状況」について、空港事業達成率三四九・五に対し、土地改良事業四四・〇、灌漑・排水事業五〇・一、水道事業四一・〇であり、達成率の低いことがわかる。前掲、平良「離島の現状と課題」二二一～二二二頁。
14　前掲、平良「離島の現状と課題」二二一～二一七頁。
15　施政権返還前後の沖縄における「自立」経済模索の過程、特に日本側の動きの詳細については、桜澤誠「沖縄の復帰過程と「自立」への模索」『日本史研究』第六〇六号、二〇一三年二月を参照。
16　畠山大「沖縄経済と石油資本――その関係性と役割規定」『商学研究論集』第一九号、二〇〇三年九月、三〇〇頁。
17　前掲、田坂「沖縄経済の再建築について」二一一～二二三頁。

18　ガリオアは“Government and Relief in Occupied Areas Fund（占領地域統治救済資金）”の略称。第二次世界大戦後の米国政府予算計上による援助で、沖縄においては、一九四六年七月から一九五七年度まで継続された。一九四七年度から一九五四年度までは主に「現物援助」がなされるが、その内容としては食糧にはじまり、肥料、種子、石油製品、米軍駐留の恒久化が決まった一九四九年以後は建設事業などが主なものであった。一九五五年度以降は琉球政府への「現金援助」が主になる。前掲、沖縄大百科事典刊行事務局編『沖縄大百科事典　上巻』七七六頁。

19　松岡政保『波乱と激動の回想――米国の沖縄統治二五年』私家版、一九七二年、一二八～一三三頁。

20　「復命書」沖縄県公文書館所蔵琉球政府文書R00000558B「中南米訪問に関する報告書」所収。視察旅行については連日『沖縄タイムス』や『琉球新報』で報道されたが、『琉球新報』（一九六七年九月二一日）では、松岡がプエルトリコで実施された住民投票の実態を調査するとともに、経済問題についても調査する」予定であると報道された。

21　沖縄県公文書館所蔵琉球政府文書R00000784B「勧告予定案件　第三六回定例会　一九六八年」所収。

22　「米国民政府指令第二〇号（一九五二年一二月二九日）外資導入合同審議会の組織及び職務並びに運営手続」及び改正第一号、改正第二号を参照。月刊沖縄社編『アメリカの沖縄統治関係法規総覧（Ⅳ）』池宮商会、一九八三年、五七六～五七九頁。

23　前掲、松岡『波乱と激動の回想――米国の沖縄統治二五年』三一五頁。

24　前掲、沖縄大百科事典刊行事務局編『沖縄大百科事典　上巻』五七七頁。調査・研究成果としてほかには『復帰問題研究』（第一～三号、一九六八～六九年）などを発表した。

25　『朝日新聞』一九六七年一二月一日、一九六八年一月一九日、一九六八年一月二三日。

26　沖縄県公文書館「三月一九日　ケネディ新政策を発表（一九六二年）」〈http://www.archives.pref.okinawa.jp/publication/2013/03/post-166.html〉（二〇一六年三月二日取得）。

27　日本政府からの援助金総額の八割は沖縄返還が確定する一九六九年以降の復帰対策に対する支出であった。宮田裕「沖縄経済の特異性はどうしてつくられたか」『沖縄「自立」への道を求めて――基地・経済・自治の視点から』高文研、二〇〇九年、一一四頁。

28　大城立裕『現地からの報告　沖縄』月刊ペン社、一九六九年、七五～七六頁。

29　総務局付属機関として一九六五年八月に設置される。一九七二年五月には「沖縄県総務部自治研修所」へと改称された。前掲、沖縄大百科事典刊行事務局編『沖縄大百科事典　上巻』四七九頁。

30　沖縄県公文書館「インタビュー大城立裕先生「琉球政府時代の公文書を語る」」〈http://www.archives.pref.okinawa.jp/collection/2013/03/post-458.html〉（二〇一四年五月一三日取得）。

31　前掲、大城『現地からの報告　沖縄』七六頁。

32　前掲、大城『現地からの報告　沖縄』七五～七六頁。

33　前掲、大城『現地からの報告　沖縄』七三～七四頁。

34　前掲、田坂「沖縄経済の再建築について」二二一～二二三頁。

35　同報告書は、総理府総務長官・田中龍夫に提出された。

36　前掲、田坂「沖縄経済の再建築について」二二三～二二四頁。

37　日本工業立地センター『沖縄工業開発計画基礎調査報告書』一九六九年、一七〇～一七二頁。同報告には砂糖・パイナップル産業、基地、観光に並ぶ「新しい開発の動き」として「研究開発」が取り上げられ、その「開発成果は局地的な条件よりも、国家的、国際的な視野から尊重されるもの」であるとし、地域開発における国家的利益の可能性が見出されている。同『沖縄工業開発計画基礎調査報告書』一三頁。

38　一九四七年に結成された沖縄教育連合会が一九五二年に沖縄教職員会へと改組、同教職員会は一九七一年九月に解散し沖縄県教職員組合が新たに結成された。前掲、沖縄大百科事典刊行事務局編『沖縄大百科事典　上巻』四四五頁。

39　鎌田慧『六カ所村の記録――核燃料サイクル基地の素顔』岩波書店、一九九一年。

40　同報告書にはまた「沖縄開発に対するひとつのオリエンテーション」として「ハワイ諸島の開発」を事例として挙げており興味深い。前掲、財団法人日本工業立地センター『沖縄工業開発計画基礎調査報告書』一三頁。

41　桜澤誠「沖縄の復帰過程と「自立」への模索」『日本史研究』第六〇六号、二〇一三年、一五〇頁。

42　前掲、琉球銀行調査部編『戦後沖縄経済史』一〇二九頁。

43　前掲、琉球銀行調査部編『戦後沖縄経済史』一〇二九頁。

44　前掲、琉球銀行調査部編『戦後沖縄経済史』一〇二五頁。

45 前掲、琉球銀行調査部編『戦後沖縄経済史』一〇二六頁。
46 多田治「沖縄イメージの誕生――沖縄海洋博と観光リゾート化のプロセス」早稲田大学大学院文学研究科提出博士論文、二〇〇三年二月、三三三頁。
47 『朝日新聞』一九六九年一一月一〇日。
48 大城立裕・玉野井芳郎（対談）「やさしさは力たりうるか」玉野井芳郎編『地域からの思索』沖縄タイムス社、一九八三年、三〇二～三〇三頁。
49 前掲、琉球銀行調査部編『戦後沖縄経済史』一〇二二頁。
50 前掲、与那国『戦後沖縄の社会変動と近代化――米軍支配と大衆運動のダイナミズム』一五二～一五三頁。
51 経済企画庁他五人、総理府特別地域連絡局からは斉藤清三他一人、通商産業省からは松田岩夫他一人、建設省からは八木純一他三人、労働省からは寺田光夫、農林省からは田中信成、運輸省からは今野修平、厚生省からは増田正直、大蔵省からは岡島和男、自治省からは能勢邦之が派遣された。琉球経済開発審議会「琉球政府長期経済開発計画」『沖縄経済』臨時増刊号、一九七一年一月、三二五頁。
52 前掲、琉球銀行調査部編『戦後沖縄経済誌』一〇二二～一〇二三頁。
53 同案は「自然環境」の保護や「無公害企業」を求める姿勢を打ち出しているが、それはすでに操業を開始していた米国際石油企業の石油備蓄基地・石油精製工場での事故やそれに伴う公害から石油産業への懸念が高まっていたからだと思われる。前掲、与那国『戦後沖縄の社会変動と近代化――米軍支配と大衆運動のダイナミズム』一五〇～一五一頁。前掲、琉球銀行調査部編『戦後沖縄経済史』一〇二二～一〇二三頁。
54 新崎盛暉『沖縄現代史』岩波書店、二〇〇五年、五〇頁。
55 平安座石油産業用地等地主会『創立二〇周年記念誌』平安座石油産業用地等地主会、一九九三年。
56 『沖縄タイムス』一九六七年四月一五日。
57 ロイ・仲田は、金武村にルーツを持つハワイ沖縄県系二世の弁護士であり、沖縄に在住、第二次琉大事件の際、処分決定を下した緊急合同会議にも琉大財団理事として出席していた人物で、施政権返還前には与那城村への国際石油資本の進出計画にも関わっていた。Don Shannon, "U.S. Businessmen lament reversion of Okinawa." *St. Petersburg Times*, December 1,

1969. は、沖縄の施政権返還に際し、「アメリカ人事業家」の日本企業の進出に対する危機感と「嘆き」について伝えており、彼らの集いにロイ・仲田も出席している。

58　一九六七年五月八日　与那城村議会会議録。

59　一九六七年五月八日　与那城村議会会議録。

60　香村喜洋「地権と地域の連帯」前掲、平安座石油産業用地等地主会『創立二〇周年記念誌』。

61　安里悦治・崎原盛秀・平良良昭・天願尚吉・照屋房子「〔座談会〕「金武湾を守る会」の闘争を振り返って」『けーし風』第四四号、二〇〇四年九月、二四〜三三頁。

62　金武湾を守る会「金武湾内におけるCTS石油精製の現状と将来の計画」『環境破壊』第六巻第一号、一九七五年、五七頁、Howell, Thomas R. "Foreclosing Japanese Hong Kong : Okinawa 1967–1972". *Japan Policy Research Institute, Occasional Paper 16*, March 2002, p.8.

63　Ibid., "Foreclosing Japanese Hong Kong", p.8.

64　太田範雄の回想録によれば、太田は借金苦にあったとき与勝半島周辺の島々をめぐり歩くなか、金武湾を埋立てるという「閃き」をえて、そこに企業を誘致し離島苦解消をはかるという構想をもって自ら与勝漁業協同組合桃原支部に同組合員である与那城・勝連両村の漁民から同意をとりつけた。そして一九七〇年四月一三日村長選挙で当選し第一八代村長に就任した与那城村長・中村盛俊に桃原地先の公有水面の埋立計画について打診した。太田範雄『沖縄巨大プロジェクトの奇跡――石油備蓄基地（ＣＴＳ）開発　激闘の９年』アートデイズ、二〇〇四年。ただ、金武湾の埋立という太田の「閃き」に先だって与那城村は日本工業立地センターに開発計画を委託している。太田の意向や働きかけのみを金武湾開発の背景とみなすことはできないと思われる。

65　新屋敷は中村が村の将来における市町村合併の可能性を前提に村政に取り組み、中央集権的企業の先兵となって与勝の近代化を達成しようとしたと指摘、開発構想図を引用し「住民の想像もつかなかったような大工業世界が描きだされている」と述べた。これが、与那城村が三菱や日本工業立地センターの開発構想に共鳴した背景の一つとしてあるとも考えられる。前掲、新屋敷『与那城村史』五〇九〜五一〇頁。

66　前掲、太田『沖縄巨大プロジェクトの奇跡――石油備蓄基地（ＣＴＳ）開発　激闘の９年』三三〜四〇頁。

67 前掲、太田『沖縄巨大プロジェクトの奇跡――石油備蓄基地（ＣＴＳ）開発　激闘の9年』三三～五五頁。

68 屋良朝苗は退任後の一九七六年九月一日より沖縄タイムス紙に「激動の八年――屋良朝苗回想録」を一四〇回にわたって連載、同連載記事が加筆訂正を加えられ出版されている。回想録でＣＴＳ問題は連載の終わりにかけて第一二八回から第一三八回にわたって連載されている。八年の任期を終えた後の記者団からの、任期中「最も印象に残ったのは？」という質問に対し「『ＣＴＳである』と答えた」とし、「復帰前後から混乱と悩みのタネ」であったと述懐している。屋良朝苗『激動八年――屋良朝苗回想録』沖縄タイムス社、一九八五年、一六六～二六七頁。

69 一九七一年五月八日、与那城村議会会議録。

70 このとき議員の前原正信は質問の際、特別委員会の審査結果について「後にいろいろな問題が派生した場合にはどうなることかと、そういうこともあって去った議会においても意見を述べて参りましたが、何等そういう意見が特別委員会の中で取り上げられていないことに遺憾の意をもつわけであり、こういう問題をさておいて、ただ両候補が政策にあげていたから住民は賛成である。こういう問題の捉え方をしては困ると思うわけです」と述べたが、議長・赤嶺正雄の進行で休憩に入り、午後の再開時には同議案について「十分質疑は尽きたもの」とし質疑を打ち切った。討論に入り決議の際には前田治栄議員より「異議あり」が提起されたが、赤嶺は「所定の賛成者がおりませんので取り上げない」とし、承認決議を行った。一九七〇年三月三〇日　与那城村議会定例会会議録。

71 前掲、太田『沖縄巨大プロジェクトの軌跡――石油備蓄基地（ＣＴＳ）開発　激闘の9年』四八～四九頁。

72 一九七一年一一月二四日　与那城村議会臨時会会議録。

73 一九七一年一一月二四日　与那城村議会臨時会会議録。

74 香村はまた、外資審議会への外資申請者が「琉菱株式会社」であることとの齟齬についてもふれた。なお、外資審議会は琉球政府行政主席の諮問機関として、「外資に関する立法」により一九六九年三月一〇日に設置された。大城博光「琉球政府行政主席の諮問機関」『沖縄県公文書館研究紀要』第九号、二〇〇七年三月、一〇七頁。

75 一九七一年一一月二五日　与那城村議会臨時会会議録。

76 前掲、屋良『激動八年――屋良朝苗回想録』二六七頁。

77 沖縄経済開発研究所『沖縄・金武湾地区開発基本構想』沖縄経済開発研究所、一九七二年。

78　「地域の活性化に連動する方向を目指した編集方針のもと」一九八三年に創刊された春夏秋冬社『月刊自治新報』の理事長・仲里嘉彦が理事長を務める「万国津梁機構　第一〇回定期講演会」（二〇一三年四月一三日開催）で、同機構の顧問である太田範雄は、著書に続き金武湾への第二の石油備蓄基地建設までの詳細について言及している。〈http://www.bankokushinryou-kikou.com/news/p7451.php〉（二〇一四年五月一四日取得）。

79　前掲、太田『沖縄巨大プロジェクトの奇跡——石油備蓄基地（CTS）開発　激闘の9年』七八頁。

80　前掲、太田『沖縄巨大プロジェクトの奇跡——石油備蓄基地（CTS）開発　激闘の9年』七八頁。金武湾を守る会『沖縄県が三菱に与えた六四万坪の埋立認可の誤りを糾弾する——金武湾・中城湾開発構想反対（準備書面）』金武湾を守る会、一九七五年、三頁。金武湾を守る会は一九七四年九月五日、屋良知事を被告に提訴した公有水面埋立免許無効確認請求事件について、一九七五年九月五日に提出した準備書面を冊子『沖縄県が三菱に与えた六四万坪の埋立認可の誤りを糾弾する——金武湾・中城湾開発構想反対（準備書面）』としてまとめている。

81　議事第二七「工業用水取水の中止実現方に関する陳情」議事第五〇「ガルフ社の工業用水取水反対に関する陳情」（陳情番号一三七、具志川市議会議長・当銘由親、付託月日二月一日）、議事第一〇四「公有水面埋立の早期認可に関する陳情」（陳情番号二八〇、与那城村議会議長・赤嶺正雄、付託月日四月八日）、議事第一〇七「与勝海上公園の存置に関する陳情」（陳情番号二八八、勝連村長・野原昌常、付託月日四月一四日）、議事第一〇九「公有水面埋立による離島苦解消に関する陳情」（陳情番号二〇五、桃原小学校PTA会長・喜納武雄、付託月日四月一四日）。沖縄県公文書館ホームページ「琉球立法院会議録」一九七二年五月八日　第四九回立法院会議（第一〇号）〈http://www.archives.pref.okinawa.jp/html2/49/49-10.pdf〉（二〇一三年八月九日取得）。

82　前掲、屋良『激動八年——屋良朝苗回想録』二六八〜二六九頁。

83　前掲、金武湾を守る会『沖縄県が三菱に与えた六四万坪の埋立認可の誤りを糾弾する——金武湾・中城湾開発構想反対（準備書面）』九九頁。

《第3章 「一人びとりが代表」——金武湾を守る会の抗議の始まり》

1 一九六八年一一月一九日、嘉手納空軍基地でB52が墜落し大爆発を起こす。それに対する抗議集会で結成された「いのちを守る県民共闘」はB52が沖縄に常駐し始めてからちょうど一年目の一九六九年二月四日にゼネストを行うことを決める。だが、日本政府がゼネスト回避を屋良主席、総評、同盟を通じて働きかけ、その要請を受けた県労協は「革新政権を窮地に追いこまない」ことを理由に、県民共闘にゼネスト回避の提案を決定した。この「二・四ゼネスト」を主な契機として、沖縄革新勢力と本土革新勢力の系列化、内実を問わず復帰を優先させる姿勢の問題が認識されるようになった。

2 沖縄返還協定を承認する国会に沖縄からの議員参加は、返還協定の内容を県民の総意として認めてしまうという理由から、代表議員選挙の拒否を訴えた。前掲、新崎・中野『沖縄戦後史』二〇八〜二一一頁。

3 沖縄での毒ガス撤去闘争により沖縄県外への毒ガス移送が決定されるが、移送候補地であったワシントン州とオレゴン州でも抗議が起こり、ハワイ諸島西一三〇〇キロのジョンストン島へ変更される。しかし移送が近づくにつれ、移送経路付近の住民にとっての安全確保が問題となり、沿道住民による毒ガス移送に反対する抗議行動が組織された。

4 一九四八年時点では法定通貨はB円（軍票）、一九五八年以降は米ドルが使われていた。一九七一年、「ニクソンショック」によりドルの固定相場制から変動相場制へ移行する。一九七一年時点で貿易の七七・五％を本土からの輸入物資が占めていた沖縄では、貿易収支において輸入額が輸出額の四・五倍を上回る「輸入超過状態」にあった。そのため、翌年一九七二年の施政権返還に伴うドルから円への通貨交換により、対外収支の危機と物価騰貴による経済混乱が生じた。前掲、琉球銀行調査部編『戦後沖縄経済史』一〇八一〜一〇八二、一一八〇頁、沖縄県『県勢白書 昭和四九年度版』一九七五年、四九六頁。

5 島嶼町村制施行に伴い設置された西原村は、一九七九年の町制施行により西原町となり、現在にいたる。

6 国土交通省『新全国総合開発計画』一九六九年の「沖縄開発の基本構想」を参照。

7 『沖縄年鑑』は、放射能汚染により魚の売れ行きが悪くなったという勝連村漁業協同組合員・漁民の苦境について報告している。「勝連村」沖縄タイムス社『沖縄年鑑 昭和四七年版（復刻版第一二巻）』沖縄タイムス社、一九七二年、六〇六頁。

8 小田藤太郎「沖縄の海洋汚染」『自主講座』第八号、一九七一年一一月。
9 前掲、畠山「沖縄経済と石油産業――その関係性と役割規定」。
10 一九五二年頃から普及したラジオ放送共同聴取施設（Group Listening System）。米軍政府がガリオア資金を用いて各市町村に共同聴取施設を設置、各家庭に有線でラジオが放送された。多額の設備費用がいらず、個人経営でも採算がとれたことから沖縄全島に普及、一九五八年には最も多い一二万台に達していた。前掲、沖縄大百科事典刊行事務局編『沖縄大百科事典　上巻』六二八頁。
11 首里牛善（聞き手・新崎盛暉）「離島と農民――ある住民運動の背景」『新沖縄文学』第三四号、一九七七年一月。
12 新垣博からの聞き取り、二〇一二年一二日二二日。
13 外間裕からの聞き取り、二〇一二年一一月一八日、城間徳盛からの聞き取り、二〇一二年一二日二二日。
14 一九三〇年一〇月、小学校教員らが「生活権の擁護、社会機構の民主化、労働者・農民の貧困からの解放」を目的に「日本教育労働者組合八重山支部」を結成。「治安維持法」下で二年ほどの活動を経た三二年、警察に発覚しメンバー十数人のうち二人が起訴され有罪判決を受ける。前掲、沖縄大百科事典刊行事務局編『沖縄大百科事典　下巻』六九一頁。
15 平良幸市回想録刊行委員会編『土着の人――平良幸市小伝』平良幸市回想録刊行委員会、一九九四年、一一五頁。
16 城間徳盛からの聞き取り、二〇一三年一二月二二日。
17 守礼六平太「ルポルタージュ　東洋石油建設阻止闘争」『共和国』第三号、合同出版、一九七〇年六月、三四～三五頁。
18 城間徳盛からの聞き取り、二〇一二年一二月二二日。
19 第6章で詳述するが、たとえば中部地区労働組合協議会などは沖縄県労働組合協議会などの下部組織であることを否定し積極的に地域に関わろうとしていた。
20 川上辰雄からの聞き取り、二〇一二年一一月一八日。
21 上原こずえ「一人びとりが代表――崎原盛秀の戦後史をたどる（6）中央高等学校での日々」『月刊琉球』二〇一五年一二月・二〇一六年一月合併号。
22 森宣雄「「沖縄人プロレタリアート」と「琉球南蛮」――沖縄戦後史の終焉の現在」『InterCommunication』第四六号、二〇〇三年、一一四～一一八頁。引用は一一六頁。

23　外部の集会などで常に暴力に対峙する彼らの一部が現地で繰り広げる内ゲバや争いを仲介し阻止することは、闘争委員会にとっての課題でもあったという。城間徳盛からの聞き取り、二〇一二年一二月二二日。
24　城間徳盛からの聞き取り、二〇一二年一二月二二日。
25　前掲、守礼「ルポルタージュ　東洋石油建設阻止闘争」三二頁。
26　新垣博からの聞き取り、二〇一二年一二月二二日。
27　宇井と同様、東京大学工学部の助手をつとめ、都の下水道行政などへの批判を展開した。
28　この点ついては小川進から教示を得た。
29　大城昌夫「東洋石油基地反対闘争」『自主講座』第二三号、一九七三年、一〇〜一六頁。
30　宇井純「応援と交流の網の目を」『木麻黄』第三号、一九七四年一二月三〇日。
31　上原こずえ「毒ガスの行方——沖縄の毒ガス移送問題から考える「他者」との連帯」池田理知子編『メディア・リテラシーの現在』ナカニシヤ出版、二〇一三年。
32　たとえば、広島県大久野島旧日本軍毒ガス製造工場の元労務者による「毒ガス障害者連絡協議会」が、毒ガス事件後、琉球政府に対して毒ガスの危険性と撤去を訴える手紙を送ったことが『沖縄タイムス』や『琉球新報』で報道されたのを機に第二次世界大戦中の大久野島における毒ガス製造が問題となった。また国会では、戦後の日本における化学兵器の製造の真偽が追究され、日本で製造された枯葉剤がオーストラリアに輸出され、加工された後にヴェトナムに輸出されていることが明らかになった。『朝日新聞』一九六九年七月二四日。
33　前掲、上原「毒ガスの行方——沖縄の毒ガス移送問題から考える「他者」との連帯」。
34　崎原によれば、当時の運動は「革新」政党や労組中心の運動であった。しかし「生命に関わる問題である」という理由から革新にこだわらずに保守村長と一緒に運動することになったという。崎原盛秀からの聞き取り、二〇一〇年九月。
35　崎原と屋良との衝突はそれが初めてではなかった。一九五三年の労働基準法制定を背景に、中頭教職員会でも団結権の保障を求め一九六〇年に組合への移行が決議されたが、集会に登壇した当時教職員会会長であった屋良は、組合移行を認めないと宣言した。即座に抗議した崎原は当時の青年部長であった各校の教頭らに手足をつかまれ場外まで引っ張り出されたという。上原こずえ「一人びとりが代表——崎原盛秀の戦後史をたどる（9）沖縄返還運動から毒ガス移送闘争へ」『月刊琉球』第三四号、二〇一六年四月。

36　これに関連して崎原は、一九八〇年代、沖縄県教職員組合が「全体としてできない」という理由で取り組まないよう求められていた「主任制反対運動」を、「組織を支えているのは私個人でもあ」り、「組織が私の行動を規制しても困る」、「自分でやる、自分の責任においてやる」との考えから一人で組織したことを振り返る。さらに同時期の、日本労働総同盟の全日本民間労働組合協議会（一九八二年）への合流や続く日本民間労働組合連合会（一九八七年）、日本労働組合総連合会（一九八九年）への再編について、「全てが一体となれば力にもなり得るんだ、という言い方をするけれども…その中身は完全に空洞化した形になって、妥協という形を通してかえって右より路線に進んでいく。だからそういう連合には私は反対した」と述べる。「組織というのはまさに路線というのが決まると大変」で「個々人の意志というのは、沖縄の意志というのはまったく反対されてしまう」と考えていたという。崎原盛秀からの聞き取り、二〇一〇年九月。

37　崎原盛秀からの聞き取り、二〇一〇年九月。

38　崎原盛秀からの聞き取り、二〇一〇年九月。

39　「一人びとりが代表」という言葉は、前掲、安里『海はひとの母である――沖縄金武湾から』の安里の語りのなかで出てきたものである。だが金武湾を守る会結成直後から、新聞記者の取材対応や県との交渉過程、『金武湾を守る会ニュース』や『金武湾通信』、『東海岸』を通じた呼びかけのなかで、金武湾の汚染に抗議し、その阻止に向けて行動する、命の代表としての「一人びとり」の存在は繰り返し強調されてきた。

40　沖縄アルミ進出反対闘争の主な動きは以下を参照。沖縄県石川市石川高校公害研「〈住民運動報告〉沖縄アルミ進出と市民運動」『自主講座』第一八号、一九七二年九月。

41　伊波義安からの聞き取り、二〇一二年三月。伊波の懸念はおそらく、施政権返還以前から沖縄で進行していた文教統制政策による「締め付け」強化に対し「青年教員」が培ってきた批判的態度にも依拠するものだと思われる。施政権返還前の沖縄における教職員らが置かれていた状況の変化や文教統制政策、沖縄教職員内部における執行部に対する「青年教員」らの批判については桜澤誠『沖縄の復帰運動と保革対立――沖縄地域社会の変容』有志舍、二〇一二年を参照した。

42　この闘争の初期の頃から主要なメンバーとして関わっていた伊波義安は後に金武湾闘争の組織化に関わることになる。伊波は金武湾を守る会結成前、金武湾各地の公民館で婦人会の女性たちとともに土本典昭監督の『水俣――患者さんとその世界』の上映会と学習会を開催、裁判を組織することになってからは、日本、沖縄各地の研究者や技術者、弁護士の協力も得ながら開発構想の問題、それを支える、国、そして沖縄県を追及しさらにそれを住民一人びとりの学習につなげていった。伊波義安からの聞き取り、二〇一二年三月。

43 伊波義安からの聞き取り、二〇一二年三月。

44 『沖縄県職労』第一〇六号、一九七四年七月二四日。

45 金武湾を守る会『CTS・埋立絶対反対――住民運動の記録《資料》1973.9 - 1974.6――闘いの足跡』一九七四年。

46 総務省法令データ提供システム「海洋汚染等及び海上災害の防止に関する法律施行令(昭和四六年六月二二日政令第二〇一号)」〈http://www.lawdata.org/law/htmldata/S46/S46SE201.html〉(二〇一三年一月二〇日取得)。

47 前掲、小田「沖縄の海洋汚染」。

48 原油輸入量は一九六六年に一億キロリットルを超え、一九七〇年に二億キロリットルを超えている。JX日鉱日石エネルギー「石油便覧」〈http://www.noe.jx-group.co.jp/binran/part02/chapter04/section01.html〉(二〇一三年一月二〇日取得)。

49 田場典儀からの聞き取り、二〇〇六年一二月二六日。

50 『東海岸』第二二号、一九八〇年五月一五日。

51 この点については、二〇一〇年九月に崎原盛秀から口頭で教示をえた。

52 前掲、安里・崎原・平良・天願・照屋「〈座談会〉「金武湾を守る会」の闘争を振り返って」二八頁。金武湾を守る会結成の一九七三年には、「枝手久の反CTS村民会議」、集団就職した人たちが東京で「ゆうなの会」、大阪で「がじゅまるの会」が結成されたが、これについて新崎盛暉は「それまではすべて本土並みを求めて、本土の中に沖縄が埋没するかたちで復帰運動などが進んできていたのが、沖縄とのつながりを再確認しながら大和社会にウチナーユーを作ろうという声がでてくる」動きとしてみている。新崎盛暉・崎原盛秀・米盛裕二「〈鼎談〉復帰後沖縄の住民運動――〈金武湾〉から〈白保〉まで」『新沖縄文学』第八七号、一九九一年三月、九一頁。

53 前掲、安里・崎原・平良・天願・照屋「〈座談会〉「金武湾を守る会」の闘争を振り返って」二八頁。

54 新崎盛暉は「運動をしている側が自らの運動を明確に住民運動として位置づけたのは、「金武湾を守る会」あたりがほとんど初めて」であるとしている。前掲、新崎・崎原・米盛「〈鼎談〉復帰後沖縄の住民運動――〈金武湾〉から〈白保〉まで」八六頁。

55 第6章で詳しくみていくが、反CTS裁判では、漁業法に基づき、公有水面の埋立にあたっては、この公有水面を含む漁区に共同漁業権を有する漁業協同組合が漁業権を放棄する必要があり、同組合はその決議の際、漁業を営む権利を持つ組合員半分以上の出席と、そのなかで三分の二以上の同意を得なければならないが、この手続きがなされていなかったことを問題にした。福岡県の豊前火力発電所建設をめぐる環境裁判や石垣島白保の空港建設に伴う埋立をめぐる裁判では、漁業法そのものを問い、漁業組合に加入していない漁業者の「員外者」としての漁業権を訴えた。家中茂「実践としての学問、学問としての実践」新崎盛暉・家中茂・比嘉政夫編『地域の自立　シマの力』コモンズ、二〇〇六年、五三頁。

56 前掲、安里『海はひとの母である——沖縄金武湾から』二一、二三頁。

57 前掲、松井『沖縄列島——シマの自然と伝統のゆくえ』八頁。「マイナー・サブシステンス」の詳しい定義については松井健『文化学の脱＝構築——琉球弧からの視座』榕樹書林、一九九八年を参照。

58 前掲、安里『海はひとの母である——沖縄金武湾から』四一〜四二頁。

59 安里清信「跳梁する妖怪」『新沖縄文学』第三四号、一九七七年一月、一五頁。

60 前掲、安里『海はひとの母である——沖縄金武湾から』、花崎皋平『田中正造と民衆思想の継承』七つ森書館、二〇一〇年。

61 輿石正監督による『シバサシ——安里清信の残照』じんぶん企画、二〇一二年には、安里清信の戦時、戦後経験が詳しく描かれている。なお、安里にとって金武湾闘争が「生き直し」であったという解釈は本ドキュメンタリーから学んだ。

62 前掲、安里『海はひとの母である——沖縄金武湾から』一一六〜一二二頁。

63 これについて土井智義は、川満、岡本両者の間に、施政権返還を求める「復帰運動」に対する捉え方の差異に着目し、川満は「復帰運動」を沖縄民衆の「本土を志向し続ける」ナショナリズムという「心的位相」としてみなしたのに対し、一方の岡本はそれを米軍統治に対する「直接民主々義的な運動形態」のあり方としても見ており、岡本が「集団自決」と「復帰運動」に異なる「共同体的生理」のあらわれを見出していることを指摘した。土井智義「構成的な共同性——岡本恵徳「水平軸の発想」を中心に」『侍兼山論叢日本学篇』第四三号、二〇〇九年一二月、二四〜二七頁。

64 岡本恵徳「水平軸の発想」『叢書わが沖縄　第六巻——沖縄の思想』木耳社、一九七〇年（岡本恵徳『現代沖縄の文学と思想」沖縄タイムス社、一九八一年所収、二五九～二六〇頁）。

65 季刊誌『共和国』が掲載した石田郁夫・谷川健一・我部政男・比屋根照夫「〈座談会〉沖縄における戦争体験と戦後思想」で我部は、「日本の一地方」としての沖縄において、「戦争協力者である沖縄の支配層」は「中央の支配層」に比して「きわめて低い地位」あるいは「サブ・リーダー」でしかなく、「そのことが戦争責任の追求を困難かつあいまいにしている」と言及した。『共和国』第三号、合同出版、一九七〇年六月、七四～七五頁。

66 ここでいう「戦後体験」は、「沖縄戦の最中逃げまどった記憶へ戦後のあらゆる荒廃の中で米軍によって慮起された殺人・持奪・強姦への恐怖を敵意や、生長《ママ》する過程で加えられた学問・思想・政治活動への弾圧、そのようなかんじがら《ママ》めの生活の中でつちかわれたもの」である。前掲、石田・谷川・我部・比屋根「〈座談会〉沖縄における戦争体験と戦後思想」七六頁。

67 中部反戦について森宣雄は次のように位置づけている。「基地内外の日米沖の反戦運動、黒人解放運動や、全共闘運動をくぐってきた日本のノンセクトの活動家、そして沖縄社会の本流から疎外された基地周辺の離島出身者たちなどが交差する地点で、反戦、反差別、日本資本による開発と公害への反対運動など、復帰運動の終焉を超える沖縄の新たな越境的な社会運動を切り開いた」。前掲、森「「沖縄人プロレタリアート」と「琉球南蛮」――沖縄戦後史の終焉の現在」一一六頁。中部反戦の中心的存在であった金城清二郎などは、金武湾闘争における青年行動隊の組織化においても中心的な役割を担った。

68 第7章で言及するように、関東への就職を期にべ平連や三里塚の闘争に関わった宮城節子は金武湾闘争のなかで、自らをあくまで「支援者」と位置づけていた。他にも、県外での運動経験のある「戦後世代」が金武湾闘争に取り組んでいた。

69 この点については、二〇一〇年九月に崎原盛秀より口頭で教示を得た。

70 前掲、安里『海はひとの母である――沖縄金武湾から』四二頁。

71 当時の日本の反公害・反開発の住民運動を中心に、市民自ら科学的知識をもちそれを批判しうる専門性をもつという「市民科学」の必要性が提起されていたことの影響もあると思われる。

72 原田正純は次のように述べている。「……当然のことであるが、環境汚染の最大の被害者は自然の中に自然と共に生活している人々、自然に対する依存度が高い人々である。彼らはしばしば少数派であり、社会的にも弱い立場の人々である。近代化、経済発展、開発の〈負〉の部分は社会的弱者にしわ寄せされる」。原田正純「水俣病五〇年の負の遺産と水俣学」

73 『環』第二五号、二〇〇六年五月、二七五頁。

県当局関係者氏名については「沖縄県知事部局機構図及び幹部一覧（一九七二年五月一五日現在）」照屋榮一『沖縄行政機構変遷史料』私家版、一九八二年、三〇五頁を参照し確認した。

74 『沖縄タイムス』一九七三年九月二六日。

75 『金武湾を守る会ニュース』第二号、一九七三年一〇月一一日。

76 小長啓二元通産省企業局立地指導課長（当時田中首相秘書官）によるもの。

77 『沖縄タイムス』一九七三年一〇月七日。

78 『沖縄タイムス』一九七三年一〇月一三日、一〇月一四日、『琉球新報』一九七三年一〇月一三日。

79 『沖縄タイムス』一九七三年一〇月一四日。

80 『沖縄タイムス』一九七三年一〇月一八日。

81 『沖縄タイムス』一九七三年一〇月二〇日。

82 『沖縄タイムス』一九七三年一〇月二五日。

83 一〇月二六日に手交された『公開質問状』は金武湾を守る会、与勝の自然と生命を守る会、宮城島土地を守る会、具志川市民協議会、石川市民協議会、宜野座の生活と環境を守る会、東洋石油反対同盟が名を連ねている。『沖縄タイムス』一九七三年一〇月二八日。

84 『沖縄タイムス』一九七三年一〇月三一日。

85 『沖縄タイムス』一九七三年一一月四日、『琉球新報』一九七三年一一月四日、一一月五日。

86 『沖縄タイムス』一九七三年一一月七日。

87 『沖縄タイムス』一九七三年一一月八日、一一月九日。

88 『沖縄タイムス』一九七三年一一月九日、『琉球新報』一九七三年一一月九日、一一月一〇日。

89 『沖縄タイムス』一九七三年一一月二三日。

90 『沖縄タイムス』一九七三年一一月二七日。

91 『沖縄タイムス』一九七三年一二月三日。

92 『沖縄タイムス』一九七三年一一月二〇日、一一月三〇日。
93 『沖縄タイムス』一九七三年一〇月一六日、一一月一日、一二月一日。
94 『沖縄タイムス』一九七四年一月四日、『琉球新報』一九七四年一月四日。

《第4章 「平和産業」資本による沖縄政治の揺らぎ》

1 同回想録については、第2章の「3 「金武湾地区開発構想」の策定にいたるまでの経緯」でも取りあげている。
2 前掲、屋良『激動八年――屋良朝苗回想録』二六六～二六七頁。
3 前掲、屋良『激動八年――屋良朝苗回想録』二六八～二六九頁。
4 前掲、屋良『激動八年――屋良朝苗回想録』二七〇～二七一頁、前掲、新崎『沖縄現代史』五〇～五一頁。
5 前掲、屋良『激動八年――屋良朝苗回想録』二七〇～二七一頁、『沖縄タイムス』一九七三年一一月一三日。
6 自由民主党沖縄県連史編纂委員会編『戦後六十年沖縄の政情』自由民主党沖縄支部連合会、二〇〇五年、一八二、二六三頁。
7 比嘉良彦・原田誠治『地域新時代を拓く』八朔社、一九九二年、四七、六四～六五頁。比嘉・原田によれば「社大党は、一九六〇年代半ば頃まで、「沖縄県民としては現実の政治の善悪にかかわらず、祖国に復帰することが一切の施策の志向すべき政治目標でなければならない」と復帰至上主義の立場を取っていた。それゆえ、〝基地撤去〟についても、「基地の撤去がなければ返還はありえないという考えではなく、逆に返還されて沖縄が本土に復帰したら、現在の軍事基地は存在しえなくなるということだ」と述べるなど復帰優先論を唱えていた。しかし、一九六八年の三大選挙には社大党が中心になって、革新共闘会議を結成し、その統一綱領で沖縄の即時無条件全面返還、ベトナム戦争・軍事基地・安保反対・日本国憲法の適用等を打ち出し」たという。六四～六五頁。
8 前掲、比嘉・原田『地域新時代を拓く』四九～五〇頁。
9 前掲、比嘉・原田『地域新時代を拓く』五八～六〇頁。
10 瀬長亀次郎『沖縄人民党――闘いの二五年』新日本出版社、一九七〇年、三五六～三五七、三六一頁。このような明確な批判以外にも、例えば人民党真和志南支部はガソリン流出事故を頻発していた那覇市与儀の住宅地に隣接する米軍ガソリンタンク撤去運動を組織、一九七二年二月にはタンク一三基を撤去させており、地域の生活者である住民の立場からの大規模石油貯蔵施設への抵抗運動を展開してきた。沖縄人民党史編集刊行委員会『沖縄人民党の歴史』沖縄人民党史編集刊行委員会、一九八五年、五二七頁。

11　さらに『沖縄開発と地方自治』には、「いま県や市町村が中央ペースにひきずりこまれ、沖縄の大計を見誤ろうとしているのであれば、この流れを変え、あるべき姿に戻すことは、かかって自治体労働者の使命ではなかろうか。そして自治体労働者だけでこれができなければ、地域住民に問題をおろし、地域コミュニティからの立ち上がりによって、これを可能にしていくことを考え、実行に移すことである」と、地域住民とともに開発を監視し、批判しようという姿勢を打ち出している。自治労沖縄県職員労働組合『沖縄開発と地方自治――海洋博・埋立・CTSの問題点』自治労沖縄県職員労働組合、一九七三年、一三頁。

12　「長期経済開発計画」及び「沖縄県土地利用基本計画」策定の背景については、本書第2章でも言及している。

13　前掲、自治労沖縄県職員労働組合『沖縄開発と地方自治――海洋博・埋立・CTSの問題点』一～二頁。

14　前掲、自治労沖縄県職員労働組合『沖縄開発と地方自治――海洋博・埋立・CTSの問題点』七一～七二頁。

15　前掲、自治労沖縄県職員労働組合『沖縄開発と地方自治――海洋博・埋立・CTSの問題点』七三頁。「沖縄県土地利用基本計画」の「沖縄の自然環境」二〇七頁を参照している。さらに同計画では、CTSの問題として「水産業などで海と直接的なかかわりを持ち、海域環境を生活に結びついたところで観察・把握している漁民を追い出す効果を持つこと」と言及している。

16　前掲、自治労沖縄県職員労働組合『沖縄開発と地方自治――海洋博・埋立・CTSの問題点』七三頁。

17　阿部統「「土地の心」の語りかけを聞く――沖縄県土地利用計画をめぐって」『二一世紀フォーラム』第一〇九・一一〇合併号、二〇〇八年三月、二七六頁。

18　同研究所は二〇〇八年三月に閉鎖、現在は内閣府所管の公益財団法人未来工学研究所政策科学研究センターとして事業を展開しており「中央官庁からをはじめとする年間の委託件数は四〇件あまり」だという。公益財団法人未来工学研究所ホームページ〈http://www.ifeng.or.jp〉(二〇一四年二月二〇日取得)。

19 「沖縄県土地利用基本計画」に内在しうる問題については本書第8章において言及した。
20 前掲、自治労沖縄県職員労働組合『沖縄開発と地方自治――海洋博・埋立・CTSの問題点』六三頁。
21 池宮城秀正によれば、鹿島方式とは「農業と工業開発を両立させるための」「〈六・四方式〉と呼ばれる還元方式」であり、「開発対象地域内（工業用地）の地主からすべての所有地を提供させ、その四割については県が現金と交付公債込みで買い上げ、残る六割は地元三町の開発対象区以外に用意した代替地と交換する」という用地の買収方式のことである。池宮城秀正「地域開発と工業化――鹿島の場合について」『政經論叢』第四九号、一九八〇年一二月、一〇一頁。だが本パンフレットのいう「鹿島方式」は文脈から考えると、臨海工業地帯に工業港を作るという開発方式のことを指していると考えられる。
22 「沖縄長期経済開発計画」の略。
23 前掲、自治労沖縄県職員労働組合『沖縄開発と地方自治――海洋博・埋立・CTSの問題点』六三～六四頁。
24 前掲、自治労沖縄県職員労働組合『沖縄開発と地方自治――海洋博・埋立・CTSの問題点』六一頁。
25 前掲、自治労沖縄県職員労働組合『沖縄開発と地方自治――海洋博・埋立・CTSの問題点』五九～六〇頁。
26 前掲、自治労沖縄県職員労働組合『沖縄開発と地方自治――海洋博・埋立・CTSの問題点』六〇頁。
27 前掲、自治労沖縄県職員労働組合『沖縄開発と地方自治――海洋博・埋立・CTSの問題点』六一頁。
28 前掲、自治労沖縄県職員労働組合『沖縄開発と地方自治――海洋博・埋立・CTSの問題点』八七～八八頁。資源問題への関心の高まりは、一九六九年の全国アカデミー特別合同委員会報告「天然資源と人間」（米国）、経済審議会資源研究委員会報告「国際化時代の資源問題」、一九七一年の通産省「資源問題の展望」やローマクラブ「成長の限界」（「人類の危機レポート」）などを契機とする変化であるとしている。
29 前掲、自治労沖縄県職員労働組合『沖縄開発と地方自治――海洋博・埋立・CTSの問題点』八八頁。
30 前掲、自治労沖縄県職員労働組合『沖縄開発と地方自治――海洋博・埋立・CTSの問題点』八八頁。
31 前掲、自治労沖縄県職員労働組合『沖縄開発と地方自治――海洋博・埋立・CTSの問題点』一〇～一一頁。さらに県職労は既設分含め「CTSはすべて追放すべし」とまで主張している。一〇〇頁。
32 『沖縄タイムス』一九七三年一〇月一三日。
33 『沖縄タイムス』一九七三年一〇月三〇日、一一月一四日、『琉球新報』一九七三年一一月一一日。

34 『沖縄タイムス』一九七三年一一月一五日。
35 『沖縄タイムス』一九七三年一一月一七日。
36 当時の沖縄県企画部長・喜久川宏によれば、一九七三年七月六日の時点で原油流出事故六件、悪臭事故七件が発生している。一九七三年七月六日、昭和四八年第三回沖縄県議会（定例会）会議録第五号。
37 一九七三年七月六日、昭和四八年第三回沖縄県議会（定例会）会議録第五号。
38 沖縄人民党は一九四七年七月二〇日に成立、一九七三年一〇月三一日に開催された第一八会党大会での日本共産党への合流をもって解散した。
39 一九七三年七月六日、昭和四八年第三回沖縄県議会（定例会）会議録第五号。
40 一九七三年七月三日、昭和四八年第三回沖縄県議会（定例会）会議録第二号。
41 一九七三年七月六日、昭和四八年第三回沖縄県議会（定例会）会議録第五号。
42 『東海岸』第九号、一九七八年八月一五日。
43 一九七三年一〇月一日、昭和四八年第五回沖縄県議会（定例会）会議録第二号。一九七三年七月二三日に公布された県土保全条例は一九七六年、一九八三年等において改正を経てきたが、現時点においても「土地の開発」のみについて言及する内容となっている。沖縄県ホームページ「県土保全条例」〈http://www.pref.okinawa.jp/site/kikaku/tochitai/shinsa/kaihatsu.html〉（二〇一四年五月二〇日取得）。
44 一九七三年一〇月一日、昭和四八年第五回沖縄県議会（定例会）会議録第二号。
45 一九七三年一〇月四日、昭和四八年第五回沖縄県議会（定例会）会議録第五号。
46 陳情第三〇六号は、安里清信外五人による「金武湾埋立計画の中止及び石油基地の新、増設の不認可等に関する陳情」であり、一九七三年九月二六日、経済労働委員会に受理され審査の結果採択された。一九七三年一二月七日開催の「昭和四八年第六回沖縄県議会（定例会）」にて経済労働委員会委員長の親川仁助より報告、多数決により採択されている。一九七三年一二月一日、昭和四八年第六回沖縄県議会（定例会）会議録第一号。
47 一九七三年一二月一日、昭和四八年第六回沖縄県議会（定例会）会議録第一号。一九七〇年一〇月二三日時点で与那城村長、屋慶名区長、屋慶名区審議員長の間で「一九七二年五月九日付行政主席から免許取得した沖縄三菱開発の埋立地六四万

六二四五・〇二坪については認める」などを明記した確約書が取り交わされていた。
48 一九七三年一二月一日、昭和四八年第六回沖縄県議会（定例会）会議録第一号。
49 一九七三年一二月一一日、昭和四八年第六回沖縄県議会（定例会）会議録第二号。
50 後に金武湾を守る会の漁民が原告となって提訴する「公有水面埋立免許無効確認訴訟」では、屋良知事が行政行為の取り消しの条件とした「許認可にかかわる行政行為」の「瑕疵」を追及した。
51 一九七三年一二月一一日、昭和四八年第六回沖縄県議会（定例会）会議録第二号。
52 一九七三年一二月一二日、昭和四八年第六回沖縄県議会（定例会）会議録第三号。
53 一九七三年一二月一二日、昭和四八年第六回沖縄県議会（定例会）会議録第三号。
54 一九七三年一二月一日、昭和四八年第六回沖縄県議会（定例会）会議録第一号。
55 安里清信による同請願は、「平安座と桃原間の埋立てを即時中止すること」、「該地に石油基地を建設しないこと」を求めており、一九七三年一二月一二日に経済労働委員会に受理された。沖縄県議会事務局「昭和四八年第六回沖縄県議会（定例会）会議録」三四九頁。
56 沖縄県高等学校教職員組合の執行委員長・上原源栄による同陳情は、「ＣＴＳ・石油関連企業の新増設計画を即時中止すること」、「ＣＴＳ・石油産業を目的とする公有水面埋立申請を認めないこと」を要請するもので、一九七三年一二月七日に経済労働委員会に受理されている。前掲、沖縄県議会事務局「昭和四八年第六回沖縄県議会（定例会）会議録」三五五頁。
57 与那城村に住所をもつ一〇九九人による同陳情の内容は、「……沖縄三菱開発株式会社が行っている埋立は、宮城島及び伊計島に住む住民の離島苦の解消、福祉の向上及び経済の発展に大きく寄与するものである」ことから、「今後も該埋立が規定方針どおり推進されるよう配慮してもらいたい」とするもので、一九七三年一二月一一日に経済労働委員会に受理された。前掲、沖縄県議会事務局「昭和四八年第六回沖縄県議会（定例会）会議録」三六〇頁。
58 一九七三年一二月二一日、「昭和四八年第六回沖縄県議会（定例会）会議録第六号。
59 前掲、屋良『激動八年——屋良朝苗回想録』二七二〜二七三頁。
60 前掲、屋良『激動八年——屋良朝苗回想録』二七二〜二七三頁。
61 『琉球新報』一九七四年一月一六日、『沖縄タイムス』一九七四年一月一六日、前掲、屋良『激動八年——屋良朝苗回想録』二七二～二七三頁。

62 前掲、屋良『激動八年――屋良朝苗回想録』二七四～二七五頁。

63 前掲、屋良『激動八年――屋良朝苗回想録』二七四～二七五頁。

64 『琉球新報』一九七四年一月二〇日。

65 前掲、屋良『激動八年――屋良朝苗回想録』二七四～二七五頁。

66 「屋良朝苗日誌００３　一九七三年（昭和四八年）九月一七日～一九七四年一月二九日」沖縄県公文書館所蔵琉球政府文書〈0000099344〉九八頁。

67 前掲「屋良朝苗日誌００３　一九七三年（昭和四八年）九月一七日～一九七四年一月二九日」一〇一頁。

68 『琉球新報』一九七四年一月二〇日。

69 『沖縄タイムス』一九七四年一月二〇日、『琉球新報』一九七四年一月二一日。

70 『琉球新報』一九七四年二月一日。

71 『琉球新報』一九七四年二月一日。

72 『琉球新報』一九七四年二月四日。

73 一九七五年一二月二七日制定。

74 資源エネルギー庁資源・燃料部「石油備蓄目標について」二〇一〇年四月九日〈http://www.meti.go.jp/committee/materials2/downloadfiles/g100409a04j.pdf〉（二〇一六年一月一八日取得）、「石油の備蓄の確保等に関する法律」〈http://www.houko.com/00/01/S50/096.HTM〉（二〇一六年一月一八日取得）。

75 前掲、屋良『激動八年――屋良朝苗回想録』二七八～二七九頁。

76 前掲、屋良『激動八年――屋良朝苗回想録』二七八～二七九頁。

77 県職労ホームページによれば、当時、埋立竣工認可の却下を求める金武湾を守る会に対し、「県当局は「法的、行政的に却下することは困難」と「行政の限界」を繰り返し、打開の方向を見出せなかった。「一九七四年度（1973・10・19～1974・10・28）狂乱物価下での賃金闘争／反ＣＴＳ闘争」沖縄県職員労働組合ホームページ〈http://www.m-n-j.com/town/companies/with/history/1974year.htm〉（二〇一三年八月一二日取得）。

78　前掲、屋良『激動八年――屋良朝苗回想録』二七八～二七九頁。
79　前掲、屋良『激動八年――屋良朝苗回想録』二八〇～二八一頁。
80　前掲、屋良『激動八年――屋良朝苗回想録』二八二～二八三頁。
81　前掲、屋良『激動八年――屋良朝苗回想録』二八二～二八三頁。
82　「屋良朝苗日誌113　一九七五年（昭和五〇年）九月一〇日～一一月一七日」沖縄県公文書館所蔵琉球政府文書〈0000099424〉。日誌の判読については小松寛より教示をえた。また屋良朝苗日誌のより詳細な分析は小松寛『日本復帰と反復帰――戦後沖縄ナショナリズムの展開』早稲田大学出版会、二〇一五年を参照。
83　前掲、「屋良朝苗日誌113　一九七五年（昭和五〇年）九月一〇日～一一月一七日」。
84　前掲、屋良『激動八年――屋良朝苗回想録』二八四～二八五頁。
85　前掲、「屋良朝苗日誌113　一九七五年（昭和五〇年）九月一〇日～一一月一七日」。
86　前掲、屋良『激動八年――屋良朝苗回想録』二八四～二八五頁。
87　前掲、屋良『激動八年――屋良朝苗回想録』二八六～二八七頁。
88　前掲、屋良『激動八年――屋良朝苗回想録』二八六～二八七頁。
89　宮里松正『復帰二十五年の回想』沖縄タイムス社、一九九八年、一七八～一七九頁。
90　前掲、宮里『復帰二十五年の回想』二七九頁。

《第5章　開発に伴う暴力に対峙した金武湾闘争》

1　『琉球新報』一九七三年一二月三日。
2　議員・香村安慧が開会を求めるなか、議長・赤嶺正雄は「緊迫する空気の中では議案第五三号、他八件の一般議案が審議できるような状態ではない」とし、「従って本定例会の三日目の会議は一応散会致したい」と述べ散会した。「昭和四八年第四回与那城村議会定例会会議録」（一九七三年一二月一日開会、三日目一三日の記録より）。本会議録はうるま市議会事務局にて閲覧した（二〇一四年一月二二日）。

3 『沖縄タイムス』一九七三年一二月二四日。
4 『沖縄タイムス』一九七三年一二月二四日。
5 『沖縄タイムス』一九七三年一二月二六日。
6 『沖縄タイムス』一九七三年一二月二七日。
7 『沖縄タイムス』一九七三年一二月二七日。
8 『沖縄タイムス』一九七三年一二月三〇日。
9 『琉球新報』一九七四年一月三日。
10 『琉球新報』一九七四年一月五日。
11 『沖縄タイムス』一九七三年一月七日、九日。
12 『沖縄タイムス』一九七四年一月一六日、『琉球新報』一九七四年一月一八日。
13 『沖縄タイムス』一九七四年一月一八日。
14 これは「沖縄が離島県であること」と、施政権返還に伴い「地位協定が適用され、米軍関係の犯罪及び交通事故等の捜査処理が米軍捜査機関から本県警察の業務とされること」、さらに駐留米軍の大きさから「それに伴う外事事件の多発が予想され、また沖縄が「日本の南玄関にあたり、国境を控えていることなどの特殊性」を考慮したものだという。沖縄県警察史編さん委員会編『沖縄県警察史　第三巻（昭和後編）』沖縄県警察本部、二〇〇二年、八〇三〜八〇四頁。
15 前掲、沖縄県警察史編さん委員会編『沖縄県警察史　第三巻（昭和後編）』一三〇〇〜一三〇一頁。
16 前掲、沖縄県警察史編さん委員会編『沖縄県警察史　第三巻（昭和後編）』一三一四頁。
17 『琉球新報』一九七四年二月八日。
18 『沖縄タイムス』一九七四年二月九日。
19 『沖縄タイムス』一九七四年二月九日。
20 沖縄県警察本部長・加藤晶の発言。昭和五一年度第一回沖縄県議会（定例会）第六号、一九七六年三月一〇日。同県議会で仲松はこの「暴走の中には右翼暴力集団の（国際）勝共連合会や東声会系統の人物がいたことも確認されて」おり、「自民党こそが、まぎれもなく自由と民主主義を乱暴にじゅうりんするファッショ的な暴力の党であることをみずから示したもの」と述べ「三菱開発という大資本の利益に奉仕してCTS建設をするために、暴力に訴えてまで屋良県政を打倒しようとしたものである」と訴えていた。確かに、施政権返還直後すでに日本弁護士連合会は沖縄暴力団員が増加傾向にあると指摘しており、一九七五年刊行の『法律時報』の特集「沖縄白書――復帰は何をもたらしたか」では団員数が旭琉会七〇〇人、東声会一〇〇人と増加を続け、売買春、麻薬・覚醒剤の売買への介入が指摘されていた。だが、暴力団の抗争が絡んでいたというよりむしろ、地域暴力団が利権のために暴力行為に及んだというのが実態であるようだ。ここであげられた暴力団の「東声会」について、東亜会の前身である「東声会」沖縄支部は一九六五年に発足。一九六七年三月に起こった沖教組書記長に対する右翼団体からの刺傷事件、一九七三年七月二六日に発生した自民党那覇市議候補者選挙事務所付近での暴行事件及び一九七四年五月一一日に発生した沖縄市長選での自民党市長候補選挙事務所付近での革新統一候補支援活動家に対する暴行事件なども事例としてあげられた。

21 『沖縄タイムス』一九七四年二月九日。

22 復帰協は一九七二年五月の施政権返還に際して、「組織を存続させるか解散すべきか」で意見が合意に達さず、五年間は組織を存続させた。施政権返還後の沖縄で組織としての独自の課題や取り組みを設定できなかったことを理由に一九七七年五月一五日に解散した。前掲、沖縄大百科事典刊行事務局『沖縄大百科事典　下巻』三七五頁。

23 『沖縄タイムス』一九七四年二月一三日。

24 『琉球新報』一九七四年二月一七日。

25 『沖縄タイムス』一九七四年二月一八日。

26 『琉球新報』一九七四年三月三日。

27 『沖縄タイムス』一九七四年二月二七日。

28 『沖縄タイムス』一九七四年三月一〇日。

29 『沖縄タイムス』一九七四年三月一六日。

30 『琉球新報』一九七四年三月一六日。

31 『金武湾を守る会ニュース』第四号、一九七四年四月一一日。

32 『金武湾を守る会ニュース』第四号、一九七四年四月一一日。

33　『琉球新報』一九七四年四月一二日。
34　『琉球新報』一九七四年四月一五日。
35　『琉球新報』一九七四年四月一六日。
36　『琉球新報』一九七四年四月一七日。
37　『金武湾を守る会ニュース』第六号、一九七四年四月二六日。
38　対話集会は、金武湾を守る会の要求により開催された。『沖縄タイムス』一九七四年四月三〇日。
39　『琉球新報』一九七四年四月二六日。
40　『琉球新報』一九七四年四月二七日、環境庁『環境白書　昭和四九年度版』〈http://www.env.go.jp/policy/hakusyo/hakusyo.php3?kid=149〉（二〇一四年一月三一日取得）。
41　『琉球新報』一九七四年五月三日。
42　『金武湾を守る会ニュース』号外、一九七四年五月一五日、『琉球新報』一九七四年五月二〇日。
43　『沖縄タイムス』一九七四年五月二一日。
44　『琉球新報』一九七四年五月二一日。
45　『琉球新報』一九七四年五月二二日。
46　『琉球新報』一九七四年五月二三日。
47　『沖縄タイムス』一九七四年五月二四日。
48　『沖縄タイムス』一九七四年五月二四日。
49　すでに施政権返還以前から、民衆と民衆が支持し擁立してきた屋良朝苗との間では齟齬があった。新崎盛暉は一九六九年、次のように述べている。「確かに屋良さんの政治的体質には限界がある。たとえば教公二法の場合なんか全く十割休暇闘争も反対であり、ましてやデモ隊が警官をゴボウ抜きにしていくということは理解の域をこえていた。にもかかわらず、それを押しとどめるのではなくて、その先頭に立って向こうへ向かう方向へ動いた。したがって、現在ここまできてこれだけゼネスト体制が盛り上がった以上、それをやらないというわけにはいかないだろうという話をしたのがみごとにひっくり返ったわけだ。革新政権を生み出した力を押える側に回ったわけだよね。まず自らを押上げてきた大衆運動の矢面に立ったわけでしょう」。新崎盛暉・石田郁夫・谷川健一・我部政男・穂坂久仁雄「〔座談会〕特集＝沖縄・この現実と解放　戦後政治過程と大衆運動」『共和国』第二号、一九六九年九月、二二七頁。照屋秀伝もまた運動と屋良との関係について問うている。「僕ら、三大選挙の中では組合の中でも特別専従もおいて結局、円でいうと二〇〇〇円ぐらいのカンパを一人一人からとりながら闘ってきて、屋良さんを当選させた。けれども、現在我々が闘っている闘いと、屋良さんとはどういう関係にあるのかということだ。そういう総括というのが一一月闘争の中で生きているわけです。そうすると、今これはコザも革新だし、主席も革新だというなら、僕らの革新運動とは一体何だ」。有銘一郎・崎原盛秀・照屋秀伝・嶺井政和「〔座談会〕教公二法の背景と実力阻止の経過」『共和国』第三号、合同出版、一九七〇年六月、九三～九四頁。

50　『沖縄タイムス』一九七四年五月二五日。

51　『琉球新報』一九七四年六月一日。

52　『琉球新報』一九七四年六月四日。

53　『琉球新報』一九七四年六月六日。

54　『琉球新報』一九七四年六月四日。

55　『琉球新報』一九七四年五月二九日。

56　崎原盛秀からの聞き取り、二〇一六年三月二二日。

57　青年行動隊座談会、二〇一三年一月一三日。

58　青年行動隊座談会、二〇一三年一月一三日。

59　平良眞知からの聞き取り、二〇一三年一二月二四日。

60　平良眞知からの聞き取り、二〇一三年一二月二四日。

61　平良眞知からの聞き取り、二〇一三年一二月二四日。

62　青年行動隊座談会、二〇一三年一月一三日及び「沖縄労働者座談会――「復帰」四〇年の沖縄に闘う労働運動を甦らせる――五・一五へ　安保・沖縄決戦の年だ」『前進』第二五二二号、二〇一二年二月六日。〈http://www.zenshin-s.org/zenshin-s/f-kiji/m/e/252241.php?mtkk_page=2〉（二〇一六年三月一二日取得）。

63　青年行動隊座談会、二〇一三年一月一三日。

64　青年行動隊座談会、二〇一三年一月一三日。
65　平良良昭からの聞き取り、二〇一三年一二月一四日。
66　平良は一九七八年頃から名護市源河の大湿帯へと通い始め最終的には移住することになるが、その頃から『東海岸』の主な執筆・編集担当は前川美知代が担うようになった。平良良昭からの聞き取り、二〇一三年一二月一四日。
67　青年行動隊座談会、二〇一三年一月一三日。
68　青年行動隊座談会、二〇一三年一月一三日。
69　『琉球新報』一九七四年八月二二日。
70　『琉球新報』一九七四年八月二一日。
71　青年行動隊座談会、二〇一三年一月一三日。
72　『琉球新報』一九七四年八月二三日。
73　青年行動隊座談会、二〇一三年一月一三日。
74　青年行動隊座談会、二〇一三年一月一三日。

《第6章　民衆の「生存」思想が問う国家と権利》

1　前掲、中野・新崎『沖縄戦後史』六頁。また新崎盛暉「〈日本の潮3〉沖縄からの二つの訴訟」『世界』二四〇号、一九六五年一一月、「〈日本の潮4〉沖縄裁判移送問題のゆくえ」『世界』二五一号、一九六六年一〇月（ともに前掲、新崎『沖縄同時代史　別巻　未完の沖縄闘争――1962－1972』所収）。
2　これについて中野育男は平田清祐「終戦直後の沖縄の司法制度」『主席判事物語』沖縄自分史センター、一九九〇年を参照しながら、次のようにまとめている。「多くの旧日本法は立法院によって改正され、または、そのまま立法として制定されたものもある。民法、民事訴訟法及び刑法は旧日本法を日本での改正にしたがい、沖縄に通用するように立法院において改正し、立法として制定され、刑事訴訟法は日本の新しい刑事訴訟と殆んど同一のものを立法として制定しているので、日本本土と同じ内容の法を運用していた」。中野育男『米軍統治下沖縄の社会と法』専修大学出版局、二〇〇五年、一〇～一一頁。

3　日本弁護士連合会「沖縄報告書」『法律時報』第四〇巻四号、一九六八年、六三～六四頁。

4　前掲、日本弁護士連合会「沖縄報告書」六一頁。

5　南西諸島や小笠原諸島を合衆国の信託統治におくことを承認する講和条約第三条が、憲法第九五条が定める「一つの地方公共団体のみに適用される特別法」であると解釈できること、しかしながら該当する地方公共団体（南西諸島や小笠原諸島）における住民投票と過半数の同意がないため無効であることを指摘した。そのうえで、米軍統治期の沖縄において、憲法第二二条の定める居住・移転の自由が侵害されていること（本土や域外に出るときに許可を得なければならないこと）と、沖縄在住の原爆被爆者が「原爆被ばく者の医療などに関する法律」に基づき医療費請求を行う権利を有していないことから損害が生じていると訴えた。前掲、新崎「〈日本の潮3〉沖縄からの二つの訴訟」。

6　民政府による行政の合法性を審査する権利が米政府当局以外ないという理由から、民裁判所で係争中の事件について、民政府が民政府裁判所への移送を命令した「友利事件」と「サンマ事件」をさす。これらの事件に対し、移送命令の撤回やその命令権を定める大統領行政命令の撤廃を求める数万人の裁判移送撤回要求県民大会が組織された。

7　仲里効『オキナワ、イメージの縁（エッジ）』未來社、二〇〇七年、三九頁。

8　水上学弁護士は金武湾闘争以前、金嬉老事件と東大安田講堂事件に関わっていた。

9　金武湾を守る会の裁判提訴にいたるまでには、沖縄・金武湾そして東京、両方の場において弁護士が組織されていたが、東京での組織化については小川進より教示をえた。

10　一九四九年六月二八日、米国軍政府は「全面的な渡航制限を掲げた海軍布令第二号「戦時刑法」」を廃止し布令第一号「刑法並びに訴訟手続法典」を制定、「「琉球列島」から／への出入管理」を「軍の許可制へと移行」させ、一九四九年九月には軍政府法務部内に「税関・出入管理室」を設置した。一九五〇年一二月に発足した米国民政府は一九五三年一月に布令九三号「琉球列島出入管理令」を制定、一九五四年二月には同布令を改廃し第一二五号「琉球列島出入管理令」を新たに制定した。行政組織の再編や布令の制定・改廃に伴い、出入管理業務を行う主体も一九四九年九月軍政府法務部内設置の「税関・出入管理室」から、一九五〇年一二月米国民政府行政法務部内設置の「税関及び出入管理事務局所」へと変わり、さらに同事務所は一九五一年四月には琉球臨時中央政府財務部に移管され、「出入管理業務の一部が住民側の行政機構に委託される」こととなった。そして一九五二年二月の布令第六七号で「警察局の設置」が制定され「警察局の設置」と「その内部分課として出入国管理課」が設置されたが、これが一九五五年三月には改組され「警察局の外局である出入管理部」へ、一九六一年八月以降は「法務局の外局である出入管理部」へ、そして一九六五年には改称して「出入管理庁」となった。沖縄の施政権返還の日米間での合意により「琉球列島」への移動は運営上緩和された傾向もあるが、布令一二五号「琉球列島出入管理令」は一九七二年の施政権返還まで継続し、それを無効化するような布令が制定されることもなかったため、自由な移動は制限されていたといえる。土井智義「米国統治期における在沖奄美住民の法的処遇について——琉球政府出入管理庁文書を中心として」『沖縄県公文書館紀要』第一六号、二〇一四年三月、一四～一六頁。

11 『沖縄タイムス』一九七四年九月五日、一〇月三〇日。

12 『沖縄タイムス』一九七四年一二月一三日、一九七五年一月三一日、二月二八日、三月三一日、五月二三日、七月二二日、『琉球新報』一九七五年五月二四日、七月二三日。

13 前掲、金武湾を守る会『沖縄県が三菱に与えた六四万坪の埋立認可の誤りを糾弾する——金武湾・中城湾開発構想反対（準備書面）』一三～一九頁。

14 前掲、金武湾を守る会『沖縄県が三菱に与えた六四万坪の埋立認可の誤りを糾弾する——金武湾・中城湾開発構想反対（準備書面）』二頁。

15 『琉球新報』一九七五年九月二三日、一〇月四日、『沖縄タイムス』一九七五年一〇月四日。

16 『琉球新報』一九七五年一〇月四日。

17 安里は一日だけのハンスト、知事公舎へは花城清繁と平良良昭が施錠。『琉球新報』一九七五年一〇月一一日。

18 『沖縄タイムス』一九七五年一〇月四日、一〇月七日、『琉球新報』一九七五年一〇月一一日。

19 『琉球新報』一九七五年一一月二五日。

20 『沖縄タイムス』一九七六年一月三〇日。

21 勝連村漁業協同組合を構成する四支部、津堅支部・比嘉支部・浜支部・平敷屋支部のうちの一つ。

22 『東海岸』第一号、一九七六年三月二〇日。

23 『琉球新報』一九七六年六月二二日。

24　この点については、小川進から口頭で教示をえた。
25　この点については、小川進から口頭で教示をえた。
26　『琉球新報』一九七七年四月九日。
27　『琉球新報』一九七七年七月一三日、一〇月一三日、一二月一〇日、一九七八年二月一九日、『沖縄タイムス』一九七八年六月一九日。後述するが、裁判闘争に関わった小川やその他の学生、院生、研究者らによる技術論争の構築は金武湾闘争においてだけではなく、後に日本本土各地の反開発の住民運動において参照された。この点については、小川進より口頭で教示をえた。
28　『沖縄タイムス』一九七九年四月四日。
29　『沖縄タイムス』一九八〇年一二月二五日。
30　『沖縄タイムス』一九八一年二月八日。
31　『沖縄タイムス』一九八二年一二月一七日。
32　池宮城紀夫「CTS裁判の終結にあたり」『東海岸』第三二号、一九八二年一二月。
33　前掲、金武湾を守る会『沖縄県が三菱に与えた六四万坪の埋立認可の誤りを糾弾する――金武湾・中城湾開発構想反対（準備書面）』Ⅷ頁。
34　仲田暁「沖縄における法律家の諸相――裁判官」『法と民主主義』第二一一号、一九八六年一〇月、七頁。仲田は、これについて「最高裁による沖縄の裁判所に対する〈本土化〉が完了したと言えようか」と指摘している。
35　池宮城紀夫からの聞き取り、二〇〇九年八月。
36　前掲、池宮城「CTS裁判の終結にあたり」。
37　池宮城紀夫からの聞き取り、二〇〇九年八月。
38　さらに水上は、裁判闘争の開始と同時に暴力事件もほとんどなくなったとしている。水上学からの聞き取り、二〇〇九年九月、一二月。
39　「CTS阻止闘争を拡げる会」創設者の一人である岡本恵徳は、金武湾を守る会の組織原理の是非をめぐって新里恵二と論争した。論争は、一九七五年一月から二月の『琉球新報』にて展開、続いてそれに対する「金武湾を守る会」世話人・崎原盛秀の論考が二月に掲載された。
40 『沖縄タイムス』一九七四年九月八日。
41 一九七五年二月五日、県労協、沖教組、中部地区労は「反ＣＴＳ建設阻止県民総決起大会」を開催、八千人が参加した。県労協の地域内労組支部協議会の一つである中部地区労は、「地域闘争」を「日本の労働運動全体の課題」と捉え、また「県労協の下部組織ではない」と明確に打ち出していた。「中部地区労五か年のあゆみ」中部地区労働組合協議会『五周年記念誌』中部地区労働組合協議会、一九七九年、六、一二頁。
42 一九七五年一月一七日には沖縄タイムスホールで安里清信と宇井純による講演集会が開催され、その翌年の一月八〜一〇日には、沖縄タイムスホールで自主講座「反公害と住民運動」、八汐荘での懇談会「琉球弧の住民運動」が開催され、各地で取り組まれている住民運動が集い、交流が行われた。『沖縄タイムス』一九七五年一月一八日、一九七六年一月九、一〇、一一日。
43 この点については、二〇〇九年九月、一二月、水上学から口頭で教示をえた。
44 水上学からの聞き取り、二〇〇九年九月、一二月。水上はさらに、三菱による水島製油所での事故の原因究明が、金武湾のＣＴＳ裁判を通じてなされたのだと述べている。
45 一九七七年三井物産は、閉山間近の愛媛県明浜町高山石炭鉱山へのＬＰＧ（Liquid Petroleum Gus＝液化石油ガス）基地建設計画を開始、一九七九年から町議会も正式に誘致の動きを進める。これに対し、一九八〇年、ＬＰＧ基地建設計画に伴う危険や農業への悪影響を懸念する豊海地区の住民らを中心に「ＬＰＧ基地について考える会」が結成される。「考える会」は、金武湾・反ＣＴＳ裁判を支援した研究者や技術者による著書や論文などを通じて、エネルギー基地の危険性や問題について学んだ。この点については、二〇〇九年一二月に小川進から口頭で教示をえて、うつみしこう『虹の里へ』創風社出版、二〇〇七年を参照した。
46 小川進からの聞き取り、二〇〇九年九月、一二月。
47 この点については、二〇一一年三月に伊波義安から口頭で教示をえた。
48 死角・蹉跌を撃て編集委員会『死角』創刊号、一九七六年一月、二三頁。
49 前掲、死角・蹉跌を撃て編集委員会『死角』二五頁。

50 前掲、死角・蹉跌を撃て編集委員会『死角』二五頁。『死角』創刊号の特集「何故（?）竣工認可後に県民共闘会議が結成されようとしているのか――CTS阻止闘争の主要な経過と考察」八～四八頁。
51 伊波義安からの聞き取り、二〇一一年三月。
52 崎原盛秀からの聞き取り、二〇〇九年一二月。
53 福士敬子「裁判闘争に参加して」『東海岸』第一九号、一九八〇年二月一日、第二六号、一九八〇年一一月一六日。
54 翁長房子「子どもは未来の主人公――わたしたちは子どもと一緒に傍聴したい!」『東海岸』第二九号、一九八一年四月二〇日。
55 この点については、二〇一二年一月、崎原盛秀から口頭で教示をえた。
56 崎原盛秀からの聞き取り、二〇〇九年一二月。
57 金武湾を守る会「座談会――金武湾闘争を振り返って」『金武湾闘争史』発行予定。
58 金武湾を守る会は一九七八年二月一八日に提出した準備書面を『海と大地と共同の力』と題し冊子として残している。沖縄CTS問題を考える会『海と大地と共同の力（準備書面）』金武湾を守る会、一九七八年。
59 前掲、沖縄CTS問題を考える会『海と大地と共同の力（準備書面）』九七頁。
60 前掲、沖縄CTS問題を考える会『海と大地と共同の力（準備書面）』八九～九一頁。
61 前掲、沖縄CTS問題を考える会『海と大地と共同の力（準備書面）』九二～九三頁。
62 前掲、沖縄CTS問題を考える会『海と大地と共同の力（準備書面）』九八頁。
63 平良良昭・南風見剛「〈座談会〉自決・独立への〝源流〟を金武湾闘争・安里清信から学ぼう――安里清信の人と思想」『リュウキュウネシア』第二号、一九八三年七月二五日、一～一七頁。『リュウキュウネシア』は「琉球弧民衆運動に関わるものの共同利用の雑誌」として、「自前の、共同の問題提起の場、表現の場、相互批判、評価の場、あるいは論争と対話の場をもつ」ことを目的に、0号（創刊準備号、一九八一年七月一五日刊行）を経て、第三号（一九八四年八月一日刊行）まで続いた。ここで言及されている「海と大地と共同の力」は、裁判闘争を経るなかで語られるようになった言葉であり、活字としては『東海岸』（号外、一九七八年一一月二三日）に初出を見出せる。先述の準備書面における沖縄戦中・戦後経験証言集の題「海と大地と共同の力――沖縄民衆の生存権の原像」として使われた。

64　前掲、平良・南風見「〈座談会〉自決・独立への〝源流〟を金武湾闘争・安里清信から学ぼう――安里清信の人と思想」五頁。

65　前掲、平良・南風見「〈座談会〉自決・独立への〝源流〟を金武湾闘争・安里清信から学ぼう――安里清信の人と思想」一二頁。金武湾闘争後期に表現されていたこのような「生存」思想は、次に引用する石牟礼道子の言葉とも通底しており、沖縄・金武湾という地域性に限定されない広がりを持つ思想であったともいえる。石牟礼は水俣の人びとを「……制度のなかに組み入れられない人たち、抵抗して組み入れられないというのでもなくて、そういうのに属さない自立した人というか、そういう自立心で矜持高く生きている人たち」であるとし、さらに「人権」概念について次のように述べた。「それはそれで意味をもつ言葉ではありますけれど、それ以前の共同体に生きていた言葉に比べれば、まだ歴史が浅いというか、間に合わせにはよいけれど、大ざっぱで魂に届かない。／「人権」ではどうも、出生の奥が見えてきません。（中略）水俣病の人たちは日夜の激痛で、祈らずにはいられなくて、自分の魂は現世ではどうも悲しすぎる。哭いておられるご先祖様と合体して、その魂ごと再生したいと日夜思っているわけですね。それは魂乞いだと思うんです。／それから、漁に行くと、魚とも交歓する。話を聞くと、じつに楽しい時間というか、いきいき、ワクワクするような世界なんですね。漁獲量をあげたいということもあるんですけれど、もっとそれ以前に、魚たちと一体になって戯れる、生き方を競うみたいな、そういう時間なんですね、きっと。漁の話をするときには、本当に声の出し方が違っていますから。本当に生命が躍動しているような話し方をされます。魚たちとも本当に一体化しておられるんじゃないかしら」。石牟礼道子「環境破壊　人間もイヌも、魚も、植物も、魂が交歓する連鎖に生きる」西島建男編『この百年の課題』朝日新聞社、二〇〇一年、一三〇頁。

66　石牟礼道子「天の傘〈沖縄〉」『常世の樹』葦書房、一九八二年、一六二～一六三頁。毎日新聞西部版の連載が一冊の本となった。石牟礼は安里の言葉を次のように述懐している。「樹と沖縄は同じ生命体で結ばれていたんです、戦前までは。戦争で一本一本伐られて……。水も樹から貰っていたんですよ。フクギやガジュマルから。井戸掘ってもたやすくは出ませんから。根元に縄締めて桶を置いて。水と一緒に樹の精も貰っていたんです」。

67　この点については、以下の二つの講演における島袋純の発言を参考にした。第五〇回沖縄大学土曜教養講座「沖縄から基本的人権を考える――国際人権法と沖縄の未来」二〇一三年五月二五日、沖縄キリスト協議会主催講演会「憲法と地方自治――沖縄の将来像を見据えて」二〇一三年六月一日。ここで島袋は新崎盛暉・中野好夫『沖縄問題二〇年』岩波書店、一九六五年で新崎が引用する、一九五六年六月二〇日・二五日の那覇・コザでの五六市町村住民大会を報じた一九五六年六月二六日『東京新聞』記事を参照している。

《第7章　琉球弧とミクロネシアの島々との連帯》

1　前掲、宮里『復帰二十五年の回想』一七九頁。
2　新崎盛暉「退潮する革新勢力」『毎日新聞』一九七八年五月一九日、「沖縄革新の敗北」『朝日新聞』一九七八年一二月一二日（新崎盛暉『沖縄同時代史　第二巻　琉球弧の視点から――1978－1982』凱風社、一九九二年所収）。
3　『東海岸』第一八号、一九七八年七月一四日。
4　長浜清信「村議会活動報告（自昭和五二年四月、至昭和五三年一一月）」発行年不明、二頁。
5　前掲、長浜「村議会活動報告（自昭和五二年四月、至昭和五三年一一月）」二頁。
6　『東海岸』第二八号、一九八一年二月一七日。
7　『東海岸』第一七・一八号、一九八〇年一月一日。
8　前掲、長浜「村議会活動報告（自昭和五二年四月、至昭和五三年一一月）」二頁。
9　国土交通省海上技術安全局安全基準課安全評価室「主要なタンカー油流出事故について」二〇〇〇年七月〈http://www.mlit.go.jp/kaiji/seasafe/safety11_.html〉（二〇一八年九月二〇日取得）。
10　『東海岸』第一三号、一九七九年八月一日。
11　『沖縄タイムス』一九七九年七月二五日。
12　『琉球新報』一九七九年七月二七日。二年間のうちに表面化した事故だけでも村への通報義務が果たされたのが、沖縄石油精製では一五件中一〇件、沖縄石油ターミナルでは五一件中三件であった。『沖縄タイムス』一九七九年八月一〇日。
13　『沖縄タイムス』一九七九年八月二日、『琉球新報』一九七九年八月二日。
14　『沖縄タイムス』一九七九年八月一〇日。
15　『琉球新報』一九七九年八月一一日。

16 『沖縄タイムス』一九八〇年二月八日。
17 『沖縄タイムス』一九八〇年二月一五日。
18 『沖縄タイムス』一九八〇年二月二八日。
19 『琉球新報』一九八〇年四月二五日。
20 『琉球新報』一九八〇年四月二六日。
21 『沖縄タイムス』一九八〇年二月一五日。
22 『東海岸』第二七号、一九八〇年一二月。「海洋汚染等及び海上災害の防止に関する法律　第八章罰則」の「第五八条　次の各号のいずれかに該当する者は、三〇万円以下の罰金に処する」の第一三号には「第二六条第一項の規定による届出をしないで又は届け出た廃油処理規定によらないで廃油を処理した者」とある。なお、第二六条第一項は以下のとおりである。「廃油処理事業者（第二〇条第一項の許可を受け、又は同条第二項の規定による届出をした者をいう。以下同じ。）は、廃油の処理の料金その他の廃油の処理の引受けの条件について廃油処理規程を定め、あらかじめ、国土交通大臣に届け出なければならない。これを変更しようとするときも、同様とする。」「海洋汚染等及び海上災害の防止に関する法律」（一九七〇年一二月二五日法律第一三六号　最終改正二〇一三年六月一二日法律第三九号）「電子政府の総合窓口イーガブ」〈http://law.e-gov.go.jp/htmldata/S45/S45HO136.html〉（二〇一四年五月一六日取得）。
23 『東海岸』第二四・二五号、一九八〇年九月一〇日。
24 当時の組合長は横領問題が浮上する二か月前の深夜、運転中の心臓発作が理由で死亡していた。『沖縄タイムス』一九七九年七月一八日。
25 『沖縄タイムス』一九七九年七月一八日。
26 『琉球新報』一九八〇年三月二七日。
27 前掲、長浜「村議会活動報告（自昭和五二年四月、至昭和五三年一一月）」二～三頁。
28 『琉球新報』一九七九年五月一六日、『沖縄タイムス』一九七九年五月一六日。
29 『東海岸』第二三号、一九八〇年五月一五日。
30 『東海岸』第一一号、一九七九年六月一日。

31 一九八〇年二月の金武湾を守る会との話合いでの、原油流出事故や住民による企業立入調査、与那城村の増設に対する考えを追及した安里清信に対する応答。金武湾を守る会『東海岸』第一九号、一九八〇年二月一日。『東海岸』によれば、安里清信はここで、沖縄石油ターミナルの事故に対する村の姿勢、完成した埋立地のタンクへの油入れの危険性、二期工事に対する村の姿勢、与那城村の財政赤字状況、住民調査団による企業立入調査について問い質している。

32 前掲、長浜「村議会活動報告（自昭和五二年四月、至昭和五三年一一月）」二頁。

33 『東海岸』第一七・一八号、一九八〇年一月一日。

34 （1）沖縄石油基地二一基・二〇九万九五〇〇キロリットル、（2）沖縄ターミナル一六基・一五四万二六八〇キロリットル、（3）南西石油一〇基・九六万六千キロリットル、（4）日本石油精製一四〇万九〇〇〇キロリットル、（5）沖縄石油精製が四五万二四〇〇キロリットル。『沖縄タイムス』一九七九年四月四日。

35 一九七九年六月六日、昭和五四年第四回沖縄県議会（定例会）会議録第二号。

36 『東海岸』第二四・二五号には、「石油基地一〇年のうち、史上なき広域汚染騒動の最中に第一回金武湾ハーリーは一層その意義が重くなった」とある。

37 なお、アシビとは豊作・豊漁を祈願する祭りである。当間一郎『沖縄の祭りと芸能——日本民族と芸能の原点』雄山閣、一九七六年、三三頁。

38 『東海岸』第二四・二五号、一九八〇年九月。

39 金武湾を守る会への共感の広がりは、金武湾を守る会に寄せられた琉球弧各地、日本各地からの機関誌やビラにも見ることができる。付録2「金武湾を守る会に寄せられた機関誌」を参照。『東海岸』第三二号、一九八一年一〇月。

40 枝手久島面積三分の一を共有地として所有する阿室集落在住者は、人口減少に伴う集落維持活動の負担を減らそうと共有地を城山観光グループに売却、城山観光は一九七二年一〇月頃より阿室集落に対し購入希望を申し入れていたが、阿室集落は一〇人で構成する委員会（山畑直三委員長）でこの申し入れを検討、原子炉廃棄物処理場の進出を懸念する声もあったが一九七三年一月に売却を決定、二月に正式に売却し一億三八〇〇万の支払いを得ていた。だが阿室集落に在住しない出身者らは石油基地に反対し売却の反対を訴えていた。共有物の売却には共有者全員の同意が必要であったが、出身者の同意を得る必要を認めるか否かがここで問われたことであった。結局出身者の権利は認められず、在住者全員からの同意で共有地売却が可能と判断された。斎藤健「揺れるシマジマ――復帰後、奄美の社会運動16」『南海日日新聞』二〇一四年九月一〇日。これについて斎藤は「日本の民法は共有という形態に冷淡」と捉え、「民法は共有財産の保全よりも迅速な取引を重視している」へ「在住者と出身者がともに集落の構成員であるという伝統的な考え方は「近代的」なヤマトの裁判所に受け入れられなかった」と指摘している。前掲、斎藤「揺れるシマジマ――復帰後、奄美の社会運動16」。

41 樫本喜一「揺れるシマジマ――復帰後、奄美の社会運動19」『南海日日新聞』二〇一四年一〇月一五日。使用済核燃料再処理工場の立地が計画されたが、「米国の核戦略などと関連する世界史的な背景の中に位置づけ、その全体的な構図」を明らかにしようとした樫本喜一は、この再処理工場立地計画について「琉球弧の歴史的背景、冷戦構造、東アジアの核問題、米国の各不拡散戦略の変化、太平洋諸島国家群の成立等々の世界的要因に規定された大きな見取り図の一ピースを構成する」とし、これを日本という一国内のエネルギー政策においてのみ捉えるのではなく、より大きな視野の中に位置づける必要を指摘した。樫本喜一「使用済核燃料再処理工場離島設置案の歴史的背景に関する一考察――徳之島設置案「MA－T計画」を中心として」『現代生命哲学研究』第二号、二〇一三年三月、九三頁。

42 『琉球弧の住民運動』第三号、一九七八年一月一三日。

43 『琉球弧の住民運動』第一号、一九七七年七月一三日。

44 『琉球弧の住民運動』第一五号、一九八一年三月一三日、『琉球弧の住民運動』第一四号、一九八〇年一一月一三日、第八回琉球弧住民運動交流合宿にて島袋久光が「羽地大川ダムについて」報告、宮城エミ「琉球弧の住民運動交流合宿報告」『琉球弧の住民運動』復刊第五号（通巻三〇号）、一九八八年四月五日、『琉球弧の住民運動』第一九号、一九八二年五月一日、『琉球弧の住民運動』復刊第六号（通巻三一号）一九八八年一二月二四日。

45 岡本恵徳「「琉球弧」の視点」（原題「私にとっての琉球弧」）『カイエ』一九七八年一二月〈総特集・島尾敏雄号〉（岡本『沖縄文学の地平』三一書房、一九八一年所収、一八二頁）。また、一九七〇年代に玉野井芳郎が提唱し、一九八〇年前後の沖縄で繰り返し議論されていた「地域主義」の思想を捉えることも課題である。玉野井は、国家秩序による地方や地域の圧迫や、市場経済、科学技術の偏重に対するオルタナティブとして「地域主義」を位置づけ、「一定地域の住人が、その地域の風土的個性を背景に、その地域の共同体に対して一体感を持ち、地域の行政的、経済的自立性と文化的独立性とを追求すること」と定義したが、同時に「地域主義」は「……他にみることのできない誇りある個性をまもると同時に、その地域にはない他の地域からの情報を入れ、それを参考にしていく」必要があると論じ、したがって「地域主義」は「開かれた」ものであり、「地域と地域との横の流れを広くつくりだしてゆく」ものであるべきだとした。玉野井芳郎（鶴見和子・新崎盛暉編）『玉野井芳郎著作集3　地域主義からの出発』学陽書房、一九九〇年、八、一二頁。

46　第一期『琉球弧の住民運動』では編集者として、復刊した『琉球弧の住民運動』では発行責任者として関わった。

47　新崎盛暉「琉球弧の住民運動」『毎日新聞』一九七六年一月二一日（前掲、新崎『沖縄同時代史　第一巻　世替わりの渦のなかで――1973－1977』凱風社、一九九二年所収、八四～八六頁）。岡本恵徳は『琉球弧の住民運動』の終刊にあたり、創刊時に意図していた開発による地域破壊や公害に反対する組織や個人、地域産業の創出や伝統的文化の発展、僻地教育に従事する人びとと、琉球弧の内外からこの取り組みに関わろうとする人びとをむすぶ「パイプ」としての役割を持つ機関誌の重要性を指摘していた。岡本が引用した新崎の創刊に寄せた意図は次のようなものである。「（1）開発政策による地域破壊に反対して闘っている組織や個人、（2）日常生活のなかから公害を追放しようとしている組織や個人、（3）地元に根をおろした地域産業の創出や進行に努力しているグループや個人、（4）沖縄の文化や社会との現実的なかかわり合いのなかで伝統的文化（工芸など）の伝承発展に従事しているグループや個人、（5）地域社会のあり方を考えつつ僻地教育に従事している人びと、（6）行政の側にあって、地域住民を主体とする地域づくりを模索しているグループや個人、（7）琉球弧の外側から、ここと のかかわりを主体的にもち続けようとしているグループや個人、（8）これらの動向に強い関心をいだいているすべての人々を相互に結ぶパイプにしたい。」終刊後の一九九三年一二月、新崎と岡本は草の根の市民運動を伝える『けーし風』を新たに創刊、その取り組みは次の世代に引き継がれ、現在も続いている（岡本恵徳「一六年目の節目」『琉球弧の住民運動』復刊第九号、一九九〇年一二月二〇日）。

48　一九八四年以降は、一九八四年は石垣島・白保で、一九八五年は読谷村で、一九八六年は伊江島で、一九八七年は読谷村で、一九八八年は那覇市教育福祉会館で開催される。前掲、内海（宮城）「安里清信さんの思想――金武湾から白保、辺野古・高江へ」。

49　この点については、二〇一〇年八月に平良良昭から口頭で教示を得た。『東海岸』第一二号、一九七九年七月。

50　『琉球弧の住民運動』第五号、一九七八年七月一三日。長崎県は佐世保重工業や三菱重工長崎造船所をはじめとする造船業で社会経済を成り立たせてきたが、造船不況からの脱却のための国家財政措置を求め原子力船むつの入港・修理を引き受け、また上五島への洋上CTS建設計画に取り組んでいた。この計画に対し三菱重工業長崎造船労働組合が反対していることが『琉球弧の住民運動』では伝えられていた。『琉球弧の住民運動』第六号、一九七八年一〇月一三日。

51　恩納村字喜瀬武原は内陸部の恩納岳周辺のほとんどを占める米軍基地に取り囲まれるように位置しているが、米軍は一九七三年以降、喜瀬武原区を通る県道一〇四号線を封鎖し、県道越えに実弾射撃演習を行っており、これに抵抗する人びとが演習をやめさせるために着弾地近くに潜入するなどの抗議行動をとってきた。喜瀬武原闘争では労組員四人が刑事特別法（刑特法）第二条「正当な理由がないのに、合衆国軍隊が使用する施設または区域であって入ることを禁じた場所に入り……退去しない者は一年以下の懲役または二千円以下の罰金若しくは科料に処する」に基づき逮捕された。沖縄では初の刑特法裁判が開廷し、日米安保条約に基づく米軍駐留は憲法第九条に違反する、と判決した砂川事件の裁判長・伊達秋雄が弁護団を組織し刑特法の違憲性と無罪を主張するが、地裁、高裁ともに執行猶予付き有罪判決が下され、一九七七年には阻止行動に関わる学生三人が同法により逮捕された。その後も演習は続き、一九九〇年には県道越え実弾砲撃演習は復帰後一〇〇回を数えた。SACO合意で日米両政府は演習の本土移転に合意、一九九七年には、施政権返還から二四年に及ぶ実弾演習により、着弾地には計約四万四千発の弾・榴弾砲が撃ち込まれたことが明らかになった。演習は矢臼別、日生台、北富士などに広がり、キャンプ・ハンセンの演習は今も続いている。

52　『琉球弧の住民運動』第三号、一九七八年一月一三日、『琉球弧の住民運動』第七号、一九七九年一月一三日。

53　『琉球弧の住民運動』第二〇号、一九八二年八月一五日。

54　『琉球弧の住民運動』復刊第二号（通巻二七号）、一九八七年三月三一日。

55　『琉球弧の住民運動』第一六号、一九八一年六月一三日。

56　『琉球弧の住民運動』復刊第八号（通巻三三号）、一九九〇年一月二〇日。

57　琉球弧住民運動交流合宿で打ち出された宣言からは、一九七八年に就任した西銘知事県政に対する批判、軍事基地とエネルギー基地の問題を重ねて捉える視点が養われていたことを読み取ることができる。「……銀白色に輝き、そびえ立ち、さらに建設しつつあるこのCTSタンクは、この長大な戦略に沿った、世界最大のオイル・ロードの一端であり、もう一方の端はペルシャ湾に続いている。これも又、産油諸国を中心とする民衆に向けられた「巨大な武器」に他ならない。……われわれの肉体、それをはぐくんだ海と大地は、魂から引き裂かれ、アジア人民に敵対させられている……そうだとすれば、われわれは、この広大な戦線に、今、わきあがるアジア人民の闘う鳴声に合流し、日米両帝国主義に対決し、共に闘うことによってのみ、われわれは、われわれ自身になることができる。われわれが打ち砕くべきは、この帝国主義による世界支配構造である。」『東海岸』第一四・一五号、一九七九年一〇月一日。

58　翁長房子「奄美で接し感じたことなど――奄美合宿の下準備報告」『琉球弧の住民運動』第一三号、一九八〇年七月三〇日。

59　「終刊に際して」『琉球弧の住民運動』第二五号、一九八四年九月五日。

60　多良間を守る会『CTSを拒否する――伝統ある多良間世の発展のために』多良間世を守る会、一九七八年。

61　前掲、安里・崎原・平良・照屋・天願「〈座談会〉「金武湾を守る会」の闘争を振り返って」三二〜三三頁。

62　沖縄県農林水産行政史編集委員会編『沖縄県農林水産行政史　第八・九巻　水産業編』農林統計協会、一九九〇年。

63　一九八〇年一〇月一〇〜一五日「太平洋への核廃棄物投棄に反対するマリアナ同盟」来沖時日程

一〇日　東京から那覇へ　夜、CTS阻止闘争を拡げる会他約三〇名と交流会
一一日　ひめゆりの塔、平和記念資料館他南部戦跡見学
　　夜、屋慶名自治会館にて金武湾を守る会主催の集会、三〇数名参加
一二日　安里清信との対談（沖縄タイムス取材）、照間の漁民他約一〇名と交流会
一四日　金武湾CTS見学
一五日　安里清信と共に記者会見、金武湾を守る会とマリアナ同盟の共同声明発表
一六日　大分へ（その後、日本各地を回り社会党、原水禁などと交流、二九日まで）

（『東海岸』第二六号、一九八〇年一一月一六日、『土の声・民の声〈号外　署名運動ニュース④〉』一九八〇年一一月一〇日参照）

64　Yamaka Junko, "Pacific Islanders oppose Japan's nuclear imperialism." World Student Christian Federation, *Praxis*, Vol.2—4, 1981. より一部抜粋、訳は筆者。

65　一九八一年一月二三日〜二月二日「奄美・沖縄・三里塚とパラオ・グァムを結ぶ旅」日程

一月二三〜三〇日　パラオ、コロール島で交流

三〇日　グアムで米軍基地施設を見学、マリアナ同盟との交流
二月　二日　『パシフィック・デイリー・ニューズ』紙の取材
（『土の声・民の声』号外、一九八一年二月一〇日を参照）。

66　富山化学の公害輸出をやめさせる実行委員会は一九七六年より「反公害輸出通報センター」、一九八六年より「反核パシフィックセンター東京」に改称。八六年には雑誌名もそれまでの『月報公害を逃すな』から『反核太平洋パシフィカ』に改題。これらの団体の活動やその雑誌・機関紙については、二〇一〇年七月に荒川俊児から口頭で教示をえた。
67　『土の声・民の声』（一九七八年創刊、一九八三年終刊）は一八の号外を刊行し、太平洋における核問題への取り組みを伝えた。

68　Hauʻofa（一九三九〜二〇〇九）は次のように述べている。一九六〇〜七〇年代の政治的独立が「望まれた自治の時代」をもたらさなかったポリネシアやミクロネシアの島々における経済の停滞、環境の悪化のなかで、島に生きる人びとは様々な葛藤を経験した。だが、このような葛藤を経てなされた一九六〇年代後半から一九八〇年代にかけての環境や海、生態系を守ろうとする組織活動は、「オセアニアの人びと」が自らの「海を守り、持続可能な開発において中枢的な役割を果たしうる」視点を確立し、太平洋の島々における価値転換の契機をもたらした。Epeli Hauʻofa. 1994. "Our sea of islands," *The Contemporary Pacific*. Vol.6, No.1, Spring, 1994. pp.150 - 152. 初出は以下。*A New Oceania : Rediscovering Our Sea of Islands*. Eds. Vijay Naidu, Eric Waddell, Epeli Hauʻofa. Suva : School of Social and Economic Development. The University of South Pacific, 1993.

69　パラオ女性代表団の「沖縄・水俣の旅」の行程（一九八一年六月〜七月）
（※六月一七〜一九日―被爆三六周年原水禁大会・沖縄大会が開催されている）
二〇日　住民懇談会（屋慶名自治会館）
二一日　ＣＴＳ・海上案内、歓迎アシビ（屋慶名自治会館）
二二日　読谷村訪問・基地めぐり・伊芸区訪問、懇談会と米軍演習被害調査
二三日　那覇懇談会〈「月の海、ベラウから婦人をむかえて」八汐荘〉
二四日　南部戦跡めぐり、ひめゆりの塔・平和祈念資料館

二五日　水俣へ

70 『琉球弧の住民運動』第一六号、一九八一年六月一三日、原水爆禁止日本国民会議　二一世紀の原水禁運動を考える会編『開かれた「パンドラの箱」と核廃絶へのたたかい――原子力開発と日本の非核運動』七つ森書館、二〇〇二年を参照。前川美知代による報告には、パラオの女性達に沖縄を発つ際にユージーン・スミスの写真集『ミナマタ』を手渡したことなどが記録されている。『東海岸』第三〇号、一九八一年七月。

71 『東海岸』第三〇号、一九八一年七月。

《第8章　金武湾闘争が模索した「共同の力」》

1 『東海岸』第二六号、一九八〇年十一月一六日。

2 『土の声・民の声』〈号外　署名運動ニュース〉一九八〇年九月一〇日。

3 前川美知代「旅をすること、学ぶこと、そして発見――ベラウの婦人達の沖縄・水俣来訪印象記」『琉球弧の住民運動』第一七号、一九八一年九月一三日。

4 前掲、安里『海はひとの母である――沖縄金武湾から』一二一～一二二頁。

5 「玉砕の島々」取材班「与那城村の平田集落　サイパンでは一家全滅のケースも」『琉球新報』一九九三年五月二三日。

6 前掲、安里『海はひとの母である――沖縄金武湾から』一二一～一二四頁。

7 安里清信（聞き手・井上澄夫）「安里清信の世界」『思想の科学』第六次、一九七九年一二月。

8 上原こずえ「一人びとりが代表――崎原盛秀の戦後史をたどる（1）」『月刊琉球』第二六号、二〇一五年七月号。

9 前掲、安里『海はひとの母である――沖縄金武湾から』一四二頁。

10 前掲、安里『海はひとの母である――沖縄金武湾から』一四四頁。

11 天願尚吉「金武湾で今、何が起り何が再生されているか」『琉球弧の住民運動』第一五号、一九八一年三月一三日。

12 前掲、安里『海はひとの母である――沖縄金武湾から』一六八頁。

13 訳は以下を参照。「付録　あるアンマーの歌と半生」前掲、安里『海はひとの母である――沖縄金武湾から』一六八頁。
14 前掲、安里『海はひとの母である――沖縄金武湾から』一六八～一六九頁。
15 前掲、安里『海はひとの母である――沖縄金武湾から』三九、一一七頁。
16 「付録　あるアンマーの歌と半生」前掲、安里『海はひとの母である――沖縄金武湾から』一七二頁、前掲、金武湾を守る会『ＣＴＳ・埋立絶対反対――住民運動の記録《資料》1973.9－1974.6――闘いの足跡』一三頁。訳は平良良昭、崎原正志より教示をえた。
17 前掲、安里『海はひとの母である――沖縄金武湾から』一六九～一七〇頁。
18 琉球大学集中講義の際に行った金武湾フィールドワークでの崎原盛秀からの説明、二〇一五年八月二一日。
19 ハマウガン。字の住民一同で、供えものと共に「魔物を追い払」うよう祈願する旧暦八月七日の行事。『東海岸』第一七・一八号、一九八〇年一月。
20 この点については、二〇一〇年六月、崎原正志より口頭で教示をえた。
21 たとえば、水島製油所所長・今東寿雄らが沖縄石油基地株式会社に派遣され、旧建設省や沖縄開発庁総合事務局を経た野島虎治が県の企画調整部に配属されたことについて「植民地人事」であると批判するなど、日本の「植民地」・沖縄における金武湾開発を「植民地主義」の問題として捉える視点が金武湾闘争にあった。安里清信はパラオの反核運動との交流において「文化は平和の証、不滅なもの。戦争や開発に抗する武器」と述べている。『東海岸』第三〇号、一九八一年七月。また、金武湾で行われた第一回琉球弧の住民運動交流合宿・金武湾集会に参加したいれいたかしは、ＣＴＳ誘致をめぐって揺れる与那城村屋慶名で、「自然による復讐、戦争による郷土の破壊、金による人心の売買とその結果としての精神の腐敗、住民に支えられない財政の破綻」が渦巻いているとしながら、そのようななかで開催された金武湾集会での「まつり」や「狂熱的な乱舞」が、「蜂起への示威」、「真昼の対決への序曲」としてあると述べた。『琉球弧の住民運動』第一〇号、一九七九年一〇月、『東海岸』第二号、一九七六年五月九日。一九八〇年前後は、地域の行事や儀礼などが若い世代によって学ばれ、その意味が言語化されていく時期であったといえる。
22 この点については、二〇一〇年九月、崎原盛秀より口頭で教示をえた。
23 『東海岸』第二二号、一九八〇年五月一五日。

24　安良城盛昭「共同体と共同労働――ユイの歴史的性格とその現代的意義」『新沖縄文学』第三四号、一九七七年、四三～四四頁。
25　前掲、安良城「共同体と共同労働――ユイの歴史的性格とその現代的意義」四一～四二頁。
26　前掲、安良城「共同体と共同労働――ユイの歴史的性格とその現代的意義」四三頁。
27　『東海岸』第一三号、一九七九年八月。
28　宇井純・多辺田政弘（司会・屋嘉比収）「〔対談〕地域自立と環境の危機をめぐって」『新沖縄文学』第八六号、一九九〇年八月での多辺田の発言、及び玉野井芳郎「学問を愛する者への期待――退官にあたって」『東京大学新聞』東京大学新聞社、一九七八年二月六日（玉野井芳郎『エコノミーとエコロジー』みすず書房、一九七八年所収）。玉野井は一九七〇年代後半の東京大学退官時、「……社会科学という学問が権力と支配の構造を分析の対象とするとき、その対象を見るためには中央統治権力の空間的末端に位置することも重要ではないか」と語っており、バーシェイは玉野井の沖縄への赴任は「辺境への意図した転勤」であるとしていた。アンドリュー・E・バーシェイ（山田鋭夫訳）『近代日本の社会科学――丸山眞男と宇野弘蔵の射程』NTT出版、二〇〇七年、一八八頁。
29　前掲、バーシェイ『近代日本の社会科学――丸山眞男と宇野弘蔵の射程』一八八頁。
30　玉野井の歓迎会が首里の居酒屋「うりずん」で行われ、それから続いた「ウリズン会」をきっかけに、「地域主義集談会」が発足したという。新崎盛暉・多辺田政弘・金城朝夫・安里英子・屋嘉比収「〔座談会〕沖縄・平和・コモンズ」『新沖縄文学』第八六号、一九九〇年八月、前掲、玉野井『玉野井芳郎著作集３　地域主義からの出発』二九四頁。
31　『琉球新報』一九七九年六月三日。一九八〇年前後の玉野井の著作では石油コンビナートの問題の議論も散見される。玉野井芳郎「まちづくりの思想としての地域主義」『地域主義の思想』農山漁村文化協会、一九八〇年（『ジュリスト』増刊総合特集、第九号、一九七七年初出）。
32　玉野井芳郎・清成忠男・中村尚司編著『地域主義――新しい思潮への理論と実践の試み』学陽書房、一九七八年、「はしがき」ⅳ～ⅴ頁。
33　『沖縄タイムス』一九八〇年一二月二六日、『東海岸』第二八号、一九八一年二月一七日。奥田良村長との会見は実現しなかったが、このとき金武湾を守る会はすでに村長に提出していた公開質問状を職員、そして工事現場に近い宮城島住民に配布した。

34　イリイチは、「牧草地とか、森林とか、水源とか、漁業権とか、敷地」について「「コモンズ」という言葉を使うのは、基本的な法的原則とでもいうか、それに対して使うべき外の言葉が見当たらないから」としている。イヴァン・イリイチ・玉野井芳郎「〔対談〕現代産業文明への警告」『週刊エコノミスト』毎日新聞社、一九八二年六月二二日号＝玉野井芳郎『生命系のエコノミー』新評論、一九八二年所収。

35　前掲、イリイチ・玉野井「〔対談〕現代産業文明への警告」二二一頁。

36　前掲、イリイチ・玉野井「〔対談〕現代産業文明への警告」二四七頁。

37　「解説」では「歴史学者、社会哲学者、いや経済学者でもあるイヴァン・イリイチ（Ivan Illich）が今日われわれに突きつけるさまざまな問題提起のもつ衝撃の力と範囲は、はかり知れないほど大きい。右であれ、左であれ、ほとんど誰も、もはやこれを無視したり黙殺したりすることはできないだろう」と評していた。玉野井芳郎「〈解説〉友人イヴァン・イリイチの思想深化への期待」イヴァン・イリイチ(玉野井芳郎・栗原彬訳)『シャドウ・ワーク――生活のあり方を問う』岩波書店、一九八二年、二七五頁。

38　新崎は次のように書いている。「琉球弧の独自性、自立性を否定する国策が、安保・エネルギー政策として及んでこようとするとき、これに明確に対抗する意思表示を欠いた、〝琉球弧の地域主義〟などありえるはずはないからである。広大な軍事基地の存在を視野に入れることなく、いかにして〝琉球弧の地域主義〟を語ることができよう。……従来の世界情勢から演繹的に論理化されていた反戦反基地闘争の理論や思想が混迷を深めている現在ほど、地域（住民）の立場からする反戦反基地闘争の理論や思想が必要とされている時はない。……地域主義は、この与えられた課題に答えうるだろうか。」新崎盛暉「戦闘的地域主義の創出を求めて」『琉球弧の住民運動』第八号、一九七九年四月（『琉球弧の住民運動』三一書房、一九八一年所収）。これは、「CTS阻止闘争を拡げる会」が一九七九年三月一一日に開催した「琉球弧市民・住民運動連帯集会――反戦、平和、生存権の確立を求めて」の報告内容であった。

39　『東海岸』第一二号、一九七九年七月一日。

40　前掲、新崎・多辺田・金城・安里・屋嘉比「〔座談会〕沖縄・平和・コモンズ」三〇五～三〇六頁。

41　熊本一規・春日直樹・丸山真人・伊藤るり「〔座談会〕フロンティアとしての玉野井理論」『新沖縄文学』第八六号、一九九〇年一二月、一一一頁。
42 前掲、新崎・多辺田・金城・安里・屋嘉比「〔座談会〕沖縄・平和・コモンズ」三〇七頁。
43 前掲、新崎・崎原・米盛「〔鼎談〕復帰後沖縄の住民運動――〈金武湾〉から〈白保〉まで」九一頁。
44 森根孝「追悼今や帰らざる戒め……」『東海岸』第三二号、一九八二年一二月。
45 宮城は次のように述べていた。「私でも支援者だわけさ。利害が自分には及ばない場合があるじゃない。たとえば金武湾だったら金武湾と限りがあるじゃない。……私は支援としてわきまえて、自分がやるべきことだけやればいいって、そう関わっていたんだけれども、そうでない人もいたりするわけよ。運動の場で自分が主体者になっちゃう人が多いからさ。役に立つだけでいいのに。主体がだれなのかをちゃんと見極めるくらいの考えを持ってくれた方がいいよなと思うわけ。関わるなとは言わないよ。自分の生き方とか考え方のなかでしっかり関わればいいんだけど。一方で、「賛成派」も当事者なのよ。そういう意味では、私たちはその前に出るわけにはいかないでしょ。そういう時どうすればいいか考えなくちゃならない……そういう意味で、金武湾の反CTSが、主体者はだれであったかということを教えてくれたかなと」。宮城節子からの聞き取り、二〇一〇年八月。
46 宮城節子からの聞き取り、二〇一〇年八月。
47 宮城節子からの聞き取り、二〇一〇年八月。
48 イモの会準備会事務局「何故今イモなのか」『新沖縄文学』第五五号、一九八三年三月、二二一～三二一頁。
49 平良良昭からの聞き取り、二〇一〇年八月。
50 平良良昭からの聞き取り、二〇一〇年八月。
51 花城清善、福士敬子からの聞き取り、二〇一〇年八月。
52 『東海岸』第一七～一八号、一九八〇年一月一日。
53 一九七八年の平良良昭の語り。吉田豊監督『沖縄列伝第一　島小』（ドキュメンタリー）照間プロダクション、一九七八年。
54 平良良昭からの聞き取り、二〇一〇年八月。
55 前掲、安里『海はひとの母である――沖縄金武湾から』一四二頁。

56　前掲、安里『海はひとの母である――沖縄金武湾から』一四四頁。
57　前掲、安里『海はひとの母である――沖縄金武湾から』一二七頁。
58　崎原盛秀からの聞き取り、二〇一二年一月。
59　一九九六年のSACO合意により決定され、二〇〇七年より工事が強行されている北部訓練場の再編に伴う東村高江の米軍へリパッド拡張計画に反対する人びとも、森を守るための座り込みを続けてきた。高江における座り込みについては、以下を参照した。森啓輔「沖縄社会運動を「聴く」ことによる多元的ナショナリズム批判へ向けて――沖縄東村高江の米軍ヘリパッド建設に反対する座り込みを事例に」『沖縄文化研究』第三九号、二〇一三年三月。
60　崎原盛秀「新たな沖縄闘争の地平――沖縄民衆の自決権の獲得をめざして」『別冊　飛礫　一』二〇一〇年七月、一五～一六頁、崎原盛秀「現在に引き継がれる「金武湾を守る会」の闘い」『情況』第一一巻第九号、二〇一〇年一一月、三二～四五頁。
61　仲里嘉彦「月刊『自治新報』発刊あいさつ」『月刊自治新報』創刊号、一九八三年六月。同誌は第二一五号、二〇〇六年（新春号）まで発行されていた。
62　金武湾座談会シリーズの第一部「金武湾の昔を語る」は一九九四年一月二〇日与那城町で開催され、「戦前、戦後を通じて、この金武湾とともに苦楽をともにしてきた、平均年齢七〇歳の方々が、与那城町、勝連町、具志川市、石川市、金武町、宜野座村からそれぞれ二名ずつが参加」した。第二部「金武湾の現在を語る」は一月二七日石川市で開催され、「各界で活躍している現役の方々を中心に、金武湾沿岸六市町村から、それぞれ二名ずつ出席」した。第三部「金武湾の課題を語る」は二月八日金武町で開催され、金武湾開発推進協議会の母体である六市町村の首長ら、収入役らが出席した。第四部「金武湾の将来を語る」は二月二五日具志川市で開催され、第一～三部までの座談会出席者と学識経験者、六市町村の児童生徒らが参加した。『月刊自治新報』一九九四年二・三月合併号、七、六九、一一一、一四九頁。
63　金武湾開発推進連絡協議会『平成一七年度電源地域振興指導事業「環金武湾振興QQLプロジェクトにおける環境調和型まちづくり構想の策定に向けた環境関連事業の実施可能性調査」報告書ダイジェスト版』〈http://www.eta.gr.jp/wp-content/uploads/2011/05/reportQQL.pdf〉（二〇一三年六月一八日取得）。金武湾には二つの石油備蓄基地に加え、具志川火力発電所、石川石炭火力発電所、金武火力発電所、宜野座風力発電所がある。

《結び――運動を再定義する》

1　前掲、吉田『沖縄列伝第一　島小』。

2　前掲、玉野井・イリイチ「現代産業文明への警告」二五一頁。

3　宮城（内海）恵美子は当時の屋慶名区の住民の自治活動について「区長を決める権限がなくとも、必要ならば自分たちで区長を選ぶ。行政の上からの流れに対して、住民から湧き上がる自主・自決の思想を対抗させ、実質は行政の制約を乗り越える自治体制＝対抗領域を作っていた」と述べている。前掲、内海（宮城）「安里清信さんの思想――金武湾から白保、辺野古・高江へ」。

〔資料1〕金武湾闘争・一九六七年～一九八三年

月日	金武湾開発、金武湾を守る会をめぐる動き
	●一九六七年
二・	与那城村は平安座の地主を説得。
	二・二四　教公二法阻止闘争。
五・	与那城村は企業誘致を決議。
	六・〇五　イスラエル―アラブ間での第三次中東戦争が勃発。
	八・〇三　公害対策基本法が公布、施行される。
	九・〇一　四日市公害訴訟の提訴（日本における初の大気汚染訴訟）。

●一九六八年

一・〇五　プラハの春。

一・〇九　アラブ石油輸出国機構（OAPEC）結成。

一・二〇　琉球政府、ガルフ社に外資導入免許を交付。

二・二六　第一次成田デモ事件。

三・一六　ソンミ村虐殺事件。

五・　ガルフ社は建設地を平安座島に決定、ボーリング開始。

五・〇三　五月革命。パリ市内で学生と警官隊が衝突、反体制運動が広がる。

八・二四　フランス、サハラ砂漠にて水爆実験。

一〇・〇三　カネミ油症被害者が届出。西日本一帯でPCBを原因とする食中毒被害が多数発生。

一〇・三一　米、北爆の全面停止を発表。

一一・一〇　沖縄初の行政主席公選で屋良朝苗が当選。

一一・一九　嘉手納飛行場でB52の爆発・炎上。

一二・二二　文化大革命。

●一九六九年

一・一八　東京大学安田講堂事件（〜一九日）。

一・二〇　ニクソン、米大統領に就任。

二・〇四　二・四ゼネスト中止。

四・三〇　与那城村はガルフ社の誘致を正式に決定。

六・〇五　全軍労二四時間ストライキに突入。

七・〇四　毒ガス事件発生。知花弾薬庫で神経ガスが漏洩し米兵と米軍属計二四人が病院に搬送される。

一一・　ガルフ社は全タンクの建設工事を完了。

一一・一九〜二一　佐藤・ニクソン会談共同声明。

●一九七〇年

四・二四　沖縄の国政参加法成立。

四・二九　米軍カンボジア介入。

一一・一五　沖縄の国政参加選挙。

一二・一二　軍事法廷で米兵による糸満轢殺事件に無罪判決が下される。

一二・一九　美里中学校で安全を確保しない毒ガス移送に反対する抗議集会が開催される。

一二・二〇　未明、コザ暴動が発生。

●一九七一年

一・一三　ジョンストン島への第一次毒ガス移送。

二・〇八　南ベトナム軍、ラオスに侵攻。

五・〇二 ガルフ社は海中道路建設に着工。

三・〇八 FBIが左翼、共産党、公民権運動活動家、フェミニスト団体などに対して行った盗聴、放火、殺人などの極秘プログラム（COINTELPRO, Counter Intelligence Program, 1956〜1971）が発覚。

六・一七 沖縄返還協定、日米同時調印式。

七・一五 ニクソン大統領、訪中を宣言。

七・一五 第二次毒ガス移送（〜九月九日終了）。

八・一五 ドル・ショック。ニクソン大統領、米ドル紙幣と金との兌換一時停止を宣言。

九・ 琉球政府、長期経済開発計画を発表。

一〇・〇一 ガルフ社シーバースでのパイプ破裂により一九〇トンの原油流出事故が発生。

一一・一〇 沖縄返還協定反対ゼネスト。

一一・一七 衆院沖縄返還協定特別委員会、協定を強行採決。

●一九七二年

一・三〇 血の日曜日事件。北アイルランドでデモ中の市民がイギリス陸軍に襲撃される。

二・〇九 浅間山荘事件。

二・二七 米中共同声明発表。米は台湾を中国の一省であると表明。

三・〇四 琉球政府は三菱開発に外資導入免許を交付。

三・〇七　全軍労一〇日間ストライキ、三月二四日には無期限ストライキに突入。
四・〇六　米軍、北爆を再開。
五・〇九　琉球政府は三菱開発に平安座島・宮城島間の公有水面埋立免許を交付。
五・一三　政府、沖縄の交換レートを一ドル三〇五円に決定。
五・一五　沖縄返還協定の発効。沖縄県が発足。
六・〇八　那覇防衛施設局が開局。
六・一一　田中角栄通産相「日本列島改造論」発表。
六・二五　沖縄県知事・県議員選挙。屋良朝苗が当選し新知事に就任。
一〇・一一　航空自衛隊那覇基地が新設される。

一〇・一五　沖縄三菱開発、平安座島・宮城島間の公有水面埋立工事に着工（～七四年六月）。

一〇・二〇　通産省の調査団が来島。

●一九七三年

一・一一　ニクソン、北ベトナムへの戦闘全面停止命令。二七日、ベトナム戦争終結のための和平協定調印。

四・二七　沖縄石油基地設立（三菱石油、丸善石油の共同出資）。
五・〇三　若夏国体開催（～五月六日まで）。

五・一九　沖縄県、沖縄石油基地にシーバースおよび海底管設置のための公有水面占有を許可。

七・〇三　沖縄県のＣＴＳ原油備蓄許容基準は五〇〇万キロリットルとすることを屋良知事が県議会で表明。

九・〇五　金武湾開発構想の問題点と開発反対の住民団体組織について話し合う（石川市民協に持ち込む）。

九・〇七　公害問題に関する与勝地域での学習会設定の件で話し合う。

九・一〇　学習会は、映画「水俣」を介して進めていくことを確認。

　　九・一一　チリ・クーデター。米CIAの支援を受けた軍部による軍事クーデターで社会主義政権が倒される。

九・一二　九・一二、九・一六、九・一八の三日間にわたり、与那城村内の四集落で婦人を中心に学習会が開催される。

九・二二　与那城村屋慶名農協ホールで金武湾を守る会が結成される。参加者約一五〇人。県への要求として、①金武湾のおける埋立計画を中止すること、②石油基地の増設を認めないこと、③新設も認めないこと、④石油関連企業誘致を誘致しないこと、の四項目を決議。

九・二五　県行動。前日の四項目の要求、屋良知事、金城作一労務商工部次長が対応。県として五〇〇万キロリットルは容認。それ以上は認めないとのこと。県職労（仲吉良新委員長）も同日、CTS、海洋博、埋立反対の内部告発を行う。

一〇・一二　県行動。午後一一時半に直接屋良知事に電話で要請し、出席を拒まれた後も、県側代表（次長、課長）と話し合いを続ける。五〇〇〇万キロリットルの許容基準の科学的根拠をただすが、曖昧な回答に終始、深夜一時まで紛糾。

沖教組婦人部代表（上江洲トシ部長）は一二日午後、知事公室に儀間常盛秘書課長を訪れ、CTS石油関連企業の新増設計画の中止を要請。

一〇・一三　沖縄の自然と文化を守る一〇人委員会（豊平良顕会長）が、CTS新設に反対を表明。

金城労働商工部次長は記者会見で①CTS誘致は離島苦解消を目的に地元与那城村が行ったものであること、②県はこの地元の要請を受けた琉球政府時代の外資導入許可に道義的責任を負っている、などと説明。

一〇・一五　与那城村農協ホールで与勝の自然と生命を守る会結成大会。参加者約三〇〇人。

　　一〇・〇六　第四次中東戦争。

一〇・一六	沖縄三菱開発、シーバース工事着工。 一〇・一六　オイルショック、原油公示価格の大幅引き上げにより原油価格が急騰。
一〇・一九	金武湾を守る会、村議会室で中村村長と深夜までの集団交渉。参加者約一五〇〇人。村長として「村民を説得できなかった」との確約書に署名。
一〇・二二	金武湾を守る会、県から①村民大会には出席できない、②一一月二日に県庁で代表六人とだけ会うとの回答をえる。
一〇・二四	与那城村役場前で村民大会が開催される。参加者約二〇〇〇人。中村村長、大城収入役が参加。中村村長は大衆団交の途中で卒倒。 文化財保護審議会が「離島も含めたすべての沖縄の海岸線を文化財に指定して乱開発から守ろう」と決議、同審議会のなかに特別委員会をつくり、文化財指定のための具体案を練ることになる。
一〇・二六	金武湾を守る会は屋良知事宛ての「ＣＴＳ増設に関する公開質問状（二二項目）」を大島知事公室長に提出。那覇市内デモ。
一〇・二九	県当局、喜入町にＣＴＳ調査団派遣（団長・金城作一労働商工部次長）。鹿児島県の日石喜入ＣＴＳを視察し、基地からくる公害、経済的メリット、事故などの実態調査を行う（～三〇日）。 南西石油のバルブミス事故。中城湾四〇〇～五〇〇メートル沖合への原油流出。 社大・人民・社会三党の県議団代表が、知事に「ＣＴＳ新増設は認めない方針で処理すべき」と申入れ。
一〇・三〇	県庁記者クラブで金武湾を守る会代表世話人・玉栄清良が記者会見。金武湾を守る会の声明「県首脳の欺まんを告発する」を発表。県が提案していた、一一月二日の守る会代表六人との会談を拒否する方針を明らかにする。
一〇・三一	沖縄ターミナルがＣＴＳ増設（オイルタンク四基、各直径九〇メートル、容量一〇万キロリットル）の着工届を県に提出。一〇月一日より施行された「県土保全条例」の規制を無視した企業の工事着工が問題となる。 字具志川公民館で具志川市民協議会が結成される。参加者約三〇〇人。 南西石油で再びバルブミス事故。約三〇〇キロリットル（ドラム缶一五〇本）の原油が流出する。

金城作一労働商工部次長らが喜入町の日石CTSの視察を記者会見にて報告。

一一・〇一　沖教組、知事に対してCTS新増設反対を要請。
アラビア石油、CTS（五六〇万キロリットル）、石油精製（日産二〇万～三〇万バーレル）の沖縄進出中止を発表（環境保全運動の高まりで事業推進困難とみる）。

一一・〇二　金武湾を守る会の玉栄清良代表世話人ら八人は、県庁で大島知事公室長と面会、CTS、精製工場の退去と増設計画の白紙撤回を申入れる。
安里清信・首里牛善（宮城島土地を守る会会長）・大城昌夫（東洋石油反対同盟会長）らは知事公室長・大島修を訪問、南西石油原油流出事故に抗議。

一一・〇三　沖縄県土木部部長・安里一郎は、宮城島沖への沖縄石油基地のシーバース建設について、五月に関係者と合議し正式に許可済であると表明。

一一・〇五　県議会経済労働委員会（親川仁助委員長）は沖縄石油基地の公有水面埋立地と沖縄ターミナルのCTS施設及びシーバースなどを調査し、関係者から意見聴取を行う（～六日）。
金武湾を守る会は与那城村内で緊急代表者会議を開催。今後の闘争方針について、埋立工事の即時中止とCTS建設の白紙撤回を求め実力阻止も辞さない方針で一致。

一一・〇六　与那城村役場構内で県議会経済労働委員会との対話集会。参加者約一三〇〇人。工事続行を黙認する経労委員に住民の不満が爆発する。親川委員長に抗議声明を手渡そうとするがはねつけられる。

一一・〇七　県議会は経済労働委員会を開催、金武湾埋立中止、CTS増設反対に関する陳情を審議。喜久川企画部長は「油流出事故を公害として捉えるのはどうか、航空機にも事故はあるが飛行をやめるわけにはいかない」と発言、与党議員の質問に対し五〇〇万キロリットル認可の方針を維持する態度を示す。

一一・〇八　県議会経済労働委員会の親川仁助委員長ほか与党議員は屋良知事と面会、喜久川企画部長発言に抗議し、県の態度決定まで沖縄石油基地の工事を中止するよう求める。屋良知事は、中止の強制は法的に困難であるとしながらも会社への申入れを検討すると返答。
社大党役員会では「CTS撤回」を原則として、沖縄三菱開発による埋立地を一次産業振興などに転用するよう要請していく方針を決める。

一一・〇九　県行動、参加者約一〇〇〇人。大島知事公室長、前田労働商工部長、安里土木部長らは記者会見し公開質問状への回答として「埋立撤去は法的に困難、油流出はあくまで事故」との内容を発表。直接内容を発表することを求めた金武湾を守る会のメンバーが県庁知事公室に押しかけるが、県は直接交渉を拒否して紛糾。機動隊約八〇人が出動され排除される。金武湾を守る会は県庁前で抗議集会を開き、「機動隊導入についての抗議」「喜久川部長退陣要求」を採択、赤嶺総務部次長に手渡す。

一一・一〇　県労協は「県のCTS埋め立て強行と機動隊導入に対する抗議声明」を発表。

一一・一二　安里清信・大城昌夫ら七人は県庁を訪ね、県の公開質問状への回答書を突っ返し機動隊導入に抗議する。
県議会の経済労働委員会はCTS反対の陳情案件について審議、与野党が対立するなか与党の賛成多数で採決。
東京都公害局の「沖縄県の石油精製関連工場調査報告書」を八月二九日に受け取った県が隠していたことに与野党が反発。

一一・一三　社大党副委員長、書記長らは県庁の屋良知事を訪ね、県の姿勢に抗議しCTS増設の即時中止を求める。

一一・一四　県労協、県に対し一〇日の物価メーデーで採択した「物価値上げ反対」「海洋博反対、CTS建設阻止」の大会決議文を手交。

一一・一六　県議会与党各派は与党連絡会を開催、久手堅企画部環境保全室長が出席するなか県当局を追及。
沖縄の文化と自然を守る一〇人委員会メンバーは金武湾の埋立地、北部縦貫道路、海洋博予定地を視察する。

一一・一七　金武湾を守る会の約四〇人は県庁を訪れ、公開質問状への「大衆団交」の場での正式回答を求めるが県は応じず、大島知事公室長と面会する。

一一・二三　諸見小学校グラウンドで金武湾を守る会、中部地区労と「CTS阻止中部地区総決起大会」を共催、参加者約三〇〇〇人。大会決議として①CTS新、増設阻止・埋め立て反対決議、②機動隊導入に対する抗議決議、③ガルフ、エッソ、三菱、東洋石油に対する抗議決議、④喜久川企画部長に対する退陣要求決議を採択、コザ市内をデモ。

一一・二五　金武湾を守る会は野鳥研究会の与那城義春さんと具志堅古政さんを招き、与那城平安座と宮城島桃原を調査する。

一一・二六　金武湾を守る会および中部地区労による県行動。参加者約五〇人。中部地区総決起大会の決議文を知事に手交。

一一・二七　金武湾を守る会、与那城村に対し一〇月二四日の村民大会の決議を認めるよう迫るが村長不在で長浜総務課長が対応。二八日に回答することを約束する。

一一・二八　金武湾を守る会、村役場に集まるが村の三役はじめ長浜課長も姿をみせず、村役場の態度に対し反発。

一一・二九　屋慶名琉球銀行裏広場で与勝の自然と生命を守る会は屋慶名区民総決起大会を開催、参加者約一〇〇〇人。中村盛俊村長退陣要求の緊急動議が全会一致で採択され、大会宣言としてCTS阻止、埋立ての白紙撤回を採択。

一一・三〇　金武公民館前で金武村自然と生命を守る会の結成大会が開催される。参加者約一五〇人。

一二・〇三　安里清信らは与那城村役場に中村盛俊村長を訪ね、守る会との話し合いを要求するが、村長は村長退陣の要求決議、CTS反対決議を受け取らず退席、村長専用車に乗り込んだためそれを取り囲む。機動隊三〇人が動員される。これに抗議し金武湾を守る会は抗議集会を開く。

一二・〇六　沖縄三菱開発は県に「埋立竣工認可前の工作物設置申請書」を提出。

一二・〇七　県議会「CTS新増設反対」を賛成多数で可決。

一二・〇八　与那城村で「CTS反対署名」六二二四名を獲得（総人口の六割以上の獲得率）。
金武湾を守る会は緊急代表者会議を開催、CTS反対、埋立白紙撤回を県に求めることを確認。

一二・〇九　沖教組第二〇次教研中央集会の「公害と教育」分科会にてCTS反対のアピールと抗議決議がなされるも、翌一〇日の全体集会では反対決議に至らず、班としての決議にとどまる。

一二・一〇　県行動。金武湾を守る会の安里清信ら約一五〇人は大島知事公室長と会い、「CTS反対署名」を手交、CTS強行の姿勢を示す県に抗議する。

一二・一二　金武湾を守る会は代表者会議を開催。埋立、CTSに反対し、公開質問状への県回答に対する批判と村や沖縄三菱開発への抗議を決める。

一二・一三　屋良知事は喜久川企画部長、久手堅環境保全室長らからこれまでの経過を聞き対処策を協議、記者会見で喜久川部長らを擁護。

一二・一四　県行動。公開質問状に対する県回答に反論し新たな公開質問状を提出する。

一二・一七　県は金武湾を守る会の公開質問状に回答しない方針を決める。

沖教組の青年部と婦人部は大島知事公室長にＣＴＳ絶対反対を申入れる。総括集会での組合員の発言により、ＣＴＳ白紙撤回が行政的・法的に可能であるとの革新共闘弁護団の見解が明らかになる。

一二・一九　与勝の自然と生命を守る会は緊急幹事会を開催、沖縄三菱開発への抗議と村の定例議会を傍聴することを決める。

一二・二一　与那城村議会に対し「反ＣＴＳ・埋立即時中止」の請願行動、約三〇〇人が参加。ところが議会は賛成七、反対一〇で否決、議場は混乱。与勝の自然と生命を守る会ら各支部は緊急合同会議を開催、今後の闘争方針について協議。

一二・二三　請願の再審議を求めて与那城村定例議会への要請行動、参加者約一〇〇〇人。請願の途中、機動隊が二度にわたって議場に導入され、一人逮捕、二〇人余がケガ。

一二・二四　金武湾を守る会の約七〇人は村議会場に集まり議会の再開を待つが議員団、議会事務局職員は姿をみせず議案は廃案になる。中部地区労、全軍労、県職労、食品労連の代表らは具志川署前で機動隊導入に対する抗議集会を開く。

県職労事務局長・峯原は記者会見、与那城村議会への機動隊乱入事件に対して抗議声明を発表。

石川高校生徒会は校内でＣＴＳ問題学習会を開催、ＣＴＳ反対を決議。

一二・二六　県警警備部は機動隊導入について議会議長の要請に基づいた措置であったことを公表。

一二・二九　革新共闘弁護団は新里恵二法律事務所で緊急拡大幹事会を開き、金武湾を守る会からの要請に応じ住民運動への刑事弾圧に対処するため弁護団を結成、弁護活動を引き受けることを決める。

一二・三一　県総務部が企業側から消防法に基づく「タンク設置許可申請」が県消防防災課に提出されていることを明らかにしたことが報じられる。

金武湾を守る会は中部地区労と「与那城村議会への機動隊乱入に対する抗議住民大会」を具志川区公民館前広場で共催。与勝の自然と生命を守る会、金武湾を守る会、中頭教職員会、高教組、自治労、中部地区労の組合員と与那城村民など約五〇〇人が参加、大会後は具志川署までデモ行進。

●一九七四年

一・〇四　県行動、参加者約一〇〇人。再度の公開質問状への回答とＣＴＳの白紙撤回を屋良知事に求めるが、知事は話し合いを拒否し外出したため、金城作一労働商工部次長、大島知事公室長と面会、県の姿勢に抗議する。

金武湾を守る会所属の与勝出身教師会代表一八人は、沖教組本部に具体的行動に取り組むよう要請する。

沖教組中頭支部代表一五人と与那城村革新議員団代表五人が警察本部を訪ね話合いと抗議・要請を申入れるが拒否される。

一・〇九　金武湾を守る会、緊急代表者会議を開く。二一日から三一日までの一一日間、県庁前広場で昼夜の座り込み闘争に突入するなど非常手段に訴えることを検討。

一・一二　県職労仲吉良新委員長ら三役は屋良知事と面会、ＣＴＳ問題の解決策として、県は住民側の立場に立ち埋立地を買いとり公共用地とする、またはＣＴＳ建設を断念させＣＴＳに代わる産業を立地させることを提案。

一・一三　屋良知事は平良企画部長や新垣出納長など県首脳、県庁外のブレーンをまじえ、ＣＴＳ問題収拾に向けた話し合いを行う。

一・一四　革新共闘弁護団は那覇地方検察庁に県警機動隊を特別公務員暴行凌辱罪で告訴。

県と与党は合同会議運営委員会を開催、ＣＴＳ問題の収拾策について、県はＣＴＳ許容量の割り当てを行うべきでなく、タンク設置許可申請も認めるべきでないとの方針でほぼ意見が一致。

金武湾を守る会は代表者会議を開き、二〇日与那城村役場構内で「座り込み突入総決起大会」を開き二一日から県庁前で抗議座り込み行動を始めることを確認。

一・一六　県の大島知事公室長は、沖縄三菱開発の小西是夫社長らを招き、社会的混乱を招くとしてＣＴＳ撤回を申入れるが拒否される。

一・一七　沖教組委員長、副委員長らは屋良知事を訪ね、第五回臨時大会で採択した「CTS建設反対」の決議書を手交。

自民党県連は屋良知事を訪ね、CTS設置を方針通り推進することを求める。

県・与党連絡会議でCTS収拾策について協議。合法的になされた行政行為の撤回の可能性や、白紙撤回した場合の沖縄三菱開発への損害賠償金について協議するも、屋良知事は各団体や主だった人びとの意見を聞いて結論を出したいとの意向を示し、結論を見送る。

金武湾を守る会の約二五〇人、県と県議会与党に対し反対請願を行うため、与那城村現地から県庁に向かう。大島知事公室長に会い、埋立工事の即時中止とCTS白紙撤回を訴える。

一・一八　金武湾を守る会、県庁横広場での座り込みに突入、約三〇人が泊まり込む。
屋良知事は知事公舎で与党代表との懇談を行う。

一・一九　金武湾を守る会の約二五〇人、座り込みを続行する。午後一〇時に座り込みを解く。

県労協青年部協議会の三〇人は大島知事公室長と団交、CTS誘致撤回を申入れる。

CTS誘致派の与那城村議会議長・赤嶺正雄ら約六〇人は知事公舎前に押しかけ、大島知事公室長に対し既定方針通り認可するよう要求する。

屋良知事、知事公舎で部長会議を開き、県の最終態度として①CTS企業の立地に反対、②三菱、沖縄ターミナルにCTSの割り当てをしない、③三菱に対しCTS以外の無公害企業の立地を要請する、④タンク設置申請も不許可にする、⑤埋立工事中止の要請は考えていない、を決定する。

三菱開発の小西社長は県の方針決定に対し、CTS建設方針に変更はないとしながら県への再考を促す。

一・二〇　金武湾を守る会は代表者会議を開き、抗議の対象を沖縄三菱開発に絞ることを決める。

一・二一　屋良知事と関係部課長は事後処理対策を協議。

一・二二　自民党県連は緊急議員総会を開催、屋良知事の行政責任を問い、再び誘致方針を出させ辞任を要求していく方針を決定、知事室に押しかけ知事の退陣を要求する。

一・二三　沖縄三菱開発の小西社長、沖縄石油基地の今東社長らは屋良知事と面会、すでに五〇〇億円を投資しているとし、県の方針を再考するよう要請する。

沖教組中頭支部の委員長ら代表一一人は沖縄石油基地に押しかけ抗議するが門前払いされる。

一・二四　県・与党は代表者会議を開催、ＣＴＳ反対方針は変更しないことを確認する。

一・二五　中曽根通産大臣、国内の石油備蓄量の増強の必要性から、政府方針として沖縄のＣＴＳ建設を推進する立場を表明する。屋良知事は、これによって県のＣＴＳ反対の方針が変わることはないとの談話を発表する。

一・二七　金武湾を守る会、与那城小学校内でＣＴＳ闘争貫徹団結パーティを開く。参加者約五〇〇人。

一・二九　県議会与党議員団一五人は沖縄三菱開発小西社長と面会、ＣＴＳ撤回を申入れるも、撤回はできないと退けられる。

高教組の六人は沖縄開発庁と沖縄三菱開発を訪ね、「ＣＴＳ増設に反対する決議」を手交するが、公害問題は技術的に解決できると退けられる。

公有水面埋立、造船所誘致問題をめぐる住民との第一回対話集会が具志川の復帰記念会館で開催される。約三〇〇人が参加するなか、市長の誘致方針表明、公害調査団の報告に対し、具志川市民協の反対意見などが交わされる。

「中部地区工業開発基本計画」の報告作成を進める工業立地センターは係員を派遣、中間報告を県に提示する。

二・〇一　自民党県連、各支部役員全体会議で「屋良知事即時退陣要求県民総決起大会」開催を決定。

二・〇四　金武湾を守る会、前田労働商工部長と面会、「屋良知事および全沖縄県民への提案」と題する文書を提出、知事を先頭とする反ＣＴＳの大衆運動の組織と金武・中城湾開発構想の撤回、与勝海上公園の再指定を要請。参加者約三〇人。

四日から五日、沖縄三菱開発が埋立を行う与那城村平安座・宮城島間の一帯から対岸屋慶名にかけて海面が黄土色に染まる。金武湾を守る会は三菱の与那城事務所に押しかけるが責任者不在で抗議できず。

金武湾を守る会は代表者会議を開催、ＣＴＳ闘争の取り組みと抗議行動の展開について協議する。

二・〇七　県議会与党各派は全体会議を開催、自民党県連が予定している「屋良知事即時退陣要求県民総決起大会」を糾弾する声明を発表。

中部地区労はＣＴＳ闘争、四九年度春闘総括討論集会を開催。

二・〇八　自民党県連は「屋良知事即時退陣要求県民総決起大会」を主催、本島各地から約四〇〇〇人が参加する。集会後、県庁までデモ行進し、大田昌知会長ら代表が知事に決議書を手交するが、その際自民党県連の抗議団が知事室に乱入し屋良知事や宮里副知事を一時間にわたってかんづめにし、ソファーなどを壊す暴力行為を働く。県庁の要請を受けた那覇署は屋良知事の身辺警護、交通関係のため制服警官数人を派遣、那覇署は公共物破壊侵入、暴力行為などで捜査を開始。

沖縄三菱開発は工事現場労働者に対し賃金カットを理由に動員指令をした可能性について報じられる。

金武湾を守る会は代表者会議を開催、県労協、沖教組、高教組、全沖労連、沖青協、中部地区労の六団体代表と協議しCTS阻止県民総決起大会の開催を検討。

二・〇九　共産党県委員会、県労協は自民党県連の知事乱入事件に抗議声明を発表。

二・一〇　本土文化人一五人は田中首相、中曽根通産相、三木環境庁長官、小西沖縄三菱開発社長に対しCTS建設中止を求める要望書を提出。

二・一二　革新与党と民主団体、労組はCTS反対の合同会議を開催、与党各派、沖教組、全沖労連、同盟、婦団協、沖青協、復帰協、県労協、革新市町村会、金武湾を守る会などの民主団体、労組の九団体の代表が出席する。県民総決起大会の開催とCTS反対連絡協議会の発足を決める。

県議会革新与党議員団は自民党県連に対する抗議声明を発表する。

二・一六　与那城村議会が開会、CTS誘致派の約二五〇人が傍聴するなか革新系七議員は欠席、保守与党出席議員全員で「欠席した革新議員の責任を追及する抗議声明」を採択する。

政党・民主団体・金武湾を守る会の協議が決裂、二・二三に予定されていたCTS阻止県民大会は中止（金武湾開発計画など知らないとする県政与党と金武湾を守る会との対立、政党の住民運動への介入など運動論をめぐる対立などが原因）。

二・一七　「与勝の自然と生命を守る会」屋慶名支部の約五〇〇人は「CTS阻止屋慶名区住民大会」を主催するが、CTS誘致派が詰めかけ両派が対立。

二・二四　那覇市・神原中学校では母親と女教師の中央大会が開催され、「公害問題」分科会でCTS公害の問題と今後の運動の進め方について討議。

二・二六	CTS誘致派が結成する「村民の求める与那城村を建設する会」メンバー二〇人は屋良知事に対し、知事を批判する「CTSに関する公開質問状」を手交。
三・〇二	誘致派村民から暴行を受けた反対派親子、同村民を暴行・不法監禁で告訴。
三・〇九	沖教組春闘第一回中央闘争委員会では、与那城村にて、誘致派による女教師への脅迫や圧力などの嫌がらせが続いていることが報告される。
三・一四	金武湾を守る会の約七〇人、沖縄三菱開発に団交を申入れるが応答なし。抗議声明。 平安座・宮城・伊計等に通勤する教師に通行妨害などのいやがらせを繰り返す誘致派の攻撃に対し、沖教組中頭支部と守る会は、平安座小中学校にて抗議集会を開催。参加者約二〇〇〇人。
三・一五	平安座小中学校に誘致派が押しかけ校長・職員に暴言と脅迫を繰り返す。
三・一六	反対派所有の車二〇台が誘致派によってパンクさせられる事件が続発するなか、誘致派が金武湾を守る会ポスターをスプレーで塗りつぶす現場を目撃する。
三・二九	小西三菱開発社長は地元財界と懇談会を開催、「初志貫徹」を強調、地元を「ゆりかごから墓場まで世話していける」と発言。開発庁から西表進出を打診されたことを明らかにする。
四・一一	沖縄石油精製のシーバースで重油積出中のタンカーから重油が大量流出、金武湾を守る会は一一日から一三日まで調査を行い、現場から五キロ離れた照間部落沖の漁網に油が付着し、処理剤ガムレンが六キロ離れた照間海岸に打ち寄せられたことを確認。
四・一五	金武湾を守る会の代表一七人は沖縄石油精製のマービン・ホッチス・ジュニア所長と面会、重油流出事故について抗議。
四・一六	金武湾を守る会は沖縄石油精製と合同で重油流出事故の被害調査を実施。
四・二五	早朝、照間の金武湾を守る会闘争小屋が火炎ビンで襲われる。また、革新村議の家の壁や雨戸が壊される。 県庁行動、参加者約三〇人。沖縄石油精製の油流出事故に抗議。

四・二六　政府閣議で了承された『環境白書』で、海上保安庁の廃油ボール漂流漂着状況調査に基づき、全国的には減少傾向にある油による海洋汚染が、沖縄の海ではかなり深刻との内容が発表される。

四・二九　沖縄石油精製との対話集会、照間の浜にて開催される。参加者約四〇〇人。四・一一の油流出に抗議、金武湾廃油ボールの撤去を約束させる（社長が出席）。

四・三〇　平安座、宮城島間の公有水面埋立工事が完了（約六四万二千坪）。

五・〇二　与那城漁協と勝連漁協の組合員は原油流出事故に抗議し、沖縄石油精製のゲート実力封鎖とクリ船二五〇隻での海上デモ。五億六千万余円の漁業補償を求める。

五・一五　沖縄タイムスの世論調査によると、県のＣＴＳ撤回を支持する四九％、支持しない二二％。ＣＴＳ反対の声が多数となっている。

五・一九　シーバース工事断固阻止に向け、「ＣＴＳ座り込み総決起大会」が開催される。地元住民三〇〇人、沖教組、全軍労、県労協青年部、具志川市民協など支援団体合わせて五〇〇人が参加。大会後、二二日まで昼夜四日間の三菱屋慶名事務所横広場での座り込み行動に突入。一方、海中道路入口ではピケットを張り、大成建設などシーバース工事関係車両を実力行動で阻止する。

五・二〇　シーバース建設を請け負う大成建設の沖縄三菱開発作業所に抗議、建設中止を申入れる。参加者約三〇人。シーバース建設に向かう大成建設車両を阻止するため県労協、沖教組への支援を要請、私鉄沖縄にも工事作業員運搬拒否の支援を申入れるが翌二一日には大成建設の車両は姿を見せず、現場には機動隊が動員される。

五・二二　海中道路入口では四日間の座り込み行動の総括集会を行う。金武湾を守る会住民ほか、全軍労、県労協青年部など約四〇〇人が参加。ＣＴＳ誘致派三〇人が会場でヤジを飛ばし現場は緊迫する。

五・二四　新垣副知事を訪ね、県の基本姿勢を追及。参加者約三〇人。基本姿勢に従って各部と調整中と返答、あいまいな態度に終始。

五・二八　誘致派が海中道路入口で約二〇人の教師の通行を阻止、二九日も朝から通行を阻止し約五〇人の教師が登校できず、離島の小中学校は休校に追いやられる。

五・三一　三菱から出されている「埋立竣工認可申請」の却下を求めて知事交渉に臨むが、団交は拒否される。参加者約一五〇人。
六・〇三　埋立竣工認可申請の却下を求めて、県庁前で五日までの座り込みに突入。参加者約七〇人。
六・〇五　那覇市内の沖縄三菱開発までデモ行進し、座り込みを解く。今後も県の弱腰を追及することを確認。
七・〇五　台風の中車両五台がガラス、タイヤ等破壊される。
七・〇八　知事に竣工認可却下要求行動。空港まで追う。
七・一一　県庁横広場での無期限座り込み闘争に突入。知事帰任、自衛隊基地内から逃げ去る。
七・一六　照間区民総決起集会と提訴に向けた準備。誘致派の一二〇人余の投石で妨害され解散。
七・二四　知事結論保留で一四日間の座り込み闘争解く。
七・二八　裁判闘争勝利総決起大会が照間ビーチで開催される。誘致派五〇人の襲撃を撃退。
八・〇二　沖縄石油ターミナル、石油タンカーから四〇〇リットルの石油流出。
八・二一　誘致派の暴力行為が相次いで発生。白昼、前原高校前で襲撃を受ける。
八・二二　金武湾を守る会青行隊約一〇〇人が、暴力行為を繰り返す誘致派の事務所に向け抗議行動（午前四時頃）。鉄パイプ、ヘルメット多数を押収。二二日から役場周辺に機動隊一個中隊（五八人）が配置される。
八・二五　屋慶名では脅迫・投石・悪質電話などの暴力、いやがらせが発生。照間では早朝、車に火炎瓶が投げられる。
八・二八　闘争小屋への強行立ち入り捜査に対し具志川署に抗議行動。参加者約三〇〇人。
九・〇一　原子力船むつで放射線漏洩事故。
九・〇五　那覇地裁へ漁民六名を原告として「埋立免許無効確認請求訴訟」の提訴。
九・〇七　若手文化人、学者らがＣＴＳ阻止闘争を広げる会を結成。

九・二〇　田場沖教組副委員長、吉元県職労書記長、比屋根中部地区労議長ら各組織代表は屋良知事を訪ね、埋立竣工認可申請を却下するよう要請。

九・二二　県が与那城村内の漁民を個別訪問し、漁業権放棄の際の漁協総会（七二年二月二二日）に参加したとの署名を求めていることについて県庁に抗議行動。知事、副知事ともに不在で抗議できず。

九・二四　金武湾を守る会、照間ビーチにて結成一周年、CTS阻止闘争強化拡大団結パーティを開催。参加者約一〇〇〇人。

一〇・〇七　金武湾を守る会の青年行動隊のメンバー二人が誘致派の青年らに車で拉致される。

一〇・〇八　金武湾を守る会、島崎農林水産部次長と面会し、県による漁民の署名を撤回するよう申入れる。参加者約六〇人。同次長も署名集めの事実を認め撤回するとの趣旨の文書に署名する。

一〇・一四　県労協青年部、沖教組青年部は「CTS建設阻止・裁判闘争勝利青年労働者総決起集会」を与那城村照間ビーチで共催、県労協と沖教組青年部、金武湾を守る会、県学連、地域住民ら約五〇〇人が参加。

一〇・一八　造船所建設が予定されている具志川地先の埋立てに関し、照間漁民は県の金城文書学事課長と面会、具志川地先から漁業権設定を外したことに抗議。

一〇・二一　一〇月初旬から平安座住民より、沖縄石油精製のばい煙による野菜類への被害が相次いで通報されたため、区事務所は二日間にかけて調査を行う。金武湾を守る会も調査を進め、被害のあった野菜のサンプルを採取、県環境保健部に調査を行うよう訴える。トタン屋根がさびるなどの被害も発生、天水が飲めなくなりタンクローリーで給水を行うなどの事態となり、村当局も会社に改善を申入れる。

一〇・一七　喜瀬武原闘争。米軍が県道一〇四号線を封鎖し実弾演習を実施するも、阻止団が着弾地山頂に潜入し演習は中止。

一〇・二二　沖縄石油精製はばい煙の責任を認める。二一日には煙突の掃除完了まで操業を全面的に停止することを明らかにする。

金武湾を守る会は県環境保健部部長と面会、沖縄石油精製のばい煙被害について、①工場の操業停止、②県の公害監視員の常駐、③地元民の健康診断の実施を求める。参加者約三〇人。

県は公害衛星研究所の吉田所長らを平安座島現地に派遣、所長らはばい煙被害について調査。

一〇・二八	平安座区は沖縄石油精製に対し野菜などの被害補償と慰謝料として総計一億五一八七万九一〇〇円を要求する。
一〇・二九	金武湾を守る会と中部地区労は照間ビーチで「一〇・二九 反CTS・埋立認可阻止・裁判闘争勝利中部地区総決起大会」を共催、参加者約三〇〇〇人。
一〇・三〇	CTS裁判・第一回公判。原告側、埋め立て免許の手続不備と無効を主張する。原告代表で意見陳述した漁民・花城清善は油臭魚や廃油ボール、ばい煙被害で斑点がついた葉野菜を提示し公害の実態を訴える。県側、漁民の同意を得たと反論する。裁判所構内には反対派も結集、参加者約三〇〇人。
一一・〇一	県は沖縄石油精製に対し①燃焼管理を十分に行う、②電気集塵機の設置、③公共水域の汚染防止対策としての生物指標の導入を公害防止対策として盛り込む、の三条件を要望。
一一・〇五	県と沖縄石油精製との公害防止のための短期・長期計画についての話合いが県環境保健部長室で行われる。
一一・〇七	県と沖縄石油精製との公害防止のための短期・長期計画についての話合いが行われ、会社側は県の要望する公害防止対策三条件を検討することを約束。
一一・一〇	石川保健所と県環境保健部は平安座公民館で学童を除く区民約六〇〇人の集団検診を実施。沖縄石油精製は平安座区への被害補償について回答せず。
一一・一一	沖縄石油精製は「電気集塵装置をつける」という県の要望を受け入れたことから、県と会社との間でばい塵防止協定が結ばれる。
	県の指示で操業停止を受けていた沖縄石油精製は、同社の下請け三社（平安座総合開発、昭和産業、与那城建設）の従業員六五人の解雇を通告。
一一・一三	県環境保健部と石川・コザ・那覇保健所は平安座小中学校の小学三、四、五年生の児童一一〇人を対象に健康診断を行う。
一二・一三	CTS裁判・第二回公判。漁業権放棄の根拠を追及。県は次回公判での回答で逃げる。機動隊が裁判所前の道路で待機。
一二・一八	岡山県倉敷市の水島臨海工業地帯で四万三千キロリットルの油の流出事故が発生。

一二・二七　金武湾を守る会の約五〇人は県庁に押しかけ、知事との面会を求める。県はこれを拒否し機動隊でもって守る会を排除。

●一九七五年

一・〇四　沖縄の文化と自然を守る一〇人委員会は那覇市八汐荘で委員会を開き、屋良知事に対する公開質問状を発表。

一・〇六　マラッカ海峡で日本船籍のタンカーからの原油流出事故が発生。

一・一〇　中部地区労は水島コンビナート事故の調査のため独自で編成した七人の調査団を派遣、一一日から調査を始める。

一・一三　沖縄県婦人連合会、沖縄三菱開発を訪ね、ＣＴＳ建設中止と無公害有益産業への転換を要請。

一・一四　金武湾を守る会の約三〇〇人は県庁に押しかけ、屋良知事との対話を求めるが知事ら県首脳は不在。沖縄三菱開発の事務所を包囲し営業課長と団交、水島事故に抗議。
県労協は第四回幹事会を開き、ＣＴＳ阻止、基地撤去、反海洋博を当面の活動方針とすることを決定。

一・一五　沖縄県自然環境審議会は那覇市ゆうな荘で自然環境部会を開き、県から諮問された「沖縄県自然環境保全基本方針」を審議。

一・一六　沖縄県婦人連合会会長らは新垣副知事を訪ね、ＣＴＳ建設への反対と埋立地の有益産業への転用を要請。

一・一七　ＣＴＳ阻止闘争を拡げる会と東京・ＣＴＳ問題を考える会は沖縄タイムスホールで「ＣＴＳ問題を考える講演集会」を開催。漁民、学生、労働者約三〇〇人が参加。

一・二〇　関東地方に職場を持つ県出身者らによる「沖縄労働者の会」代表ら四〇人は東京・琴平町の三菱石油本社に押しかけ水島製油所での事故の責任を追及し、金武湾ＣＴＳ建設の中止を要求する抗議を行う。

一・二一　沖縄三菱開発、ＣＴＳのシーバース本体部分の竣工届を県の土木部港湾課に提出。

一・二七　沖縄石油精製はディーゼル油を貯蔵するタンク二か所に針穴状の油漏れを発見、県防災課は現場調査をはじめ会社側は油を抜き取るなどの対応を行う。

沖教組青年部は教育会館でCTS反対講演学習会を開く。

一・二八　未明、全電通中部分会で「CTS阻止」と書かれた立て看板が持ち去られ、落書きされる被害に遭う。

一・三〇　県労協青年部協議会、沖教組青年部の労組員は那覇の沖縄三菱開発事務所前で反CTS抗議の座り込みを行い、県庁前広場で青年労働者総決起集会を開き四〇〇人が参加。那覇署前では機動隊六〇人の規制にあう。

一・三一　CTS裁判・第三回公判、原告の釈明に対し県は答弁、原告側からは争点の釈明要求が行われる。支援団体約二〇〇人がつめかけるなか一〇〇人余の機動隊が動員される。

二・〇一　県の消防防災課は県内の四石油会社の大型貯蔵タンクの抜き打ちの保安点検を実施。

二・〇五　県労協、沖教組、中部地区労は「CTS建設阻止県民大会」を与儀公園で共催。参加者約八〇〇〇人。団体らは開催方法とスローガンをめぐって金武湾を守る会と対立、大会会場で紛糾するが、金武湾を守る会のスローガンについての動議を受けて収拾。

二・二一　全国六二団体の各種住民団体の約五〇〇人による「三菱抗議・海をいかしコンビナートを拒否する東京集会」がお茶の水全電通会館で開催される。

二・二五　水島石油コンビナート事故の調査に派遣された県視察団の調査報告書がまとまる。石油基地の公害や事故は避けられないなどと結論する。

二・二八　CTS裁判・第四回公判。機動隊一五〇人が裁判所付近で待機するなか、県は埋立免許は有効であると答弁。

三・三一　CTS裁判・第五回公判、被告（県側）証人として与那城漁業協同組合長の波川光春が証言、原告代理人弁護士の吉田健が反対尋問を行う。

四・〇六　共産党主催の「CTS県民共闘促進四・六現地集会」に対し、金武湾を守る会は海中道路入口で「金武湾を守る会への分断策動を糾弾する住民大会」を開催。参加者約五〇〇人。

四・一七　平安座漁民二名（浜川林造、藤田光吉）が埋立無効で提訴。浜比嘉（勝連漁協）からも原告加入の動きがあり、五名がその意思を明確にする。

四・三〇　サイゴン政権、無条件降伏、ベトナム戦争終結。

五・二三	CTS裁判・第六回公判。藤田光吉、浜川林造、花城清善、田場典儀ら四人の原告漁民が意見陳述。午後は、原告代理人が波川証人を追及、二〇〇〇万円の補償金が宙に浮いていることが判明。
五・	金武湾を守る会による実態調査により、サンゴの死滅やウニ・モズクの減少、潮流の変化に伴う島の浸食が発覚。
七・〇三	沖縄三菱開発に抗議し、屋慶名事務所前での座り込みを三日間にわたって組織（〜五日）。参加者約一二〇人。
七・一四	浜漁民四〇人が原告代理人弁護士を通じて那覇地裁に訴状を提出、原告に加入（原告四八名となる）。
	七・一七　ひめゆりの搭で火炎瓶事件。
	七・二〇　沖縄海洋博開催（〜一九七六年一月一八日まで）。
七・二三	CTS裁判・第七回公判、浜漁民「埋立に同意したことはない」「ヘドロの海となった」などと陳述、瓶詰めのヘドロを提示。
八・〇七	照間ビーチ、屋慶名港、浜比嘉島比嘉にて金城実による「漁夫マカリー」像彫刻の展示（〜一〇日）。
九・一二	CTS裁判・第八回公判。被告である県が「訴えの利益なし」として訴えの却下を要請、山口和男裁判長は突然の結審を宣告、原告代理人の水上学弁護士が裁判官忌避の申立てをするも、逃げるように席を立ち去る。金武湾を守る会五〇人は裁判所玄関前で座り込みを続け、山口裁判長に会うため裁判所内に押しかけるが、機動隊によって排除される。
九・一三	CTS裁判の原告代理人弁護士ら四人は那覇地裁に対し裁判官忌避の申立てを行う。
九・二〇	小林同志社大教授が一九七四年一二月、一九七五年四月、七月の三回にわたり金武湾地区内一二地点の表層水、低層水をサンプリングしウニの受精卵で金武湾汚染の実態を調査。その結果、汚染が漁場を破壊していることが明らかになる。
九・二二	宇井純・新里金福・中野好夫ら「沖縄CTS問題を考える会」は環境庁記者クラブで記者会見を行い、那覇地裁の結審宣言に対する抗議声明を発表。 原告漁民は裁判長忌避却下を不服とし、福岡高裁那覇支部に即時抗告。

一〇・〇二	金武湾を守る会と中部地区労は「山口裁判官糾弾・埋立竣工認可阻止・ＣＴＳ裁立判闘争勝利総決起大会」を共催、全軍労、沖教組など労組員参加。参加者約一五〇〇人。
一〇・〇四	ＣＴＳ裁判・第九回公判（判決）。原告代理人の水上弁護士は裁判長に対し、公判調書の正確性に関し異議申立てを行うが、山口裁判長は一切の発言を禁止、被告・県側の主張である「訴えの利益なし」判決を下し立ち去る。金武湾を守る会と支援団体ら約五〇〇人は雨のなか、約二〇〇人の機動隊ともみ合う。機動隊に守られた山口裁判長を乗せた車は裁判所を立ち去る。
一〇・〇六	与那城・勝連両村漁協、金武湾を守る会は県庁玄関入口で断食闘争に突入、各政党、各労組への支援を要請する。ＣＴＳ阻止闘争を拡げる会は県に抗議を申入れる。 原告漁民四八人は原告代理人弁護士を通じ控訴。
一〇・一〇	ハンストの安里清信、浜川林造にドクターストップがかかり現場を離れる。
一〇・一一	ハンストの数名が知事公舎前に移動、知事に公開質問状を拒否され、鎖で鉄塀に体を縛り抗議するなか、知事は知事公舎会議室で竣工認可を下す。ハンスト団は機動隊によって排除される。
一〇・一三	ＣＴＳ阻止闘争を拡げる会、県に対し「革新の本義を放棄した」と非難する抗議書を手交。
一〇・一六	金武湾を守る会、原告漁民らは県に対し、沖縄三菱開発が提出したタンク設置申請書の公表を求める。 東京の沖縄ＣＴＳ問題を考える会と金武湾を守る会の平良良昭らは環境庁を訪ね、金武湾の現在の汚染実態の調査を要請。
一一・〇一	社大党、三一回定期大会で「ＣＴＳ建設に反対する決議」を採択。
一一・二四	与那城村の臨時議会開催を前に金武湾を守る会と支援団体の泊まり込みが始まるなか、奥田良村長の要請を受けた具志川警察署長は、与那城村役場前に「与那城村臨時議会に伴う現地対策本部」を設置、県機動隊一五〇人に周辺を警備させる。誘致派青年ら一〇〇人も役場前に結集する。
一一・二五	早朝、機動隊三七〇人が与那城村議会前でピケを張るものものしい警戒態勢。白ヘルに日の丸右翼、企業動員、自民党員等の誘致派約一五〇〇人が役場周辺を占拠。闘争小屋周辺を機動隊に包囲され、金武湾を守る会の五〇〇人が一歩も出ることが出来ないなか、議会では「新しい土地の確認」が可決される。

一二・〇八　県は公報で金武湾の公有水面埋立地を「新たに生じた土地」として確認したとの与那城村長からの届け出を告示。埋立竣工認可に伴う行政手続きが完了し、土地は沖縄三菱開発の私有地となる。

一二・一〇　社大党書記長、農林漁業対策部長は、CTS用地埋立に伴う環境破壊についての現地調査の結果を発表、環境破壊の進行を指摘。

●一九七六年

一・二五　下期の石油貯蔵施設立地対策交付金の沖縄分が五億二八六三万円に内定。

一・二九　与那城村が沖縄初の赤字団体となることが報道される（赤字額五二〇〇万円、赤字比率は四・三％）。

一・三〇　控訴審・第一回公判。原告は法解釈の誤りを指摘。訴訟手続きの違法性、審理不尽、理由不備の違法性あり。

二・一七　県環境保健部は、平安座島‐宮城島間の公有水面埋め立ての影響でヘドロが堆積する付近海域の泥、海水を調査。

三・二九　金武湾を守る会は「CTSは本土では無公害企業として定着している」との野島技監発言の事実関係をただすため、ゆうな荘で屋良知事との交渉を求めるが拒否される。その際、金武湾を守る会の一人が機動隊によって一時拘束される。

四・〇二　控訴審・第二回公判。控訴人の花城清善ら四八人が出廷、金武湾を守る会メンバー約五〇人が傍聴するなか県は訴えの利益なしとして却下を求める。

与那城村奥田良正光村長は、与勝消防組合の消防本部設置について「CTS取扱いに対する県の結論が出るまで保留する」と言明。

四・〇七　CTS阻止漁民・住民・青年・労働者対話集会が照間ビーチにて開催される。

四・一一　沖縄三菱開発の危険物設置許可申請が一部県に提出されていたことが明らかになる。

五・〇九　金武湾を守る会、「CTSタンク認可阻止住民労働者総決起集会」を与那城村屋慶名の村役場駐車場で主催。参加者約一二〇〇人。水俣病患者の浜元二徳さんも登壇。

五・一四	控訴審・第三回公判。原告、訴訟手続の誤りを指摘する準備書面を提出する。本格的な論戦を挑むなか、浜元二徳さんも裁判を傍聴。
六・〇六	南西石油のタンクが爆発・炎上、県下の全消防車が出動待機する。
六・一四	県は土地開発審査会を開催、沖縄石油基地が県土保全条例に基づき提出した与那城村宮城島地先埋立地二一三万六三四七平方メートルの開発許可について審査。
六・一六	ＣＴＳタンク認可申請の拒否を求めて知事公舎（屋良知事最後の定例庁議が開かれている）への要請行動。二二日までの七日間にわたる県庁前での座り込み行動に入る。参加者約八〇人。知事公舎入口・周辺には約七〇人の機動隊が動員される。庁議では沖縄石油基地のタンク二一基設置、沖縄ターミナル増設が了承される。
	労働者連絡会議の約二〇人は社会党県本部を訪ね、「ＣＴＳタンク設置に反対する決議」を手交、屋良知事在任中にＣＴＳタンクの設置許可をしないよう要請。
六・一八	沖教組の中闘委メンバー約二〇人は屋良知事、社大、社会、共産、公明の各政党をまわり、「ＣＴＳタンク設置を許可すべきではない」と申入れる。
	社大党は議員総会を開催、ＣＴＳタンク設置をめぐって意見調整のため与党合同会議を開催する。
六・一九	与党各派は社大党を中心に、社大、社会、共産と幹部が個別会談を行うなど統一見解をめざして調整を続ける。
六・二一	金武湾を守る会の安里清信世話人と池宮城紀夫弁護士は平良幸市次期知事と会見、「ＣＴＳタンクの許可を急ぐ必要はない」と申入れる。
	金武湾を守る会は「ＣＴＳ許可阻止住民労働者緊急集会」を県庁構内で開催、ＣＴＳ闘争を広げる労働者連絡会、沖縄市職労、沖教組中頭支部、全電通青年会議、県学連などが参加する。
	与党各派は深夜まで意見調整を行うが、各党間での意見の一致に至らず、屋良知事の決断は二二日に持ち越される。
六・二二	金武湾を守る会が知事公舎前に押しかけ抗議の声をあげるなか、屋良知事はＣＴＳタンク設置について、申請内容は法令に適合するとの理由から許可する。行政の限界論がいわれる。抗議団のうち一人の女性が機動隊ともみあうなかで壁に押し付けられ意識不明になる。

六・二四	平良幸市、二代目知事に就任する。
	七・〇二　南北ベトナム統一、ベトナム社会主義共和国が成立。
七・〇九	控訴審・第四回公判。
七・一一	屋慶名自治会の伊礼門治会長のもとで屋慶名大綱引が四年ぶりに復活。
	九・一七　喜瀬武原闘争。阻止団のゲリラ行動により米軍実弾演習を中止させる。
一二・二七	与那城村は沖縄石油基地、沖縄ターミナルの二社との間に公害協定を締結。
一二・三一	与那城村は沖縄石油精製との間に公害防止協定を締結。

●一九七七年

三・一〇	金武湾を守る会の数人が知事室のドアをたたくなか、県は沖縄石油基地との間に公害防止協定を締結。
三・三一	沖縄振興開発金融公庫は通産省の融資推薦に基づき、県と公害防止協定を結んだ沖縄石油基地に対しＣＴＳ建設費の昭和五一年度分として一三〇億円を融資する。
四・〇八	ＣＴＳタンク建設工事阻止仮処分裁判原告団の結団式が、屋慶名自治会館で開催される。参加者約一〇〇人。
四・〇九	金武湾を守る会など金武湾沿岸の一市二村の住民一二五〇人は、金武湾の埋立地に原油貯蔵タンク建設を予定している二石油企業を相手に、人格権や環境権を柱として工事の差止めを求める危険物貯蔵所等建築工事禁止仮処分申請書を那覇地裁に提出する。
四・一一	沖縄ＣＴＳ問題を考える会は、「ＣＴＳ建設工事仮処分申請」を全面的に支持するとの声明を発表。
	五・一四　「公用地暫定使用法」期限切れ、四日間の法的空白が生じる。
六・〇四	県は沖縄ターミナルとの間に公害・災害防止協定を締結。

七・一三	CTS工事差止めを求める仮処分裁判・第一回公判。原告を代表し漁民の花城清善ら五人が意見陳述を行う。
八・一四	金武湾を守る会はじめCTSを阻止する会、自主講座、反CTS闘争を拡げる会、弁護団、全電通などは「第二次金武湾・与勝海域汚染調査」を実施、久高島・津堅島の浸食や浮原島・浜比嘉島のヘドロ、オニヒトデの異常発生によるサンゴへの被害や潮流の変化に伴う浸食が進行していることが明らかになる。
九・一八	金武湾を守る会と中部地区労は「第三次金武湾・与勝海域汚染調査」を共催、金武湾内外の汚染、潮流の変化による浸食状況について調査。
一〇・〇六	沖縄石油精製基地内で火災事故が発生、沖縄石油精製は村および県への通告義務がありながら、事故発生から五日後に報告。
	一〇・〇四　米・イスラエル共同声明。
一〇・一三	CTS工事差止めを求める仮処分裁判・第二回公判。
一〇・一五	野島副知事は通産省石油精製課の清滝課長と面会、県内五基地の全容量が県の方針「五〇〇〇万キロリットル以内」を大きく超過するなか、「歯止め策」を講じるための知事の権限のあり方について打診するも、沖縄へのCTS集中の可能性が示唆されるのみで、具体的な回答はえられず。
一〇・二〇	野島副知事は沖縄石油精製の所長を呼び出し、公害防止協定に基づく通報義務の不履行を注意、協定事項の順守と再発防止を勧告。
	一一・三〇　米軍、立川基地を全面返還。
一二・〇三	金武湾を守る会、中部地区労共催のCTS工事阻止住民・漁民・労働者中部地区総決起大会が照間ビーチで開催される。
一二・一〇	CTS工事差止めを求める仮処分裁判・第三回公判。宇井純東大助手ら一一人について証人申請を行う。
一二・一七	沖縄の文化と自然を守る一〇人委員会（豊平良顕代表）、平良知事に公開質問状を提出。
一二・二一	「一二・二一CTS着工阻止現地集会」（埋立地）。

一二・二三　石川市議会、金武湾汚染の元凶は海中道路にあると決議。

●一九七八年

一・三一　石川市長の石川修、石川市議の伊波英一（金武湾の汚染防止と浄化の調査に関する石川市議会特別委員会委員長）ら一〇人は、東京の関係省庁に対し金武湾の汚染の浄化対策を要請。

二・〇六　沖縄石油精製基地シーバースのパイプラインから重油流出事故が発生。

二・一七　CTS工事差止めを求める仮処分裁判・第四回公判。「金武湾・与勝海域汚染調査報告」などのデータに基づく準備書面を提出、証人尋問では、和光大学教授・生越忠（地質学）が埋立地の地盤の危険性を指摘。
平良知事、「沖縄振興開発計画の後期における課題と施策」を決裁。

二・二一　衆院内閣委員会で上原康助（社会党）は政府に対し、金武湾の汚染や沖縄の石油備蓄量の実態、備蓄量増大の可能性の有無について政府の見解を追及。清滝石油精製課長は県の基本方針である「五〇〇万キロリットル以下」を復帰前のものであり政府としては「対応しかねる」と批判、石油備蓄対策は民間で進めており政府は備蓄義務者（企業）を規制できないと返答。

二・二七　参院決算委員会で喜屋武真栄（第二院クラブ）は金武湾汚染問題等への今後の対策について環境庁長官らをただす。環境庁は、金武湾の汚染調査は県がすべきで国が調査する意向はないとの見解を示す。

二・二八　県労協はコザ中学校で「CTS反対労働者総決起大会」を主催する。県労協加盟労組である沖教組、中部地区労の労働者、約二〇〇〇人が参加。

三・一一　与那城村議会議長・赤嶺正雄ら一三人は、東京の関係省庁に対して石川市議が行った金武湾浄化を求める直訴に抗議。

五・二九　県の石油備蓄量五〇〇万キロリットルが限度と県臨時議会で再確認される。
五・三一　西山事件に最高裁で有罪判決が下される。

六・一九　CTS工事差止めを求める仮処分裁判・第五回公判。

七・三〇　通称「ナナサンマル（730）」自動車が右側から左側通行に変更。

八・〇一　沖縄ターミナルの廃油槽で油流出事故が発生。

　八・一二　日中平和友好条約調印。

八・一五　沖縄ターミナルでシーバース・パイプラインの腐食による油流出事故が発生。

九・一一　CTS工事差止めを求める仮処分裁判・第六回公判。

　一〇・一六　原子力船「むつ」、長崎県の佐世保港に入港。

一〇・一九　県環境保健部、金武湾の泥堆積調査結果を発表、石川川河口付近の汚染がもっとも進んでいることが明らかになる。

一〇・二一　CTSを闘う全沖縄実行委員会、ひろばの会などが主催する、有事立法粉砕、軍事物資備蓄CTSタンク着工阻止の金武湾現地総決起大会が屋慶名自治会館で行われる。労働者や学生、金武湾を守る会の住民ら約六〇人が参加。

一一・〇四　金武湾を守る会、中部地区労は「CTSタンク工事阻止住民・漁民・労働者一一・四中部地区総決起集会」を照間ビーチで共催。県労協加盟の各労組、中部地区労、北部地区労、沖教組、住民ら約一〇〇〇人が参加する。

一一・二八　CTS工事差止めを求める仮処分裁判・第七回公判。証人尋問では原告・弁護団の小川進がタンクの危険性について証言を行った後、弁護団は次の証人申請を行うが裁判長は却下、「審理は尽くされた」として結審を宣言する。原告側住民約八〇人は閉廷後の法廷内で糾弾集会を開く。

　一二・一〇　沖縄県知事選で西銘順治が当選。

一二・一一　県は南西石油の原油タンク四基（約四〇万キロリットル）の増設申請に対し許可証を交付。

一二・一七　金武湾を守る会は、CTS建設阻止現地行動を海中道路で主催、守る会、労働者、学生など約五〇〇人が参加する。

●一九七九年

一・〇一　米、中華人民共和国と国交樹立。

一・一六　西銘知事は表敬訪問した沖縄石油基地社長らに対し、「従来の（五〇〇万キロリットルの）ワクにはとらわれないつもりだ」と答える。

三・一〇　中部地区労はCTS反対闘争を続けている農家に対し、加盟の各組合から組合員を動員、与那城村の屋慶名・照間でキビ刈り支援闘争を行う。

三・一一　CTS阻止闘争を拡げる会は「琉球弧市民・住民運動連帯集会――反戦・平和・生存権の確立を求めて」を官公労共済会館ホールで主催、約一五〇人が参加。

三・二八　スリーマイル島原子力発電所で放射能漏洩事故が発生。

三・二九　CTS工事差止めを求める仮処分裁判・判決。稲盛裁判長は仮処分申請に対し却下判決を下す。開廷直後、原告代理人弁護士による訴えがなされるも、稲盛裁判長は「弁論は再開しない」と宣言、傍聴席で抗議する人びとが機動隊によって排除され、原告がいないなかで却下判決が下される。那覇地裁前で抗議集会を行う。

四・〇三　西銘知事は沖縄石油精製の原油タンク四基の増設を認可。これによって革新県政が掲げてきた「五〇〇万キロリットル許容基準」の規制が崩れる。沖縄石油基地の第二期工事としての二九基増設も認める方針を打ち出す。

四・一二　CTS工事差止めを求める仮処分裁判・却下判決に対し控訴。

四・二六　県議会企画総務委員会の一三人は、二六・二七日の二日間にわたり与那城村・勝連村両村の離島視察を行う。平安座区民からは、ヘドロを沖縄三菱開発に撤去させるよう要請を受ける。

五・〇二　金武湾を守る会と支援の労組、学生らは西銘知事との会見を申入れる。いったん拒絶されるも知事室前廊下で座り込み交渉を続け、「CTSの具体計画の全容」など一二項目に及ぶ質問状を手交、会見の際の回答を求める。デモをはじめた支援学生や労組組合員は県警機動隊に制圧される。

五・〇四　県労協、沖教組は反ＣＴＳ県民共闘会議の結成を決め、社会、社大、共産、公明の四党に協力を申入れる。

五・一五　石油貯蔵施設立地対策等交付金制度に該当する県内一三市町村のうち、与那城村、中城村、西原村の三代表は西銘知事と会見、石油貯蔵施設の立地は経済的メリットがなく、雇用吸収力が極めて少ないことを訴え、交付金制度の期間延長を要請。

五・二六　金武湾を守る会は、会見を予定していた西銘知事の不在に抗議、知事室では約四〇人が、知事室前廊下では約一〇〇人が抗議の座り込みを行う。六月一五日までの会見を申入れ、県庁前広場で集会、西銘知事を糾弾。

五・二八　「ＣＴＳ反対県民会議」が社大、社会、共産、公明の革新四党を含めた一八団体で六月一二日に結成されることが決まる。

六・〇二　第四回沖縄「地域主義」集談会が「ＣＴＳを検討する」というテーマで開催、約四〇人が参加。

六・一三　沖縄石油精製で大晃丸が重油荷積み作業中、海上への重油流出事故が発生。

七・一七　具志川署と県警は与那城村漁協事務所や組合長自宅などを家宅捜索、ＣＴＳ建設に伴うヘドロ補償と大型冷蔵庫建設に関連して組合長と建設会社重役の二人を業務上横領、詐欺の疑いで取り調べる。

七・二四　沖縄石油精製で水素ガスが流出する事故が発生する。与勝消防本部は事故のあったＨＤＳユニット（重油直接脱硫装置）の操業を停止させ、二五日より事故原因について調査を始める。

八・〇一　与那城村議会は臨時村議会を開き、沖縄石油精製・沖縄製油所の事故に対し抗議決議を全会一致で採択、参考人として呼ばれた沖縄製油所・スミス所長に抗議文を手交。金武湾を守る会、沖教組与勝連合支部は議会を傍聴、村役場構内で総括集会を開く。

八・〇三　与那城村の古謝源栄・花城清繁両議員は与那城村役場を訪れ、住民事故調査の段取りをつけるよう要請。

八・〇七　沖縄石油精製・沖縄製油所で再び火災事故が発生する。具志川署と県、与勝消防署は八日、三者合同で実況検分を行う。

八・〇九　沖縄石油精製・沖縄製油所は住民事故調査を拒否。

八・〇一　与那城村議会は臨時総会を開き、参考人として呼んだスミス所長に責任を追及、抗議決議とともに県知事・県商工部長あて行政指導を強化するよう求める決議を採択。
八・二三　県総務部は、与勝消防衛生施設組合・中城北中城消防組合・東部消防組合に対し、危険物製造所などにおける安全管理体制強化と事故発生防止のため、関係者を指導するよう勧告する。
沖縄石油ターミナル基地内のがけ崩れでパイプライン巡回用自動車道路が決壊、作業員を動員し道路を閉鎖、原油抜き取り作業などを行う。
八・二四　第一回琉球弧住民運動交流合宿金武湾集会が開催される（〜二六日）。
八・二五　屋慶名闘争小屋で奄美宇検村「無我利道場」新元博文グループと青年行動隊の交流会が催される。
一〇・三〇　CTS工事差止めを求める仮処分裁判控訴審・第一回公判。
一二・〇一　「反CTS、油入れ阻止労働者・住民総決起大会」が金武湾を守る会、中部地区労の共催で開かれる。
一二・二〇　奥田良村長、沖縄石油基地が原油タンクの「水張りテスト」で海水を使用していたことを与那城村議会で明らかにする。
一二・二六　金武湾を守る会、中部地区労は「油入れ」で県に抗議、知事は面会を拒否。
一二・二七　石油業界筋はガルフが自社系列の沖縄石油精製に対し一九八〇年一月より原油の供給を打ち切る通告をしたことを明らかにする。

一二・二七　ソ連、アフガニスタン侵攻

●一九八〇年

二・〇六　沖縄ターミナルでタンク滞水抜き取り口からの原油漏洩事故が発生、与勝消防本部は同タンクの使用停止命令を沖縄ターミナルに通告。
二・〇八　沖縄ターミナルの事故タンク付近で地下水とともに原油が流出する事故が発生。

二・一三　金武湾を守る会、村議会場で奥田良村長と会見、村のCTS行政を追及、CTS民間調査団を設置し、沖縄三菱開発の第二期工事申請・油入れに反対するよう要請。参加者二四人。

二・一九　CTS工事差止めを求める仮処分裁判控訴審・第二回公判。控訴代理人代表・池宮城紀夫は請求の主旨変更を申立て、被控訴人の石油の石油・原油貯蔵または貯蔵に付随する一切の業務を禁止するよう求める。

金武湾を守る会は県の消防防災課に対し、二月六日の沖縄ターミナル原油漏出事故問題について抗議。参加者三〇人。

二・二三　中部地区労を中心に支援労組による援農開始。

二・二七　県は県内石油四社の代表に対し、「石油コンビナート地域の防災体制の強化」を勧告。

三・〇六　沖縄石油基地の第一期工事が終わり、同社構内で竣工式が行われる。与那城村から奥田良村長、赤嶺議長らが参加。

三・〇七　金武湾を守る会は屋慶名自治会間で緊急連絡会議を開き、油入れ反対闘争の取り組み方について協議、八日より漁民への闘争参加を呼びかけ、中部地区労への共闘を働きかける。

三・一一　金武湾を守る会、海上・陸上デモ、沖縄石油基地前での抗議集会に向けて最終的な戦術会議を開き、第一一管区中城海上保安署に海上デモ許可申請を行う。中部地区労も緊急幹事会で組織動員を協議、労組員一五〇人を動員することを決める。具志川署は私服警官を沖縄石油基地周辺に派遣、警備に当たらせる。

三・一二　「油入れ阻止」陸・海での抗議行動（海上デモ）。沖縄石油基地前には警備本部が設置され機動隊など約二三〇人が警備するなか、初タンカー・十和田丸（約二〇万トン）が油入れを開始、沖縄県の「五〇〇万キロリットルの許容基準」がこれによって崩される。七〇人余りの地元漁民、労組員らは一一隻の船をチャーターして照間港から海上デモ、陸上でも約三〇〇人が会社前までデモ行進し抗議文を手交。

三・一三　与那城村議員・長浜清信（社会党）は記者会見で、沖縄石油基地が与那城村に対し、第二期工事申請認可の迅速な処理を条件に、「CTSグリーンベルト」の買い取りを申出たことを明らかにする。

三・一五　屋慶名自治会・金武湾を守る会・主任制を阻止する村民会議・キビ搬入支援労組の四者による「CTS＝油入れ阻止・屋慶名区自治権拡大住民労働者の総決起集会」が屋慶名自治会館で開催、第二期工事計画撤回を求める抗議文を採択後、区内の大通りをデモする。参加者約四五〇人。

三・一六	第二回全国住民闘争連帯総決起集会が東京・日比谷公会堂で開催される。金武湾を守る会の森根孝が反CTS闘争の経過を報告、連帯を呼びかける。
三・一八	与那城村は財政再建策の切り札としての「CTSグリーンベルト処分案」を「諸般の事情」を理由に撤回する。
三・二二	安里清信世話人は「油入れ反対」「二期工事撤回」を求めて、与那城村の奥田良村長、議会に対し陳情書を提出。奥田良村長は与那城村議会で、沖縄石油基地の第二期工事申請について「村長は書類申達権しかなく受付を拒否できない」と述べる。
三・二五	沖縄石油精製が五月初めから約一か月、定期修理のため製油所の操業を全面停止する方針を明らかにする。
三・二八	金武湾を守る会は与那城村に対し「与那城村企業誘致選択同意に関する条例」改正の直接請求を、地方自治法第七四条に基づき行う。
四・〇八	与那城村議会議長ら村議会代表六人は、沖縄石油基地に対し、CTSグリーンベルトの無償貸付契約解除と有償貸付への切り替えを求める「無償貸付解除」の要請書を手交。
四・一二	宮城島東側海岸一帯と屋慶名海岸への廃油ボールの漂着が、与那城村厚生課に通報される。
四・二〇	廃油ボール、屋慶名の浜を汚染する。村役場や県、中城海上保安署は二四日連絡を受け、現場調査を行う。
四・二四	金武湾を守る会、与那城村選挙管理委員会に対し「村企業誘致選択同意に関する条例」の改正を求める住民署名を提出（有権者数の五〇分の一を超過する二五一一人が署名）。
四・二五	与勝消防本部は沖縄石油基地の原油タンクに設計ミスがあり、同社が改修工事行っていることを確認。屋慶名～照間海岸の廃油ボールによる汚染調査。田場典儀さんのモズク網五〇枚が全滅、モズク養殖に取り組んでいた漁民のモズク網合計二七〇枚以上が被害を受ける。
四・二八	県消防防災課次課長・仲栄真盛次、与勝消防本部消防長・蔵当真徳らは沖縄石油基地のタンク改修工事について現場調査を行う。
四・三〇	三・一二油入れ海上デモで違法行為があったとして海上保安署へ漁民二人の任意出頭を求めたことに抗議（中城保安署前）。与那城村議会は、県と第一一管区海上保安本部に対し「廃油ボール対策についての要請決議」を送る。

五・〇一	与那城村選挙管理委員会は委員会を開催、「与那城村企業誘致選択同意に関する条例」の直接改正を請求する署名簿の有効性について審査、その有効性を認定し、一週間の縦覧を告示。
五・〇二	金武湾を守る会は、照間・具志川漁民と共に県農林水産部長に対し廃油ボール汚染の原因究明と対策を要請。
五・一〇	安里清信世話人は与那城村役場を尋ね「与那城村企業誘致選択同意に関する条例」の改正請求の署名簿を提出。
五・一二	石油備蓄タンクの安全性を調査する沖縄弁護士会の公害対策特別委員会は、沖縄石油精製、沖縄ターミナル、沖縄石油基地の石油三社より調査依頼を拒否される。同特別委は県消防防災課を訪問、公害防止協定やこれまでの事故についての説明を受ける（一五日は与那城村、与勝消防から情報収集）。
	五・一八　光州事件。
五・二一	県公害対策課は「与勝環境影響調査報告書」を発表、二年前の調査に基づく本報告書では与勝海域を含めた金武湾の水質は環境基準を満たしているが、モズクの被害にあるように、次第に悪化していることが指摘される。
五・二三	「与那城村企業誘致選択同意に関する条例」の改正案を審議する同村議会臨時議会が開会、ＣＴＳ賛成派住民約一六〇人が議会傍聴席を占めるなか、反対派の約六〇人は遅れて到着、議場内外に傍聴者があふれる。参考人として出席した安里清信が提案理由を説明するが、与党多数により強行否決される。
五・二四	金武湾を守る会と中部地区労は「沖石ＣＴＳ二期工事阻止・直接請求権貫徹・油入れ強行糾弾総決起集会」を屋慶名自治会館前広場で共催。参加者約二〇〇人。集会後は沖縄石油基地に向けてデモ、この日採択した抗議文を手交。具志川署の警察四〇人、機動隊八〇人が動員される。
六・一〇	ＣＴＳ工事差止めを求める仮処分裁判控訴審・第三回公判。
六・一七	沖縄石油精製の全持ち株が、ガルフ社より出光興産に譲渡される調印式が東京で行われる。これでガルフは沖縄から全面撤退する。
七・〇一	沖縄石油基地社長・露木高良は県の商工観光部長・米村幸政を表敬、タンク増設申請への協力を求める。
七・〇八	与那城村、沖縄石油基地からの第二期工事計画申請書を正式に受理。 第二期工事について金武湾を守る会は村長と団交。沖縄石油基地のタンク増設計画が明らかになる。

七・二一　中城海上保安署は勝連半島沖合で大量のタールや廃油ボールの漂流を確認。

七・二二　金武町屋嘉の海水浴場「前の浜」に大量の廃油が漂着する。第一一管区はヘリで捜査、津堅島東方の海上に大量の廃油を確認。久高島の東海岸半分が廃油で汚染されていることが明らかになる。

七・二三　津堅渡船組合は、大量の廃油ボールが平敷屋漁港の沖合まで押し寄せてきたとの連絡を受ける。第一一管区海上保安本部は係官を現地に派遣、実態調査を行う。具志川、宜野座の沿岸部にも廃油ボールが漂着していることが明らかになる。

七・二四　金武湾、勝連半島、知念半島を結ぶ海域の広域油汚染に対し県は「東海岸一帯汚染緊急対策会議」を設置、対策を協議し石油四社の協力を得て廃油の回収にあたらせる。第一一管区海上保安本部では汚染原因を外国船タンカーによる油たれ流しにあると考え、廃油ボールの分析を急ぐ。

七・二五　「東海岸一帯油汚染緊急対策本部」は引き続き石油関係企業に油回収船の出動を要請、回収作業を進める。中城湾などでの九か所の定置網への被害を確認。対策本部は「沖縄海域における油及び廃油ボール汚染対策本部」として常設化されることになる。

七・二六　屋慶名大綱引き（反対派自治会が主催）。

八・〇三　「第一回金武湾合同ハーリー大会」が金武湾を守る会、金武湾内岸漁民有志によって照間ビーチで開催される。地元漁民をはじめ、具志川市や伊計島の漁民も参加、午後からは「団結アシビ」で夜遅くまでにぎわう。参加者約二〇〇〇人。

八・一五　与那城村は、七月に受理していた沖縄石油基地の第二期工事申請を県に申達。

八・一六　金武湾を守る会、中部地区労は薮地島を調査、廃油ボールを持ち帰る。参加者約一五人

八・一九　沖縄石油基地は県に対し、CTS第二期工事分としてタンク三〇基（三〇七万キロリットル）の開発許可申請を行う。

八・二〇　金武湾を守る会の調査報告を受けた与那城村が薮地島廃油ボール除去作業を始める。金武湾を守る会の約二〇人も実態視察を行う。

八・二一　ソ連原潜、沖縄近海で炎上。

九・二三　イラン・イラク戦争勃発。

一〇・二八　CTS工事差止めを求める仮処分裁判控訴審・第四回公判。被控訴人・沖縄石油基地代理人は準備書面「控訴主旨変更申立ての反論」に対し反論。

一〇・二九　米軍演習中の恩納岳で出火、四〇日間の火災。

一一・一六　照間ビーチと宮城島トゥンナハ・ビーチに廃油ボールが漂着、一七日まで続く。

一一・一七　那覇防衛施設局、米軍用地の強制使用手続きを開始。

一一・二九　金武湾を守る会、中部地区労は「二期工事阻止！住民・漁民・労働者総決起集会」を与那城村役場広場で共催。参加者約三〇〇人。

一一・三〇　金武湾を守る会、中部地区労の約二〇人は二期工事阻止に向け、与那城村役場向かい側にテント小屋を設置、座り込み闘争に入る。

一二・〇三　座り込み四日目。金武湾を守る会の約四〇人は与那城村の奥田良村長と団交。村当局の調査報告書「沖縄ターミナルタンク解放検査時のスラッジ処理について」に記載されたスラッジ（油汚泥）処理量と与勝消防本部担当職員の証言に食い違いがあることについて追及。

一二・〇四　座り込み五日目。金武湾を守る会、中部地区労のメンバー約四〇人は県庁を訪れ、二期工事申請の却下を求める。農林水産部長と交渉。

一二・〇五　座り込み闘争を解く。屋慶名自治会館で総括と団結アシビが行われる。

一二・〇八　三月一二日海上デモの際、遊漁船登録なしで参加した二人の漁民が早朝逮捕され、一人が任意同行で第一一管区保安庁本部（那覇市安謝・合同庁舎内）に連行される。抗議団約一〇〇人がかけつけ抗議。任意同に応じた一人は午後二時頃、ほか二人は午後一一時前、釈放される。

一二・〇九　与那城村の奥田良村長は村議会で、花城清繁・長浜清信両議員のCTS関係質疑に対し、沖縄石油基地の第二期工事を問う住民投票を行う考えがないこと、タンク事故原因調査報告書の公表はできないこと、石油企業を公害企業と認定することはできないことなどを答弁。

一二・一三　ＣＴＳ反対県民会議は「ＣＴＳ第二期工事阻止県民総決起大会」を与那城村平安座入口横広場で主催、民主団体、労組、政党など約五〇〇人が参加する。

一二・二三　金武湾を守る会、中部地区労、革新系村議や住民ら約二〇人は奥田良村長と団交、公開質問状を手交、文書で回答するまで第二期工事申請を認可しないよう申入れるも、「公開質問状に拘束されることは全くないと断言できる」と返答される。

一二・二四　西銘知事は、沖縄石油基地の原油タンク三〇基、南西石油の原油タンク二基の増設を都市計画法に基づく開発行為として許可。これによって県内の原油備蓄量は七九七万一八〇〇キロリットルとなる。

与那城村の奥田良村長は沖縄石油基地の二期工事申請を認可。

一二・二五　イヴァン・イリイチ、金武湾を訪れ、安里清信から石油公害の実態と反ＣＴＳ闘争の理念について説明を受ける。

金武湾を守る会、反ＣＴＳ県民会議、中部地区労の代表らは今後の共闘に向けて意見交換を行う。

●一九八一年

一・〇一　パラオ、自治領となる。

一・二〇　レーガン、米大統領に就任。

一・二一　与那城村議会は延期していた総務委員会を再開、藪地島架橋事業をはじめ、同村の公共事業の随所に談合が発覚。

一・二二　金武湾を守る会の安里清信、照屋寛徳弁護士、宇検村の新元博文の三氏が、パラオの独立を祝い、日本政府の核廃棄物投棄に反対する住民と交流するためグアム、パラオへ出発する。

二・〇七　一〇万トンタンカーが喜屋武岬沖で爆発炎上。

二・〇九　沖縄石油基地のＣＴＳ第二期工事起工式に対し、反ＣＴＳ県民会議と金武湾を守る会は同社玄関入口で抗議集会を開く。参加者一〇〇人余り。

二・二四　CTS工事差止めを求める仮処分裁判控訴審・第五回公判。

三・〇六　西銘知事、CTS拡大の可能性を示唆。

四・一八　屋慶名区の新区長・永玉栄靖が与那城村長と事務委託契約を交わす。「CTS誘致」で分裂していた区が五月より一〇年ぶりに一本化。

五・一四　第一一管区海上保安部、海洋汚染の実態を調査。いぜん「黒い油の恐怖」。「たれ流し」が倍増、一〇〇件の発生を確認。

六・〇四　沖縄タイムス記事、沖縄の自然環境「死に向って直進」。日弁連公害対策委、CTS公害を視察。安易な開発、企業誘致に警告。

六・〇五　金武湾の砂採取で汚染。具志川海岸一帯、漁獲量が大幅に減る。定置網にヘドロが付着する。

六・〇九　CTS工事差止めを求める仮処分裁判控訴審・第六回公判。金武湾を守る会は新たな証拠を提出し地盤の軟弱性を指摘。

六・一七　金武湾を守る会と具志川市の漁民は、具志川海岸沖合の海底汚染調査を行う。沖合およそ四キロの海で予想以上に汚染が進んでいることが明らかになる。

八・〇九　海殺しを許すな!金武湾の大浄化を!を合言葉に、金武湾を守る会・与那城漁協照間支部・具志川漁協の三者共催による第二回金武湾ハーリーが照間ビーチで開催される。漁民、住民、労組員ら約一〇〇〇人が参加。

一〇・〇六　CTS工事差止めを求める仮処分裁判控訴審・第七回公判。地盤の軟弱性、タンク構造上の問題点、防災上の不備を守る会に指摘された被告（石油企業二社）は、釈明を避ける。

一〇・一五　通産省は、沖縄石油基地第二期工事で増設中のタンクを借り上げる方針を固める。後日、通産省はそのような事実はないと答える。

一〇・二九　石油公団は国の一九八一年の石油備蓄計画に基づき、民間の備蓄タンクを対象に二四二万キロリットル分の入札を行う。沖縄石油基地も参加。

一〇・三〇　与勝消防本部は一九七八年から行っている石油三社の備蓄タンク開放検査について、一〇月中に一四基の検査を完了。全体的に腐食と底鉄板の圧縮などが指摘されたことが報道される。

一二・一九　沖縄石油精製工場のボイラーからの多量のススが平安座島の民家や野菜畑に降下する被害が、与那城村環境保全課の調査で明らかになる。

●一九八二年

二・二六　嘉手納基地爆音訴訟。嘉手納基地周辺市町村住民が国を被告に那覇地裁に提訴。

六・二六　第一次教科書問題。沖縄戦における日本軍による住民虐殺の記述が文部省教科書検定において削除されたことが報じられ、抗議が相次ぐ。

六・〇六　イスラエル、レバノン侵攻を開始。

一一・二五　県知事選で西銘順治が当選。

一一・二七　中曽根内閣発足。

一二・一二　一坪反戦地主会設立総会。

一二・一七　沖縄石油基地のシーバースでは、バブル操作ミスで大量の重油が流出、埋立地と桃原間の海域で油が重層に重なるほどの被害が発生。

●一九八三年

三・一二　シーレーン防衛の日米共同研究開始。

一〇・二五　米軍、グレナダ侵攻。

〔資料2〕金武湾を守る会に寄せられた機関誌

（本表は、金武湾を守る会所蔵資料をもとに作成した。）

●機関誌名	刊行／出版団体・個人
『地域の目：明日のまちづくりを考える雑誌』	安里英子
『〃火力通信〃準備資料』	渥美の公害勉強会
『勝手世』	奄美青年同盟
『不屈の旗』	市ヶ谷兵士委員会・「不屈の旗」編集部
『公害火電実力阻止 とくさ：団結小屋通信』	埋め立て阻止現地闘争本部
『たいまつ』	大阪市従業員労働組合
『つうしん』	大阪・水俣病を告発する会
『大田区職労』	大田区職労
『沖縄通信』	沖縄ＣＴＳ問題を考える会
『社会大衆』	沖縄社会大衆党

『沖縄労働運動ニュース』――沖縄労働運動ニュース編集委
『不知火　いま水俣は』――季刊不知火編集室
『北富士闘争』――北富士闘争連絡会
『CAMP IN通信』――土と生命を守る会
『蜂窩』――九州住民闘争合宿運動
『泥のこえ　虫のいき』――くらしき反原発の会
『ぴーぷる』――くらしの公害を追放する会（消費者問題研究所）
『いま住民運動は……：清水市民と東燃増設反対運動』――公害に反対する清水市民連絡会（乾達）
『赤とんぼ』――高知県公害追放自然保護連絡協議会浦戸湾を守る会
『告発：水俣病裁判支援ニュース』――水俣病を告発する会
『旧料金ニュース』――札幌・電気料金を旧料金で払う会
『自主講座』――「自主講座」編集室
『琉球弧の住民運動』――CTS阻止闘争を拡げる会
『金武湾』――CTS闘争を闘う会
『沖縄大学実行委ニュース』――CTSと闘う沖大実行委員会
『宮古実行委ニュース』――CTSと闘う宮古実行委員会
『公害ぬ無ん世ど（どくぬねんゆど）』――CTSを阻止する会
『週刊　世界革命』――新時代社
『消費者リポート』――日本消費者連盟

参考文献

Ⅰ　資　料

●住民運動団体関連

新垣博『東洋石油基地反対闘争の記録——四日市の二の舞をふむなの警鐘』発行年不明。

沖縄ＣＴＳ問題を考える会『木麻黄』第三～三四号、一九七五年二月一〇日～一九七七年八月三一日。

沖縄ＣＴＳ問題を考える会『沖縄通信』第三六～六〇号、一九七七年一〇月三一日～一九七九年一〇月三一日。

沖縄ＣＴＳ問題を考える会『住民、漁民の生存権を闘いとれ（準備書面）』金武湾を守る会、一九七七年。

沖縄ＣＴＳ問題を考える会『海と大地と共同の力（準備書面）』金武湾を守る会、一九七八年。

金武湾を守る会『金武湾通信』第一～八号、一九七三年九月～一九七四年五月。

金武湾を守る会『沖縄県が三菱に与えた六四万坪の埋立認可の誤りを糾弾する——金武湾・中城湾開発構想反対（準備書面）』金武湾を守る会、一九七五年。

金武湾を守る会『ＣＴＳ・埋立絶対反対——住民運動の記録《資料》1973.9－1974.6——闘いの足跡』金武湾を守る会、発行年不明。

金武湾を守る会『CTS・埋め立て絶対反対――住民運動の記録《資料》1974.9–1976.6――闘いの足跡』金武湾を守る会、一九七八年。

金武湾を守る会『金武湾を守る会ニュース』一九七三年一〇月～一九七四年四月。

金武湾を守る会『東海岸』第一～三五号、一九七六年三月～一九八三年九月。

死角・蹉跌を撃て編集委員会『死角』創刊号、一九七六年一月。

CTS阻止闘争を拡げる会（琉球弧の住民運動を拡げる会）『琉球弧の住民運動』第一～二五号、一九七七年七月～一九八四年九月。

多良間世を守る会『CTSを拒否する――伝統ある多良間世の発展のために』多良間世を守る会、一九七八年。

●自治体関係資料

伊波信光『石川市史』石川市役所、一九八八年。

上江洲敏夫「伊計島小史」『沖縄県立博物館総合調査報告書Ⅳ伊計島』沖縄県立博物館、一九八七年。

うるま市役所『広報うるま』第四八号、二〇〇九年三月。

うるま市役所「11. 基地の返還及び跡地利用」〈http://www.city.uruma.lg.jp/DAT/LIB/WEB/1/11urumashito-kichihenkanoyobiatochiriyou.pdf〉（二〇一三年六月二三日取得）。

沖縄群島政府統計課『沖縄群島要覧 一九五〇年版』琉球文教図書、一九五二年。

沖縄県『県勢白書 昭和四九年度版』沖縄県、一九七五年。

沖縄県教育委員会編『沖縄県史 第七巻 各論編 移民』沖縄県教育委員会、一九七四年。

沖縄県教育委員会編『沖縄県史 第一〇巻 各論編九 沖縄戦記録二』沖縄県教育委員会、一九七四年。

沖縄県警察史編さん委員会『沖縄県警察史第三巻（昭和後編）』二〇〇二年。

沖縄県農林水産行政史編集委員会編『沖縄県農林水産行政史 第八・九巻 水産業編』農林統計協会、一九九〇年。

沖縄県農林水産行政史編集委員会編『沖縄県農林水産行政史 第一八巻 水産業資料編』農林統計協会、一九八五年。

沖縄県知事公室基地対策課編『沖縄の基地』（沖縄県、二〇一六年）〈http://www.pref.okinawa.lg.jp/site/chijiko/kichitai/docu

ments/h28toukei02.pdf〉（二〇一六年八月三日取得）。

沖縄県文化振興会公文書管理部史料編集室編『沖縄県史　資料編一四　琉球列島の軍政　一九四五〜一九五〇（現代二）』沖縄県教育委員会、二〇〇二年。

沖縄県文化振興会公文書管理部史料編集室編『沖縄県史　資料編一七　旧南洋群島関係資料（近代五）』沖縄県教育委員会、二〇〇三年。

沖縄市町村長会『地方自治七周年記念誌』沖縄市町村長会、一九五五年。

勝連町史編集委員会編『勝連町史』勝連町、一九八四年。

具志川市史編さん委員会編『具志川市史　第四巻　移民・出稼ぎ論考編』具志川市教育委員会、二〇〇二年三月。

具志川市史編さん委員会編『具志川市史　第五巻　戦争編戦時記録』具志川市教育委員会、二〇〇五年。

具志川市史編纂委員会編『具志川市誌』具志川市役所、一九七〇年。

具志川市・石川市・勝連町・与那城町合併協議会「具志川市・石川市・勝連町・与那城町新市建設計画基礎調査」二〇〇三年一二月、〈http://www.city.uruma.lg.jp/h-gappei/pdf/s_kiso.pdf〉（二〇一三年六月二六日取得）。

新屋敷幸繁『与那城村史』与那城村、一九八〇年。

長浜清信『村議会活動報告（自昭和五二年四月、至昭和五三年一一月）』発行年不明。

福田恒禎『勝連村誌』勝連村、一九六六年。

平安座自治会『故きを温ねて——平安座自治会館新築記念誌』平安座自治会、一九八五年。

平安座石油産業用地等地主会『創立二〇周年記念誌』平安座石油産業用地等地主会、一九九三年。

与那城村役場企画調整課『昭和五六年度版　統計よなぐすく第二号』与那城村役場、一九八二年。

琉球政府編『沖縄県史　第二〇巻　沖縄県統計集成』琉球政府、一九六七年。

●経済、農林水産、開発計画関係資料

沖縄経済開発研究所『具志川市総合開発計画調査研究報告書』一九七一年。

沖縄経済開発研究所『沖縄勝連村開発計画調査研究報告書』一九七一年。

沖縄経済開発研究所『沖縄・金武湾地区開発基本構想』一九七二年。

沖縄朝日新聞社『沖縄大観』日本通信社、一九五三年。

沖縄タイムス社『沖縄年鑑　昭和四七年版（復刻版一二巻）』沖縄タイムス社、一九七二年。

国土交通省『新全国総合開発計画』一九六九年。

国土交通省「沖縄開発の基本構想（新全国総合開発計画・第四部＝新全国総合開発計画の一部改定　一九七二年一〇月三〇日閣議決定）『工業立地』第一一巻第一二号、一九七二年一二月。

中小企業庁『中小企業白書　二〇一五年度版』中小企業庁、二〇一六年〈www.chusho.meti.go.jp/pamflet/hakusyo/H27/h27/index.html〉（二〇一六年八月三日取得）。

南方同胞援護会『沖縄の産業・経済報告集』南方同胞援護会、一九七〇年。

日本工業立地センター『沖縄工業開発計画基礎調査報告書』一九六九年。

日本工業立地センター『金武湾（与那城）地区開発構想』一九七〇年。

農林省農林経済局統計情報部編『漁業センサス　第四次第四報（漁業の生産基盤に関する統計）』一九七一年。

農林省農林経済局統計情報部編『漁業センサス　第五次第二報（海面漁業の皆後条件に関する統計）』一九七五年。

農林省農林経済局統計情報部編『漁業センサス　第六次調査結果概要』一九七九年。

琉球銀行調査部編『戦後沖縄経済史』琉球銀行、一九八四年。

琉球経済開発審議会「琉球政府長期経済開発計画」『沖縄経済』臨時増刊号、一九七一年一月。

琉球政府『経済振興第一次五カ年計画書』一九五五年。

●新聞・雑誌

『沖縄タイムス』、『琉球新報』、『朝日新聞』、『新沖縄文学』、『青い海』、『けーし風』、『月刊琉球』、『月刊自治新報』、『自主講座』、『土の声・民の声』、『リュウキュウネシア』、『開発と公害』、『環境破壊』、『南海日日新聞』、『判例時報』、『法律時報』、『自由と正義』、『法と民主主義』、『沖縄県職労』、*Praxis*

●会議録・公報

沖縄県公報データベース、沖縄県公文書館。

沖縄県議会会議録、沖縄県議会事務局。

国会会議録データベース、国会図書館。

与那城村議会会議録、うるま市議会事務局。

琉球政府文書、沖縄県公文書館。

琉球立法院会議録、沖縄県公文書館。

●その他

沖縄県職員労働組合ホームページ「一九七四年度（1973・10・19～1974・10・28）狂乱物価下での賃金闘争／反ＣＴＳ闘争」〈http://www.m-n-j.com/town/companies/with/history/1974year.htm〉（二〇一三年八月一二日取得）。

沖縄県ホームページ「県土保全条例」〈https://www.pref.okinawa.jp/site/kikaku/tochitai/shinsa/kaihatsu.html〉（二〇一四年五月二〇日取得）

沖縄大百科事典刊行事務局編『沖縄大百科事典　上・中・下巻』沖縄タイムス社、一九八三年。

環境庁『環境白書　昭和四九年度版』〈http://www.env.go.jp/policy/hakusyo/hakusyo.php3?kid=149〉（二〇一四年一月三一日取得）。

金武湾開発推進連絡協議会『平成一七年度電源地域振興指導事業「環金武湾振興ＱＱＬプロジェクトにおける環境調和型まちづくり構想の策定に向けた環境関連事業の実施可能性調査」報告書ダイジェスト版』〈http://www.eta.gr.jp/wp-content/uploads/2011/05/reportQOL.pdf〉（二〇一三年六月一八日取得）。

月刊沖縄社編『アメリカの沖縄統治関係法規総覧（Ⅳ）』池宮商会、一九八三年。

国土交通省「海洋汚染等及び海上災害の防止に関する法律」（昭和四五年一二月二五日法律第一三六号　最終改正二〇一三年六月一二日法律第三九号）「電子政府の総合窓口イーガブ」〈http://law.e-gov.go.jp/htmldata/S45/S45HO136.html〉（二〇一四年五月一六日取得）。

国土交通省海上技術安全局安全基準課安全評価室「主要なタンカー油流出事故について」二〇〇〇年七月〈http://www.mlit.go.jp/kaiji/seasafe/safety11_.html〉（二〇一八年九月二〇日取得）。

JX日鉱日石エネルギー「石油便覧」〈http://www.noe.jx-group.co.jp/binran/part02/chapter04/section01.html〉（二〇一三年一月二〇日取得）。

総務省法令データー提供システム「海洋汚染等及び海上災害の防止に関する法律施行令（昭和四六年六月二三日政令第二〇一号）」〈http://www.lawdata.org/law/htmldata/S46/S46SE201.html〉（二〇一三年一月二〇日取得）。

防衛省・自衛隊「一九七八年度『防衛白書』第三部　防衛の現状と課題」〈http://www.clearing.mod.go.jp/haku sho_data/1978/w1978_03.html〉（二〇一四年五月一七日取得）。

Ⅱ 文献

赤嶺守『琉球王国——東アジアのコーナーストーン』講談社、二〇〇四年。

安里英子『沖縄・共同体の夢——自治のルーツを訪ねて』榕樹書林、二〇〇二年。

安里清信『海はひとの母である——沖縄金武湾から』晶文社、一九八一年。

阿波根昌鴻『米軍と農民』岩波書店、一九七三年。

新川明『反国家の兇区』現代評論社、一九七一年。

新川明『沖縄・統合と反逆』筑摩書房、二〇〇〇年。

新崎盛暉『沖縄同時代史　第一巻　世替わりの渦のなかで——1973－1977』凱風社、二〇〇四年。

新崎盛暉『沖縄同時代史　第二巻　琉球弧の視点から——1978－1982』凱風社、二〇〇四年。

新崎盛暉『沖縄同時代史　第三巻　小国主義の立場で——1983－1987』凱風社、二〇〇四年。

新崎盛暉『沖縄同時代史　別巻　未完の沖縄闘争——1962－1972』凱風社、二〇〇五年。

新崎盛暉『沖縄現代史』岩波書店、二〇〇五年。

新崎盛暉・川満信一・比嘉良彦・原田誠司編『沖縄自立への挑戦』社会思想社、一九八二年。

飯島伸子『足尾銅山山元における鉱害』国際連合大学、一九八二年。

石原昌家『〈ルポタージュ〉うまんちゅぬすくぢから――アメリカのカイザー資本・琉球セメントと闘った民衆の記録』晩声社、一九七九年。

石牟礼道子『常世の樹』葦書房、一九八二年。

イリイチ、イヴァン（玉野井芳郎・栗原彬訳）『シャドウ・ワーク――生活のあり方を問う』岩波書店、一九八二＝二〇〇六年（Illich, Ivan. *Shadow Work*. New Hampshire and London : Marion Boyars, 1981.）。

イリイチ、イヴァン（フォーラム・人類の希望編）『人類の希望――イリイチ日本で語る』新評社、一九八四年。

いれいたかし『執着と苦渋――沖縄・レリクトの発想』沖縄タイムス社、一九九四年。

上原こずえ『一人びとりが代表――崎原盛秀の戦後史をたどる』Ryukyu 企画、二〇一七年。

うつみしこう『虹の里へ』創風社出版、二〇〇七年。

大門正克他編『高度成長の時代3　成長と冷戦への問い』大月書店、二〇一一年。

大城立裕『現地からの報告　沖縄』月刊ペン社、一九六九年。

太田範雄『沖縄巨大プロジェクトの奇跡――石油備蓄基地（ＣＴＳ）開発　激闘の9年』アートデイズ、二〇〇四年。

大野光明『沖縄闘争の時代1960/70』人文書院、二〇一四年。

岡本恵徳『現代沖縄の文学と思想』沖縄タイムス社、一九八一年。

岡本恵徳『沖縄文学の地平』三一書房、一九八一年。

岡本恵徳『「ヤポネシア論」の輪郭――島尾敏雄のまなざし』沖縄タイムス社、一九九〇年。

岡本恵徳『「沖縄」に生きる思想――岡本恵徳批評集』未来社、二〇〇七年。

沖縄研究会編『沖縄解放への視角』田畑書房、一九七一年。

沖縄人民党史編集刊行委員会『沖縄人民党の歴史』沖縄人民党史編集刊行委員会、一九八五年。

沖縄タイムス社編『沖縄と70年代――その思想的分析と展望』沖縄タイムス社、一九七〇年。

沖縄の文化と自然を守る10人委員会『沖縄喪失の危機』沖縄タイムス社、一九七六年。

鹿島平和研究書編『日本外交主要文書・年表　第一巻』原書房、一九八三年鹿野政直『戦後沖縄の思想像』朝日新聞社、一九八七年。

鹿野政直『沖縄の戦後思想を考える』岩波書店、二〇一一年。

鎌田慧『六カ所村の記録――核燃料サイクル基地の素顔』岩波書店、一九九一年。

儀間進『琉球弧――沖縄文化の模索』群出版、一九七九年。

金原左門『「近代化」論の展開と歴史叙述――政治変動下の一つの史学史』中央大学出版部、二〇〇〇年。

来間泰男『沖縄の農業』日本経済評論社、一九七九年。

原水爆禁止日本国民会議・二一世紀の原水禁運動を考える会『開かれた「パンドラの箱」と核廃絶へのたたかい――原子力開発と日本の非核運動』七つ森書館、二〇〇二年。

小松寛『日本復帰と反復帰――戦後沖縄ナショナリズムの展開』早稲田大学出版部、二〇一五年。

桜澤誠『沖縄の復帰運動と保革対立――沖縄地域社会の変容』有志舎、二〇一二年。

ザックス、ヴォルフガング編（イヴァン・イリッチ他著、三浦清隆他訳）『脱「開発」の時代――現代社会を解説するキイワード辞典』晶文社、一九九六年（Wolfgang Sachs, *Development Dictionary : A Guide to Knowledge as Power*. New York : Zed Books, 1992.）。

島尾敏雄『琉球弧の視点から』講談社、一九六九年。

島尾敏雄編『ヤポネシア序説』創樹社、一九七七年。

島袋純『「沖縄振興体制」を問う――壊された自治とその再生に向けて』法律文化社、二〇一四年。

自治労沖縄県職員労働組合『沖縄開発と地方自治――海洋博・埋立・ＣＴＳの問題点』一九七三年。

自由民主党沖縄県連史編纂委員会『戦後六十年沖縄の政情』自由民主党沖縄支部連合会、二〇〇五年。

瀬長亀次郎『沖縄人民党――闘いの二五年』新日本出版社、一九七〇年。

平良幸市回想録刊行委員会編『土着の人――平良幸市小伝』平良幸市回想録刊行委員会、一九九四年。

田仲康博『風景の裂け目――沖縄、占領の今』せりか書房、二〇一〇年。

谷川健一編『叢書わが沖縄　第六巻　沖縄の思想』木耳社、一九七〇年。

多辺田政弘『コモンズの経済学』学陽書房、一九九〇年。

玉野井芳郎『エコノミーとエコロジー』みすず書房、一九七八年。

玉野井芳郎『地域主義の思想』農山漁村文化協会、一九八〇年。

玉野井芳郎『生命系のエコノミー』新評論、一九八二年。

玉野井芳郎（鶴見和子・新崎盛暉編）『玉野井芳郎著作集3　地域主義からの出発』学陽書房、一九九〇年。

玉野井芳郎・清成忠男・中村尚司編『地域主義——新しい思潮への理論と実践の試み』学陽書房、一九七八年。

中部地区労働組合協議会『五周年記念誌』中部地区労働組合協議会、一九七九年。

照屋榮一『沖縄行政機構変遷史料』私家版、一九八二年。

当間一郎『沖縄の祭りと芸能——日本民族と芸能の原点』雄山閣、一九七六年
鳥山淳編『〈沖縄・問いを立てる5〉イモとハダシ——占領と現在』社会評論社、二〇〇九年。

鳥山淳『沖縄／基地社会の起源と相克——1945－1956』勁草書房、二〇一三年。

仲里効『オキナワ、イメージの縁（エッジ）』未来社、二〇〇七年。

中野育男『米軍統治下沖縄の社会と法』専修大学出版局、二〇〇五年。

中野好夫・新崎盛暉『沖縄・七〇年前後』岩波書店、一九七〇年。

中野好夫・新崎盛暉『沖縄戦後史』岩波書店、一九七六年。

西尾建『海はだれのものか』リサイクル文化社、一九八二年。

バーシェイ、アンドリュー・E（山田鋭夫訳）『近代日本の社会科学——丸山眞男と宇野弘蔵の射程』NTT出版、二〇〇七年（Barshay, Andrew E., *The Social Sciences in Modern Japan : The Marxian and Modernist Traditions*. CA : The Regents of the University of the California, 2004.）。

長谷川公一『環境運動と新しい公共圏——環境社会学のパースペクティブ』有斐閣、二〇〇三年。

花崎皋平『田中正造と民衆思想の継承』七つ森書館、二〇一〇年。

比嘉良彦・原田誠治『地域新時代を拓く』八朔社、一九九二年。

比屋根照夫『戦後沖縄の精神と思想』明石書店、二〇〇九年。

藤澤健一編『〈沖縄・問いを立てる6〉反復帰と反国家——「お国は？」』社会評論社、二〇〇八年。

藤原良雄編『琉球文化圏とは何か』藤原書店、二〇〇三年。

町村敬志編『開発の時間　開発の空間――佐久間ダムと地域社会の半世紀』東京大学出版会、二〇〇六年。

松井健『文化学の脱＝構築――琉球弧からの視座』榕樹書林、一九九八年。

松井健編『環境と開発の文化学――沖縄地域社会変動の諸契機』榕樹書林、二〇〇二年。

松井健編『島の生活世界と開発３　沖縄列島――シマの自然と伝統のゆくえ』東京大学出版会、二〇〇四年。

松岡政保『波乱と激動の回想――米国の沖縄統治二五年』私家版、一九七二年。

松島泰勝『沖縄島嶼経済史――一二世紀から現在まで』藤原書店、二〇〇二年。

松本健一『共同体の論理』第三文明社、一九七八年。

道場親信『占領と平和――〈戦後〉という経験』青土社、二〇〇五年。

宮里松正『復帰二十五年の回想』沖縄タイムス社、一九九八年。

宮本憲一『開発と自治の展望』筑摩書房、一九七九年。

宮良用英『沖縄石油産業の軌跡と課題』私家版、一九八八年。

室田武『エネルギーとエントロピーの経済学――石油文明からの飛躍』東洋経済新報社、一九七九年。

室田武・水俣学『入会林野とコモンズ――持続可能な共有の森』日本評論社、二〇〇四年。

森宣雄『地のなかの革命――沖縄戦後史における存在の解放』現代企画室、二〇一〇年。

屋嘉比収『沖縄戦、米軍占領史を学びなおす――記憶をいかに継承するか』世織書房、二〇〇九年。

安丸良夫『現代日本思想論――歴史意識とイデオロギー』岩波書店、二〇一二年。

矢内原忠雄『帝国主義下の台湾』岩波書店、一九八八年。

屋良朝苗『屋良朝苗回顧録』朝日新聞社、一九七七年。

屋良朝苗『激動八年――屋良朝苗回想録』沖縄タイムス社、一九八五年。

与那国暹『戦後沖縄の社会変動と近代化――米軍支配と大衆運動のダイナミズム』沖縄タイムス社、二〇〇一年。

若林千代『ジープと砂塵――米軍占領下沖縄の政治社会と東アジア冷戦　1945－1950』有志舎、二〇一五年。

Matsumura, Wendy. *The Limits of Okinawa—Japanese Capitalism, Living Labor and Theorizations of Community*. Durham;

London : Duke University Press. 2015.
Tanji, Miyume. *Myth, Protest and Struggle in Okinawa.* Oxfordshire : Routledge. 2006.

Ⅲ 論文

安里悦治「金武湾ＣＴＳ基地の建設を断固として拒否する」『開発と公害』第五号、一九七九年三月。

安里清信「跳梁する妖怪」『新沖縄文学』第三四号、一九七七年一月。

阿部小涼「海で暮らす抵抗――危機の時代の抵抗運動のために」『現代思想』第三三号、二〇〇五年九月。

阿部小涼「繰り返し変わる――沖縄における直接行動の現在進行形」『政策科学・国際関係論集』第一三号、二〇一一年三月。

阿部統「「土地の心」の語りかけを聞く――沖縄県土地利用計画をめぐって」『二一世紀フォーラム』第一〇九・一一〇合併号、二〇〇八年三月。

安良城盛昭「共同体と共同労働――ユイの歴史的性格とその現代的意義」『新沖縄文学』第三四号、一九七七年一月。

池宮城秀正「地域開発と工業化――鹿島の場合について」『政經論叢』第四九号、一九八〇年一二月。

色川大吉「近代日本の共同体」鶴見和子・市井三郎編『思想の冒険――社会と変化の新しいパラダイム』筑摩書房、一九七四年。

宇井純「沖縄－水俣――イバン・イリイチとの五日間」イリイチ、イヴァン『人類の希望――イリイチ日本で語る』新評社、一九八一年。

上江洲敏夫「伊計島小史」『沖縄県立博物館総合調査報告書Ⅳ伊計島』沖縄県立博物館、一九八七年。

上地一郎「沖縄社会の近代法制度への包摂とその影響――歴史法社会学的分析」課程博士学位論文、URL〈http://dspace.wul.waseda.ac.jp/dspace/handle/2065/34711〉（二〇一三年四月二五日取得）。

上原こずえ「「経済開発」への抵抗としての文化実践――施政権返還後の沖縄における金武湾闘争」岩崎稔・陳光興・吉見俊哉編『カルチュラル・スタディーズで読み解くアジア』せりか書房、二〇一一年。

上原こずえ「毒ガスの行方――沖縄の毒ガス移送問題から考える「他者」との連帯」池田理知子編『メディア・リテラシーの

現在』ナカニシヤ出版、二〇一三年。

上原こずえ「民衆の「生存」思想から「権利」を問う――施政権返還後の金武湾・反CTS裁判をめぐって」『沖縄文化研究』第三九巻、二〇一三年。

上原こずえ「CTSをめぐる「不作為」という作為――県当局・革新与党内での「平和産業」論の揺らぎ」『地域研究』第一三号、二〇一四年三月。

内海（宮城）恵美子「安里清信さんの思想――金武湾から白保、辺野古・高江へ」『けーし風』第七六号、二〇一二年九月。

小田藤太郎「沖縄の海洋汚染」『自主講座』第八号、一九七一年一一月。

大城博光「琉球政府行政主席の諮問機関」『沖縄県公文書館研究紀要』第九号、二〇〇七年三月。

大城昌夫「東洋石油基地反対闘争」『自主講座』第二三号、一九七三年。

翁長房子「奄美で接し感じたことなど――奄美合宿の下準備報告」『琉球弧の住民運動』第一三号、一九八〇年七月三〇日。

樫本喜一「揺れるシマジマ――復帰後、奄美の社会運動19」『南海日日新聞』二〇一四年一〇月一五日。

樫本喜一「使用済核燃料再処理工場離島設置案の歴史的背景に関する一考察――徳之島設置案「MA―T計画」を中心として」『現代生命哲学研究』第二号、二〇一三年三月。

我部聖「占領者のまなざしをくぐりぬける言葉――『琉大文学』と検閲」田仲康博編『占領者のまなざし――沖縄／日本／米国の戦後』せりか書房、二〇一三年。

栗原彬「水俣病という思想――「存在の現れ」の政治」『立教法学』第六一号、二〇〇二年。

小林啓治「帝国体制と主権国家」歴史学研究会・日本史研究会『日本史講座8　近代の成立』東京大学出版会、二〇〇五年。

崎原盛秀「沖縄は拒否する――反CTS金武湾住民闘争の経過」『季刊労働運動』第一七号、一九七八年四月。

桜澤誠「一九五〇年代沖縄における「基地経済」と「自立経済」の相剋」『年報・日本現代史』第一七号、二〇一二年。

桜澤誠「沖縄の復帰過程と「自立」への模索」『日本史研究』第六〇六号、二〇一三年二月。

佐治靖「「離島苦」の歴史的消長」松井健編『環境と開発の文化学――沖縄地域社会変動の諸契機』榕樹書林、二〇〇二年。

佐治靖「離島・農村社会の在地リスク回避と開発――宮城島における伝統的土地所有形態の分析」松井健編『島の生活世界と開発3　沖縄列島――シマの自然と伝統のゆくえ』東京大学出版会、二〇〇四年。

守礼六平太「ルポルタージュ　東洋石油建設阻止闘争」『季刊　共和国』第三号、合同出版、一九七〇年六月。

松旭俊作「沖縄の農林漁業と金融」『農林金融』第二三巻第七号、一九七〇年七月。

末廣昭「開発途上国の開発主義」東京大学社会科学研究所編『二〇世紀システム　第四巻　開発主義』東京大学出版会、一九九八年。

菅豊「在地リスク回避論」『アジア太平洋の環境・開発・文化』第一号、二〇〇〇年九月。

杉田昭夫「水産資源からみた沿岸漁場の公害問題」『農林金融』第二五巻第二号、一九七二年二月。

関礼子「開発による伝統の再編と民俗行事の力学──共同性とアイデンティティをめぐるポリティックス」松井健編『島の生活世界と開発３　沖縄列島──シマの自然と伝統のゆくえ』東京大学出版会、二〇〇四年。

関礼子「開発の海に離散する人びと──平安座島における漁業の位相とマイナー・サブシステンスの展開」松井健編『島の生活世界と開発３　沖縄列島──シマの自然と伝統のゆくえ』東京大学出版会、二〇〇四年。

平良恵三「離島の現状と課題」『経済評論』第二二巻第一号、一九七三年一月。

高橋順子・森岡稔・波照間陽「占領初期沖縄の勝連半島地域における「チャイナ陣地」に関する一考察」『日本女子大学大学院人間社会研究科紀要』第二〇号、二〇一四年三月。

田坂仁郎「沖縄経済の再建築について」『レファレンス』第一九巻第二号、一九六九年二月。

多田治「沖縄イメージの誕生──沖縄海洋博と観光リゾート化のプロセス」早稲田大学大学院文学研究科提出博士論文、二〇〇三年二月。

多辺田政弘「コモンズ論──沖縄で玉野井芳郎がみたもの」エントロピー学会編『「循環型社会」を問う──生命・技術・経済』学陽書房、二〇〇一年。

多辺田政弘「なぜ今コモンズなのか」室田武・水俣学『入会林野とコモンズ』日本評論社、二〇〇四年。

丹波博紀「石牟礼道子──もうひとつのこの世はどこにあるのか」大井赤亥・大園誠・神子島健編『戦後思想の再審判──丸山眞男から柄谷行人まで』法律文化社、二〇一五年。

照屋勝則「金武湾闘争は何を残したか」『月刊琉球』第一六〜一七号、二〇一四年八〜九月。

土井智義「構成的な共同性──岡本恵徳『水平軸の発想』を中心に」『侍兼山論叢日本学篇』第四三号、二〇〇九年一二月。

土井智義「米国統治期における在沖奄美住民の法的処遇について――琉球政府出入管理庁文書を中心として」『沖縄県公文書館紀要』第一六号、二〇一四年三月。

徳田匡「メディアとしての原子力／メディアのなかの原子力――米軍占領下の沖縄における「原子力発電」計画の意味」池田理知子編『メディア・リテラシーの現在（いま）――公害／環境問題から読み解く』ナカニシヤ出版、二〇一三年。

戸邉秀明「沖縄教職員会史再考のために――六〇年代前半の沖縄教員における渇きと怖れ」近藤一郎編『沖縄・問いを立てる2　方言札――ことばと身体』社会評論社、二〇〇八年。

戸邉秀明「ポストコロニアリズムと帝国史研究」日本植民地研究会編『日本植民地研究の現状と課題』アテネ社、二〇〇八年。

戸邉秀明「沖縄占領からみた日本の「高度成長」」『岩波講座　東アジア近現代通史（第八巻）』岩波書店、二〇一一年。

戸邉秀明「沖縄戦の記憶が今日に呼びかけるもの」成田龍一・吉田裕編『岩波講座　アジア・太平洋戦争7　記憶と認識の中のアジア・太平洋戦争』岩波書店、二〇一五年。

冨山一郎「世界市場に夢想される帝国――「ソテツ地獄」の痕跡」豊見山和行編『日本の現代史一八　琉球・沖縄史の世界』吉川弘文館、二〇〇三年。

鳥山淳「占領下沖縄における成長と壊滅の淵」大門正克・大槻奈己・岡田知弘・進藤兵・高岡裕之・柳沢遊編『高度成長の時代3　成長と冷戦への問い』大月書店、二〇一一年。

仲田暁「沖縄における法律家の諸相――裁判官」『法と民主主義』第二一一号、一九八六年一〇月。

仲松弥秀「沖縄の村落共同体」沖縄の文化と自然を守る10人委員会『沖縄喪失の危機』沖縄タイムス、一九七六年。

並松信久「謝花昇の農業思想――沖縄と近代農学の出会い」『京都産業大学論集　人文化学系列』第三五号、二〇〇六年三月。

日本弁護士連合会「沖縄報告書」『法律時報』第四〇巻第四号、一九六八年。

畠山大「沖縄経済と石油産業――その関係性と役割規定」『商学研究論集』第一九号、二〇〇三年九月。

畠山大「沖縄経済と石油産業に関する回顧と総括」『沖縄経済学会設立二〇周年記念誌　経済と社会』第二〇巻特別号、二〇〇三年。

原田正純「水俣病五〇年　負の遺産と水俣学」『環』第二五号、二〇〇六年五月。

ホール、ジョン「日本の近代化に関する概念の変遷」M・B・ジャンセン編『日本における近代化の問題』岩波書店、一九六八年。

水上学・小川進「沖縄CTS建設が裁くもの」『技術と人間』第六巻第七号、一九七七年七月。

道場親信「一九六〇年代における「地域」の発見と「公共性」の再定義　未決のアポリアをめぐって」『現代思想』第三一巻第六号、二〇〇三年五月。

道場親信「戦後日本の社会運動」大津透・桜井英治・藤井譲二・吉田裕・李成市編『岩波講座　日本歴史　第一九巻（近現代5）』岩波書店、二〇一五年。

宮田裕「沖縄経済の特異性はどうしてつくられたか」『沖縄「自立」への道を求めて――基地・経済・自治の視点から』高文研、二〇〇九年。

森亜紀子「ある沖縄移民が生きた南洋群島――要塞化とその破綻のもとで」蘭信三編『〈アジア遊学一四五〉帝国崩壊とひとの再移動――引揚げ、送還、そして残留』勉誠出版、二〇一一年。

森亜紀子「委任統治領南洋群島における開発過程と沖縄移民――開発主体・地域・資源の変化に着目して」野田公夫編『農林資源開発史Ⅱ　日本帝国圏の農林資源開発――「資源化」と総力戦体制の東アジア』京都大学出版会、二〇一三年。

森啓輔「沖縄社会運動を「聴く」ことによる多元的ナショナリズム批判へ向けて――沖縄東村高江の米軍ヘリパッド建設に反対する座り込みを事例に」『沖縄文化研究』第三九号、二〇一三年三月。

森啓輔「占領に抗う――東村高江のヘリパッド建設反対闘争」田仲康博編『占領者のまなざし――沖縄／日本／米国の戦後』せりか書房、二〇一三年。

森啓輔「直接行動空間の解釈学――東村高江の米軍基地建設に反対する座り込みを事例に」『社会システム研究』第二九号、二〇一四年九月。

森宣雄「「沖縄人プロレタリアート」と「琉球南蛮」――沖縄戦後史の終焉の現在」『Inter Communication』第四六号、二〇〇三年。

屋嘉比収「近代沖縄におけるマイノリティー認識の変遷」『別冊環6　琉球文化圏とは何か』藤原書店、二〇〇三年。

家中茂「実践としての学問、学問としての実践」新崎盛暉・家中茂・比嘉政夫編『地域の自立　シマの力』コモンズ、二〇〇六年。

由井晶子「県益と国益」沖縄タイムス社編『沖縄と70年代――その思想的分析と展望』沖縄タイムス社、一九七〇年。
若林千代「沖縄現代史の展望と方法をめぐって――国際関係論研究における理解の一つの試み」『地域研究』第一号、二〇〇五年六月。
Hau'ofa, Epeli. "Our sea of islands," *The Contemporary Pacific*, Vol.6, No.1, 1994. 初出は以下。*A New Oceania : Rediscovering Our Sea of Islands*, edited by Vijay Naidu, Eric Waddell, and Epeli Hau'ofa, Suva : School of Social and Economic Development, The University of South Pacific, 1993.
Howell, Thomas R., "Foreclosing Japanese Hong Kong : Okinawa 1967-1972," In *Japan Policy Research Institute, Occasional Paper* 16, 2002.
Tanji, Miyume. "The Dynamic Trajectory of the Post-reversion 'Okinawa Struggle' : Constitution, Environment and Gender." in *Japan and Okinawa: Structure and Subjectivity*, edited by Glenn D. Hook and Richard Siddle. London : Routledge Curzon, 2002.

Ⅳ　聞き書きや座談会、対談など

安里清信（聞き手・井上澄夫）「安里清信の世界」『思想の科学』第六次、一九七九年一二月。

安里悦治・崎原盛秀・平良良昭・照屋房子・天願尚吉「〔座談会〕「金武湾を守る会」の闘争を振り返って」『けーし風』第四四号、二〇〇四年九月。

新崎盛暉・崎原盛秀・米盛裕二「〔鼎談〕復帰後沖縄の住民運動――〈金武湾〉から〈白保〉まで」『新沖縄文学』第八七号、一九九一年。

新崎盛暉・多辺田政弘・金城朝夫・安里英子・屋嘉比収「〔座談会〕沖縄・平和・コモンズ」『新沖縄文学』第八六号、一九九〇年八月（玉野井芳郎（鶴見和子・新崎盛暉編）『地域主義からの出発』学用書房、一九九〇年所収）。

有銘一郎・崎原盛秀・照屋秀伝・嶺井政和「〔座談会〕教公二法の背景と実力阻止の経過」『共和国』合同出版、第三号、一九七〇年六月。

石田郁夫・谷川健一・我部政男・比屋根照夫「〈座談会〉沖縄における戦争体験と戦後思想」『共和国』合同出版、第三号、一九七〇年六月。

石牟礼道子「環境破壊　人間もイヌも、魚も、植物も、魂が交歓する連鎖に生きる」西島建男編『この百年の課題』朝日新聞社、二〇〇一年。

イリイチ、イヴァン・玉野井芳郎「〈対談〉現代産業文明への警告」『週刊エコノミスト』毎日新聞社、一九八二年六月二二日（玉野井芳郎編『生命系のエコノミー』新評論、一九八二年所収）。

宇井純・多辺田政弘（司会・屋嘉比収）「〈鼎談〉地域自立と環境の危機をめぐって」『新沖縄文学』第八六号、一九九〇年一二月。

大城立裕・玉野井芳郎（対談）「やさしさは力たりうるか」『青い海』第九巻第四号、一九七九年四月（玉野井芳郎編『地域からの思索』沖縄タイムス社、一九八二年所収）。

熊本一規・春日直樹・丸山真人・伊藤るり「〈座談会〉フロンティアとしての玉野井理論」『新沖縄文学』第八六号、一九九〇年一二月。

崎原盛秀「〈連載インタビュー〉沖縄の民衆とともに――参戦国化を撃つ新たな連帯運動のために」『蜂起』一九九九年七月。

崎原盛秀「新たな沖縄闘争の地平――沖縄民衆の自決権の獲得をめざして」『別冊飛礫一』二〇一〇年七月。

崎原盛秀「現在に引き継がれる「金武湾を守る会」の闘い」『情況』第一一巻第九号、二〇一〇年一一月。

首里牛善（聞き手・新崎盛暉）「離島と農民――ある住民運動の背景」『新沖縄文学』第三四号、一九七七年一月。

新城郁夫・丸川哲史「〈対談〉「世界史のなかの沖縄」を考える――死の共同体からいかに引き返すか、どう逃げるか」『図書新聞』第三一八〇号、二〇一四年一〇月。

砂川弥恵・宮城節子・小禄信子・渡具知智佳子・（司会・村山友子）「〈座談会〉辺野古・ユウナンギの下に集う」『けーし風』第四八号、二〇〇五年六月。

あとがき

私が金武湾闘争に出会ったのは、二〇〇六年の秋であった。

当時はハワイに留学中で、カホオラヴェ島の爆撃演習阻止闘争に関する記録を図書館で読みあさっていた。そこで沖縄の島ぐるみ闘争に関する記述を目にした。海を隔てた島々で同時代に生起していた運動と人びとの交流に、沖縄と世界をつなぐ回路をみつけたような気がした。私は同郷の先輩から本を借り、〈沖縄〉を運動と研究の領域として学び始めた。

私は沖縄の地元であるうるま市に帰省し、二〇〇四年八月一三日のヘリ墜落事故後に初めて訪れた辺野古で知り合った安次富浩氏の紹介を経て、金武湾を守る会の世話人・崎原盛秀氏から話を伺った。現在も進行中である金武湾闘争史編集作業が開始してわずか二年程しか経っていない時期であったかと思うが、当時うるま市平良川にあった金武湾闘争史編集事務所の壁一面にはすでにたくさんの資料が並んでいた。人びとがこの運動にどのような思いで関わり、抗議の声をあげてきたのか。目の前の資料を眺め、金武湾闘争が生み出した膨大なエネルギーの余波に圧倒されながらも、必死に耳を傾けるだけで精一杯だった。

金武湾闘争との出会いから現在までの約一二年にわたり、多くの方々の助けをいただきながら調査を続けてきた。すべての方々のお名前をあげることはできないが、金武湾を守る会の行動、そしてその後うるま市を中心とする活動に携わった崎原盛秀、伊波義安、天願尚吉、安里悦二、新垣庄子、内海（宮城）恵美子、小川進、平良良昭、平良眞知、手登根順義、照屋勝則、照屋房子、花城清善、福士敬子、山城博治、故当山栄、故宮城節子の各氏にはこの期間、本当に多くのことを教わった。特に崎原氏からは長期にわたって多くの示唆に富む話を伺い、金武湾闘争の「一人びとりが代表」の意味を沖縄の戦後経験をもとに深く考えさせられた。金武湾闘争当時から現在に至るまでの各氏の取り組みは、沖縄の現在を考えるうえで決定的な指針になっている。かけがえのない出会いに恵まれたことは、このうえない幸運であった。この場を借りて、心から感謝の気持ちと敬意を表したい。ありがとうございました。

＊

本書は、二〇一四年一一月に東京大学大学院総合文化研究科に提出した博士論文「一九七〇—八〇年代の沖縄・金武湾闘争——「近代化」を問う民衆運動とその「生存」思想」に加筆修正したものである。博士論文を指導してくれた指導教官である主査の外村大先生をはじめ、副査の黒住眞先生、矢口祐人先生、田仲康博先生、戸邉秀明氏からの執筆過程でのご指摘や問いが研究を前へ進める重要なきっかけになった。数々の助言をいただいたことに深く謝意を表したい。

そして本書の多くの部分は、長年にわたる恩師であり、先輩であり、友人である次の各氏の研究、文献や資料面での助言、学会や研究会、何気ない日常の対話から生まれた問いに答えを見出そうとするなかで書かれた。阿部小涼、有銘佑理、池城安俊、伊佐眞一、伊佐由貴、大野光明、大和田清香、岡本由希子、我部聖、金間愛、小池まり子、崎山多美、清水美里、新城郁夫、丹波博紀、土井智義、徳田匡、鳥山淳、仲里効、松田潤、村上陽子、森啓輔、与儀武秀、吉田直子、米谷匡史、若林千代の各氏、そのほか大学院ゼミや『越境広場』などでお世話になってきた方々、多くの友人の皆さんに心からお礼を申し上げたい。また、校正段階でご助力をえた清水・戸邉・村上の三氏からの温かい支援に、深く感謝したい。

そもそも私が研究に導かれたのは学部時代に琉球大学で教わった鈴木規之先生、安藤由美先生、野入直美先生の指導があってのことである。卒業後も、ハワイや東京で研究活動を続けた私を見守って下さったことに心から感謝している。さらに冒頭で述べたように、金武湾闘争の研究をはじめたのはハワイ大学大学院への留学中であった。島々の生活において「主権」や「開発」はどのように問われなければならないのかを、ハワイで過ごした日々の経験から学んだ。特に修士論文の執筆を忍耐強く見守ってくださった指導教官のジョイス・チネン先生。ハワイ・オキナワ・アライアンスで共に活動し、運動という営為のなかで生まれる言葉や行動が世界を変える瞬間をかいま見せてくれたTerrilee Keko'olani, Kyle Kajihiro, Pete Shimazaki Doktor, 故Jamie Oshiro、互いの研究から学び合ったかけがえのない時間を共有した先輩であり友人である赤嶺ゆかり、山城／カヤタニ莉乃、崎原千尋、崎原正志、又吉俊充、野崎真一、児島真爾、林曼丘、故Frances Mammana――彼ら／彼女らの存在なくして、私の「ハワイ経験」はありえなかった。また、ハワイで学ぶ沖縄出身学生たちに惜しみないサポートをしてくれたRobert Nakasone, David Arakawaさんらハワイの先輩・友人の皆さん、町田宗博先生をはじめとする東西センター沖縄同窓会の先輩方の激励に感謝の意を表したい。

史資料の収集と調査にあたっては主に沖縄県公文書館、沖縄県立図書館、うるま市立各図書館などに大変お世話になった。また一九七〇～八〇年代の反公害輸出・太平洋諸島の反核運動に関する雑誌や機関誌については荒川俊児氏よりご提供いただき、屋良朝苗日誌の解読については小松寛氏からご助力をえて、金武湾闘争史の出版に向けた現在編集中の多くの資料は松田米雄氏より共有していただいた。そのほか、法政大学沖縄文化研究所、沖縄大学地域研究所、同時代史学会定例研究会、平和学会、日米協会、ＰＡＲＣ自由学校、最首塾、ティーチ・イン沖縄、水平書館トークライブ、歴史文化交流フォーラムなどで研究報告の場を与えて頂き、『沖縄タイムス』や『琉球新報』をはじめ、『季刊ピープルズプラン』、『月刊琉球』、『けーし風』、『越境広場』などの多くの誌面で本書の一部またはその構想段階の文章を掲載する機会に恵まれた。ここで頂いたコメントや指摘が、筆者の視野を広げ研究を進めていく原動力となってきた。

また、本書に掲載されている写真は天願尚吉氏、宮良信男氏、山城博明氏に提供していただいた。同時代の金武湾を写した貴重な写真を本書に掲載する機会を下さったことに深くお礼を申し上げたい。

この間、名桜大学をはじめ、株式会社Nansei、成蹊大学アジア太平洋研究センターなど、恵まれた環境で研究を続けることができた。仲地清先生、李静和先生をはじめ、研究活動を支援して下さった先生方、そして職員・研究員の皆さんに感謝の意を表したい。現在の勤務先である東京外国語大学でも非常に充実した教育研究活動の場が与えられている。研究や授業の面でご助言を頂いている同僚の教職員の方々、そして授業を通じて共に学んでいる学生の皆さんからの日頃の支えに心からお礼を申し上げたい。

本書の刊行に際しては、世織書房の伊藤晶宣氏より、博論執筆中の二〇一三年に声を掛けていただき、加筆修正の時間も含めて長らく待っていただいた。本書を手がけて下さった世織書房の皆さんの助けがなければ出版されることはなかった。未熟な研究者である筆者を見守り、叱咤激励してくださった伊藤氏、門松貴子氏に深く感謝を申し上げる。

最後に、これらの多くの方々への感謝とともに、日々の対話を通じて研究を支えてくれている同伴者のマニュエル・ヤン、そして長年にわたる研究活動を物心両面でサポートしてくれている上原正規、ますみ、渚、一郎、若菜、上地フミ子、家族のみんなに心から感謝を伝えたい。

【追記】

二〇一八年八月七日、辺野古・大浦湾の海と生き物がコンクリートで無残に囲い込まれ土砂投入が強行されようとする状況にいてもたってもいられなくなった多くの人びとは自家用車で、そしてマイクロバスで嘉手納町の沖縄防衛局に向かった。工事停止の再三の行政指導を沖縄県から受けてきたにも拘らず、それを無視し強引に作業を続けてきた防衛局への明確な反対の意志を示そうと、わたしたちはなだれのように嘉手納ロータリー跡地に押し寄せた。難航する防衛局への抗議・要請行動が延々と続く現場では、うるま市の女性が早朝から準備してくれたゴーヤー汁のソーダ割りでわたしたちを元気づけ、ささやかで力強いコモンズの「生存」思想を実践していた。数人の代表となら会って交渉してもいいという妥協案を防衛局職員が持ちかけた時、突然、わたしたちの中から「一人びとりが代表!」という叫び声がこだました。もやもやとした代表制政治の裏切りを断固として拒む直接行動の声が、金武湾闘争からわたしたちの身体を通じて、現在進行中の闘争の前線であげられたのだ。

基地建設の圧力が増し続ける困難に直面している現在、戦後沖縄の住民運動が獲得してきた「生存」思想、そしてその実践としての民衆の「共同の力」は日々の行動において甦り、様々な葛藤のなかに置かれた人びとの行動を支えている。その現実を記録し、来るべき闘争の糧にしていく共同作業は、今もなお終わることはない。

上原こずえ

二〇一八年九月三〇日

索　引
〈人名＋事項〉

あ行

か行

さ行

た行

な行

は行

ま行

や行

ら行

〈著者プロフィール〉

上原こずえ（うえはら・こずえ）

1981年、沖縄県生まれ。東京大学大学院総合文化研究科博士後期課程修了。博士（学術）。専攻は沖縄の戦後社会運動史。
成蹊大学アジア太平洋研究センター特別研究員等を経て、現在、東京外国語大学世界言語社会教育センター特任講師。
著書に『一人びとりが代表——崎原盛秀の戦後史をたどる』（琉球館、2017年）、論文に、「民衆の「生存」思想から「権利」を問う——施政権返還後の金武湾・反ＣＴＳ闘争をめぐって」（『沖縄文化研究』第39号、2013年3月）、「ＣＴＳをめぐる「不作為」という作為——県当局・革新与党内での「平和産業」論の揺らぎ」（『地域研究』第13号、2014年3月）などがある。

共同の力——1970〜80年代の金武湾闘争とその生存思想

2019年 5月24日　第1刷発行©

著　者　上原こずえ
装幀者　M. 冠着
発行者　伊藤晶宣
発行所　(株) 世織書房
印刷所　新灯印刷(株)
製本所　協栄製本(株)

〒220-0042　神奈川県横浜市西区戸部町7丁目240番地　文教堂ビル
電話 045-317-3176　振替 00250-2-18694

落丁本・乱丁本はお取替えいたします　Printed in Japan
ISBN978-4-86686-005-3